第16回
春日井シンポジウム

東海の神々をひらく

森 浩一
Kouichi Mori
ほか【著】

風媒社

東海の神々をひらく

目次

＊本書は２００８年11月８日・９日に行われた「第16回春日井シンポジウム」（主催・春日井市、春日井教育委員会、春日井シンポジウム実行委員会）の内容に新しく加筆を行い、単行本化したものです。

第I部

東海の神々をひらく

美濃・飛騨のサエノカミ信仰

脇田　雅彦

県内のサエノカミ信仰は、塞之神系と道録神系、そして、道祖神系のあわせて三系に分離して伝承されてきたことが明確に把握できます。その内、とくに、塞之神系と道祖神系の隔たりは大きいものがあるようで、その具体的な様相を呼称や形態からとり上げ、順次、伝承へと辿ってゆくことにします。

それにより、県内の特色を紹介するとともに、隣県各地の事例とあわせ、信仰の本質を追及するために、避けて通れぬ分布上からみた問題点を抽出したいと考えてまいりました。

現在、対象とするサエノカミ信仰の資料数は二五八例です。その内、サエノカミ系文字碑などは七一例、双体像が八三例、あわせて一五四例となります。

対してドーロクジン系は、僅かに、三例だけです。いわゆるドーソジン系は一〇一例となっています。

―呼称―

塞之神系の多くはサイノカミ呼称で、サエノカミは激減する傾向が強いようです。その他、僅かですが、サイジン・シバガミ・メオトガミなどを分化するものの、サイノカミと併称されるのがふつうです。

道録神系はドーロクジンのみで、呼称の分化はみられません。

道祖神系は、ほとんどの事例がドーソジン呼称で、ドーソージンとかドソージンなどを分化するにとどまっています。

―形態―

サエノカミ系の形態は、地名に残る場合と小さな自然石である他に、神社方式で小木祠をもつもの、そして、石造物の四つに分けられるようです。

自然石では、小形の場合、いずれは判断が不能となるだろう危惧を感じる事例もあります。中には、新しい石造物のかたわらに並列してある事例もみられます。

神社方式となると、中津川市阿木の塞之神神社がよく知られていて境内地を伴う立派な事例です。

ふつうは、小さな木祠で祀られているに過ぎません。

石造物となるとさまざまですが、石祠形と文字碑形、そして、双体像形の三つに分けることができます。

（1）石祠には大形の石龕式もみられるのですが、多くが小形で切妻屋根、僅かに入母屋屋根もあり、いずれも、平入り方式をとっています。これら小祠の塔身部には、妻神・妻之神や、塞神・塞之神などの銘を刻んでいる他、無銘の事例も散見されるのです。

（2）文字碑には、妻神・妻之神社を始め、平仮名表記の「さいのかみ」・塞之神・塞神三柱神などいろいろに分かれています。自然石を利用したものから、駒形、舟形光背、板碑状など仏教系石造物と同じように多彩です。

（3）双体像は、男神と女神が並立するものですが、特殊な事例に双頭一体ともいうべき像が創出されています。この並立の様式には、奉持、祝言、握手、合掌、拱手各像など、他県の方式に準じているのですが、さらに、坐像と丸彫像の加わることが注目されましょう。

○奉持像は二神が並立し、それぞれ、笏、宝珠、杓子状、独鈷状、軍配状のものなどを手にもつ像です。

○祝言像は文字通り婚礼を意味し、ふつう衣冠束帯の姿をとり、盃や瓶子などを手にするのです。一方の女神が、跪座の姿をとる事例もよくみられます。

○握手像は、単なる握手姿だけでなく、片方の手を後ろから回して相手の肩におき、別の手が前で握りあうものもあります。もっとも多いのが後者で、一部の後背に御幣とか社祠を彫りだしたりしています。
○合掌像は男神女神とも直立の姿勢のまま並び立ち、手を前に合掌するものです。
○拱手像は、左右の袖先を中国風に合わせ指を重ねる姿を意味しますが、男神女神のどちらかが奉持方式をもつ像が多く、両神共に拱手するのは少ないようです。
○坐像は、男神女神とも坐位となるもので、手は奉持形とか拱手形になっています。
○丸彫像は小ぶりのものばかりで、奉持像から祝言像、そして、拱手像などもみることができます。

ドーロクジン系は文字碑のみで、道録神銘をもっているものです。地名にかかわる事例は、これまでのところ確認していません。

ドーソジンは、石祠形と文字碑のふたつに大別できるようです。

石祠形は塔身部に、道祖神もしくは道祖神社銘をもっています。少ないのですが、寄せ棟屋根方式も加わります。

文字碑は道祖神銘がほとんどを占め、僅かに、道祖宮神とか道祖大神を分化しています。様式は、仏教系石造物に準じるのですが、ときに、道標を兼ねる事例も見受けられます。東美濃方面の中馬街道周辺の事例は、造像年代は下りますが、高さ二メートル前後の大形の道祖神碑が、競いあうように点在しているのが注目されましょう。

―分布―

サエノカミの分布には、いくつかの特色を上げることができます（分布図1）。

そのひとつは、木曽川と支流の益田川（飛騨川）との合流地点から北上し、そのまま、分水嶺となる宮峠を越え、続いて、日本海へ注ぐ宮川へ移り、富山県境へくる両川を結ぶ線上から東側に偏在していることです。その西限は、清見村までの進出となっています。

ふたつめに指摘しておきたいのが、双体像の分布が、飛騨側の北部に集中していることです。神岡町の三七事例を筆頭に、丹生川、上宝両村が続くものの、周縁町村への滲透があまりみられない様相が不思議でなりません。

一方の美濃側には事例が激減し、瑞浪、恵那両市と白川町内で、それぞれ、二例ずつが上位となる程度に過ぎないのです（分布図2）。

この双体像だけの分布は、図のように、ほぼ、美濃側土岐市から飛騨側宮川村とを結ぶ線上の東の方だけとなっています。ところが、意外にも岐阜市の北の位置である洞戸村にも二体造像されているのが分かり、現在、ここが県内の西限となりました。

サエノカミ　地名、石祠、文字碑分布図１

（10資料）… ◉

○

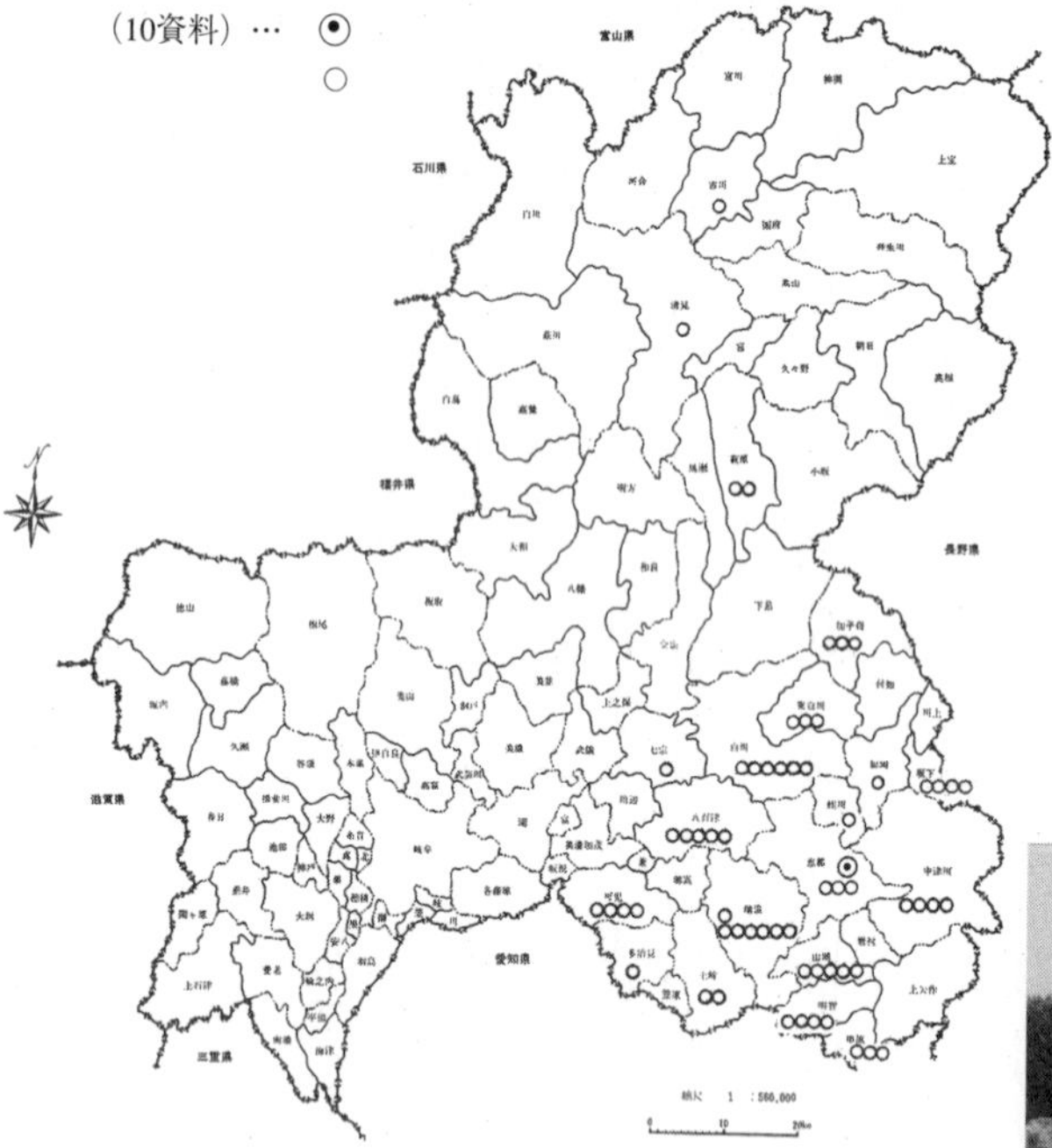

川…川島町
岐…岐南町
笠…笠松町
柳…柳津町
墨…墨俣町
北…北方町
巣…巣南町
真…真正町
富…富加村
兼…兼山町

⑤山岡町
サイノカミ

①八百津町
サイノカミ
シバガミ

②恵那市
サイノカミ

③瑞浪市
サイノカミ

④白川町
サイノカミ

サエノカミ　双体像分布図２

（10資料）…

川…川島町
岐…岐南町
笠…笠松町
柳…柳津町
墨…墨俣町
北…北方町
巣…巣南町
真…真正町
富…富加村
兼…兼山町

④上宝村
サイノカミ

⑤神岡町
サイノカミ

⑥神岡町
サイノカミ

①丹生川村
サイノカミ

②洞戸村
サイノカミ

③恵那市
サイノカミ

⑦中津川市
サイノカミ

ドーロクジンの事例は県内ではわずかとなり、美濃側二例、飛騨側二例のあわせて四例です。けれども、美濃側での一例は、道祖神碑をもってドーロクジンと呼称することから、三例とすべきかも知れません（分布図3）。

ドーソジンの分布は、美濃側をみると先述のサエノカミの線上から西寄りに進出し、岐阜市と白鳥町を結ぶ線を越え、垂井町を西限としているようです。しかし、分布を広げたものの資料事例は少なく、岐阜、関両市で三例ずつ、あとは一～二例の点在に過ぎないのです。

これが飛騨側へくると、神岡町に唯一の事例が認められるだけという際立った特色には、看過できないものがあると考えられます（分布図4）。

―祭祀―その一

サエノカミの祭りでは、中津川市内の塞之神神社が盛大に行われてきたぐらいで、一般には、個人的な供え物をする程度で、これといった事例はありません。特殊な例として、大晦日の夜にワラをもってゆき神前で燃やすことが上げられます。

ドーロクジンについての祭祀は、これまで確認できていません。

ドーロクジン　分布図３

川…川島町
岐…岐南町
笠…笠松町
柳…柳津町
墨…墨俣町
北…北方町
巣…巣南町
真…真正町
富…富加村
兼…兼山町

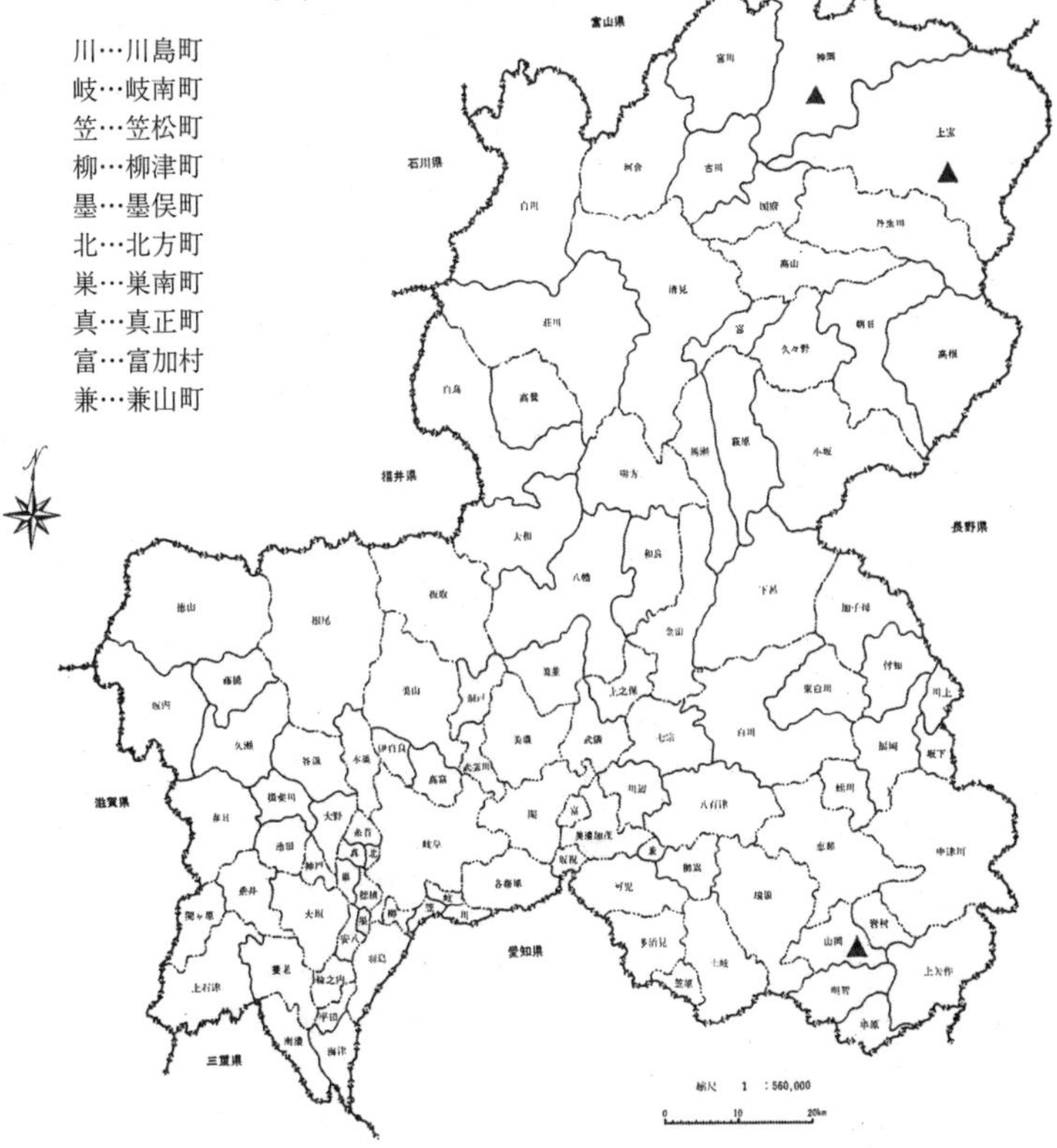

①山岡町
ドーロクジン

ドーソジン　石祠、文字碑分布図４

（10資料）…

川…川島町
岐…岐南町
笠…笠松町
柳…柳津町
墨…墨俣町
北…北方町
巣…巣南町
真…真正町
富…富加村
兼…兼山町

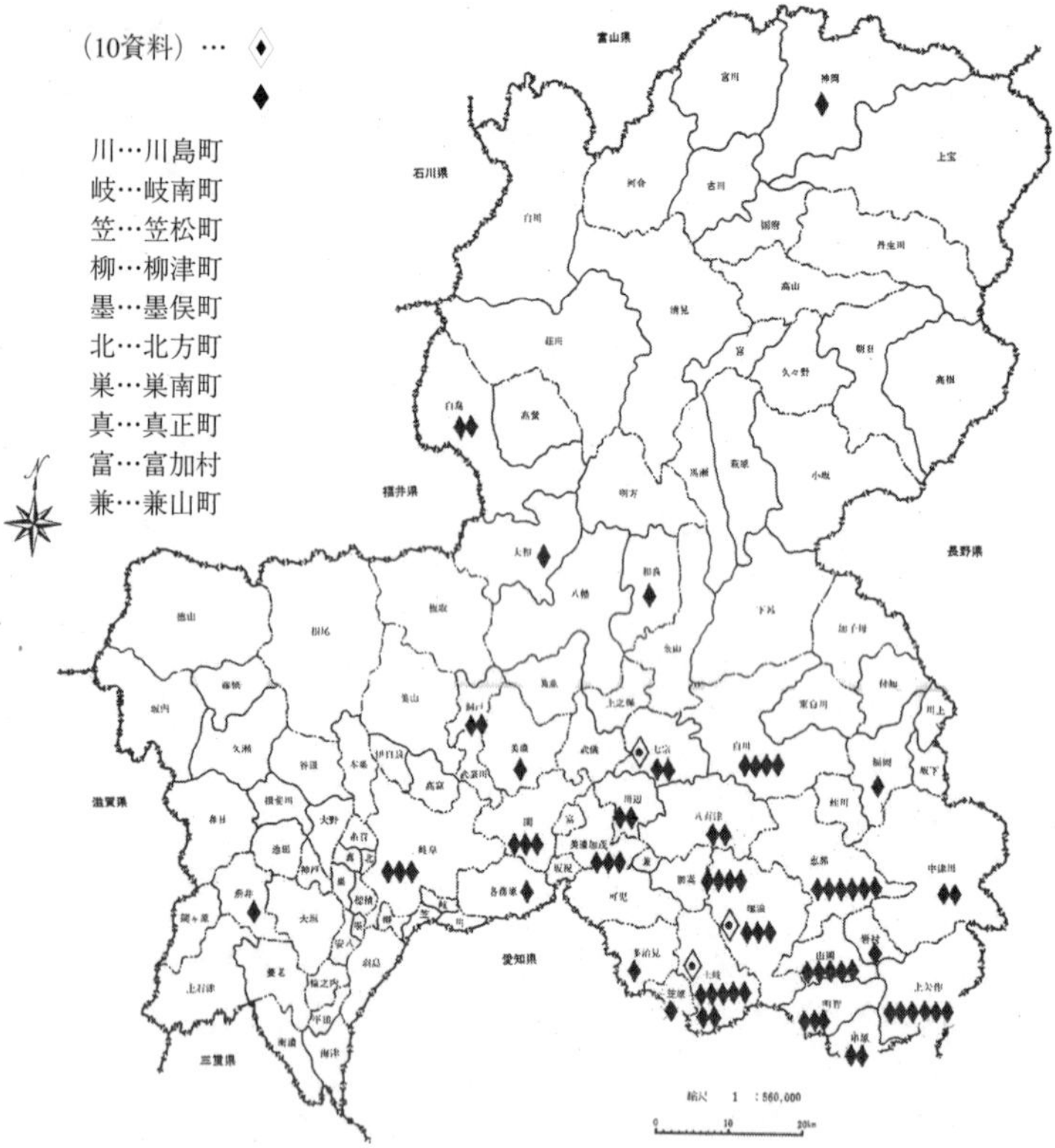

①関市
ドーソジン

②川辺町
ドーソジン

③土岐市
ドーソジン

④中津川市
ドーソジン

ドーソジンには、赤飯を配るとか神前での食事などの事例もあったものの、他の行事との関連の方が大きく、直接的なものとはいえないようです。

三神ともに、社寺とか石仏などへの一日や十五日参りの折などに、供物やお花を添えて手を合わせるぐらいの個人的な祈願に過ぎません。隣県でよくみられる村落単位での小正月行事であるドンドやサギチョーの火祭りなどとは、全く無関係であることに注目したいと考えます。

―祭祀―その二

このサエノカミには、いろいろな習俗を伴っていますので、以下、その様相に触れてゆくことにします（表1）。

（1）石供え

神前を通るときに、小石を供えるものですが、中には、小石を投げつける事例もあるのです。長い間、続けられてきたからでしょうか、小石が山状になったり、神体が埋もれかけたりもしています。

類似した習俗に「石拾い」などの呼称をもつところが、土岐、瑞浪両市周辺に散在しています。サエノカミの扱いと同じで、付近は石積みされているのです。この「石拾い」とサエノカミの関連は不明のままになっています。

表１

サエノカミ習俗資料例数	石供え	柴供え	ワラジ供え	藁火焚き	灰供え	位が低い	ヨドカケ
美濃	13	5	10	16	1		
飛騨			3			8	1

（2）柴供え

葉がついたままの小枝を、神体の上にかぶせるので、神体は柴にかくれてみえなくなっているのです。ところによっては、この柴をとるとき、通る道の下側からとるものとされています。兄妹婚伝承をもつサエノカミでは、道ならぬ結婚故に、「恥ずかしいから柴でかくしてほしい」との説明がされています。石供え、柴供えとも、美濃側にのみみられるものです。

（3）ワラジ供え

ワラジ奉納は、美濃側、飛騨側ともにあり、ときに願をかけるときは片方のみ、叶えられたら残る片方を供える事例も聞かれます。

（4）ワラ火焚き

子供の咳、風邪、夜泣きなどが治るよう願掛けする際、ワラを一～二把もってゆき神前で燃やすものです。このとき、後をふり向かないで帰るのが肝要といわれたりもしています。また、満願の折など、お礼として再び火を焚く事例もあります。

先述の大晦日の事例も、この習俗に加えてあるのですが、そのワラ火の跡が小山のようになっているのをよくみかけたものです。これは、美濃側にのみ分布する習俗です。

（5）灰供え

なにかの願掛けをし、叶えられたときに一把分のワラを燃やし、その灰をワラ素材のツトッコに入れてお礼参りをする事例です。これも、美濃側にのみ、しかも、僅か一例だけの珍しい習俗になります。

いずれの各習俗ともドーロクジン、ドーソジンなどとは全く関係のみられないことは興味深いものがあるといえましょう。

―効験―

祈願内容など期待される効験は広く、表2のようになります。

（1）足

先述の石供え、柴供えをすると足の疲れがとれるだけでなく、背負っている荷が軽くなるという効験が聞かれます。これは、美濃側のみに伝承されているものです。

（2）縁結び

兄妹婚伝承をもっているからなのでしょうか、美濃側にも飛騨側にも共通しています。

（3）下の病

効験で、よく耳にするのが腰から下の病気です。これは、兄妹婚をしたが故に、罪滅ぼしの悲願として、人々の下の病に関しての悩みは、なんでも聞き届けて下さるものといわれています。飛騨側に事例が圧倒的であるのが注目されます。

表2

サエノカミ効験資料例数

	縁むすび	安産	夫婦円満	出生祈願	子供の神	寝小便	夜泣き	女の神	生理	下の病	足	咳・風邪	通行	悪病よけ
美濃	9	3	1		4	1	2	6	1	5	11	14	1	2
飛騨	5	4	2	5	5	2		7	1	26			2	1

（その他、ハシカ、頭、脚気、災難など）

(4) 子供の神

サエノカミ自体が子供だという伝承もありますが、子供と遊んで下さる神とか、先述のように子供のかかり易い病気に効験をもっています。

いずれも、ドーロクジンとは関わりがないように思われます。

ドーソジンには、足の病の治療を願って建立した文字碑一例、家畜の事故死の供養が一例、道の神・交通安全が七例、盗難除けが三例、地守りが一例、悪魔除けが一例を数えるに留まっています。

―編年―

続いて、これら造像物の記年銘の検討に入ることにします。

サエノカミの神社方式では、中津川市の塞之神神社が慶長四年と古く、飛騨側萩原町の事例で天和元年が確認されています。石造物では妻之神社の銘で、宝暦十年を瑞浪市にみることができます。

石祠では、恵那市の妻神で天明三年の銘をもっています。

文字碑には、白川町の平仮名「さいのかみ」は享保八年を示し、県内の石造物の最古となる事例です。

双体像では、飛騨側丹生川村の寛政六年銘が上限となります。

ドーロクジンは、それぞれ、銘文をもたないので残念ながら編年は不可能です。

ドーソジンは石祠で、道祖神社銘を有する瑞浪市の明和五年が最古となるようです。文字碑となると、七宗町の文化十四年が上限で、あとは比較的新しいものといえるように思われます。


ここで視点をかえ、県内の石造物の出現年代を俯瞰したいと考え、用意したのが表3です。この典拠は、横山住雄先学の『岐阜県の石仏石塔』で、その後、刊行された各地町村の石造物報告の内、江戸期の数事例を補ってみたものです。

ご衆知の如く、上代の天台、真言寺院にとって代り、一三〇〇年代には禅宗系、そして真宗系など過去になかった新しい宗派が展開してゆき、一四〇〇年代には、そうした寺院への改宗が多くなったといわれています。

この流れの中で、まず、最古とされる板碑が一一四八年に登場し、一三〇〇年代に宝篋印塔、一四〇〇年代を迎えると一石五輪塔無縫塔、それに、阿弥陀如来、地蔵菩薩が出現し、一五〇〇年代には石幢などの造像気運の高まりを示しています。

表３　石造物の初現

板　碑	1148	
宝篋印塔	1326	
無縫塔	1400	
	1402	阿弥陀如来
五輪塔	1414	
	1434	地蔵菩薩
一石五輪塔	1448	
石　幢	1573	（六地蔵）
	1659	名号南無阿弥陀仏
庚　申	1660	
	1664	馬頭観音
山　神	1669	
	1674	薬師如来
	1674	大日如来
	1696	聖観音
	1696	如意輪観音
	1696	十　王
	1700	釈迦如来
	1702	十一面観音
	1702	十三仏
	1705	不動明王
氏　神	1708	
廿三夜	1711	
さいのかみ	1723	
	1726	弁財天
	1755	弘法大師
	1760	子安観音
妻神社	1760	
夜念仏	1765	
（祠）道祖神社	1768	
役行者	1777	
十五夜	1779	
（祠）妻　神	1785	
	1792	善光寺如来
（塞）双体像	1794	
	1798	千手観音
（文）道祖神	1827	
（木祠 塞之神神社	1599	）
木祠 塞神　神社	1681	）

その他、忘れてならないのが中世末頃といわれている一文字系石仏、そして、これまた小形の五輪塔などの多数の石造物群があることです。江州からの中山道沿いにみられるだけでなく、周辺の町村まで造像の気運が波及し、垂井宿から北上した揖斐郡内、一方は、南下した上石津町内、さらに、東へ向かった養老山脈沿いにも広がっていきます。

ところが、これら石造物が木曽三川のひとつ揖斐川、そして長良川を越え加納宿（岐阜市）周辺、さらに、東へ向かうにつれ次第に少なくなってゆく傾向がみられるのです。けれども、江戸期に入る一六〇〇年代以後の石造物の分布は逆転し、東美濃側に仏教系はむろんのこと民間信仰に関わる造像事例が多くなります。そして那加宿（各務原市）より西へゆくにつれ、ことに、民間信仰系の造像が少なくなる様相がうかがえるようです。

再び表の方へもどり、この中で、民間的な信仰の系列のひとつでもある庚申、そして、山神が比較的早くから造像されているのが注目の的といえそうです。そして、ほぼ、同じ頃に仏像系の建立も多くなってゆきます。そして一七〇〇年代を迎えると氏神に続き廿三夜待ちがみられ、ほどなく、対象とするサエノカミを筆頭に、妻神社、道祖神、妻神と続きます。

そして、遅れて同年代末に始めて双体像が現れるのです。しかし、遅れたからといって、庚申、山神より新しい信仰というわけではありません。これは、あくまで記年銘を伴う石造物を対象にしたからで、風化など痛みの激しいものの中には、さらに、古い年代の作品があるかも知れないのです。

それはひとまずおくとして、サエノカミ信仰は造像期以前よりあったものと考えられ、中津川の塞之神神社の慶長年間、そして、呼称は未確認ですが明智町の大船大明神・塞之大神の永禄年間の事例もあることから、少なくとも中世末から江戸初期にまでさかのぼるものとみてもよいのではないでしょうか。

また、先述のように石造物が東美濃地方に多いことは、中山道の各務原市以東に禅宗系、そして、

表4－1　兄妹婚伝承をもつサエノカミ一覧表

美濃				
石祠				
瑞浪市	稲津町	上平	サイノカミ	妻神
々	釜戸町	平山	サイノカミ	妻神 立主勘太郎
木祠				
中津川市		阿木	サイノカミ	
加茂郡	八百津町	木野	サイノカミ	妻神神社
文字碑				
恵那市	中野方	皆曽	サイノカミ	
加茂郡	白川町黒川中ノ平		サイノカミ	塞神 大正八年四月建立
自然石				
恵那市	長島町	久須見	サイノカミ	
加茂郡	白川町	須崎	サイノカミ	
加茂郡	八百津町	小洞	サイノカミ	一名シバガミ
々	々	峯	サイノカミ	一名シバガミ
々	々福地新田坂		サイノカミ	
恵那市	飯地町		ジバガミ	
双体像				
恵那市	飯地町	沢尻	サイノカミ	
加茂郡	白川町	下赤河	サイノカミ	

岐阜市より西美濃側へは真宗系が滲透したその差が、こうした形で現れているのではないかとも考えています。

―兄妹婚伝承―

サエノカミを語るのに、もうひとつ忘れてならないのが兄妹婚の伝承で、県内には五二例が数えられ、わずかですがシバガミにも聞くことができます。この伝承の概略は、

『相手を求め難いほどの美男と美女の兄妹が、それぞれに、ふさわしい連れ合いを探すために別れて旅に出た。時を経て、お互いの心に叶う相手を得てむつまじくなったものの、身上話をするに至り、かつて、別れ別れに旅に出た兄妹であることを知った。そして、道ならぬ一夜を過ごしたことをはかなんで命を絶った……』

という筋書きを辿るのです。それを憐れんだ村人が、供養のために建立したのがこの双体像だといわれます。一方、心中するだけでなく幸せに過した事例も聞かれ、さらに親子でといった事例もな

いではありません。

　この伝承は、美濃側に一四例、飛騨側で三八例で、飛騨側に多く分布する特色をもっています（表4―1・2）。とくに、美濃側では自然石にも伴う事例が散在することから、双体像発生以前からの伝承と位置づけられるものではないでしょうか。サエノカミが、男神と女神の二人立ちの姿をとるのは、兄妹婚伝承があったからこそと思えてなりません。その所以からでしょうか、サエノカミはふつうの神々より、位が低いとされ道路より下に祀られる事例が八例、飛騨側のみにみられるのです。

表4－2

飛騨				
双体像				
吉城郡	神岡町	横　山	サイノカミ	明治三十一年戌　南長助
々	々	々	サイノカミ	天保七申年　居村次兵衛
々	々	土	サイノカミ	
々	々	跡津川	サイノカミ	文政十一子三月吉日　友吉
々	々	々	サイノカミ	
々	々	佐　古	サイノカミ	
々	々	々	サイノカミ	佐古村施主　岡田内芳
々	々	々	サイノカミ	
々	々	牧	サイノカミ	文政十三年　牧村中
々	々	々	サイノカミ	
々	々	西漆山	サイノカミ	
々	々	東漆山	サイノカミ	
々	々	割　石	サイノカミ	
々	々	八幡裏	サイノカミ	
々	々	玉　姫	サイノカミ	
々	々	坂　富	サイノカミ	
々	々	下小萱	サイノカミ	
々	々	下麻生野	サイノカミ	
々	々	下之本	サイノカミ	嘉永三年戌八月日　下之本村中
々	々	々	サイノカミ	
々	々	岩井谷	サイノカミ	
吉城郡	上宝村	吉　野	サイノカミ	
々	々	桃　原	サイノカミ	
々	々	在　家	サイノカミ	
々	々	新　田	サイノカミ	新田　川上氏
々	々	新　町	サイノカミ	
々	々	古　橋	サイノカミ	天保七丙申　七助
吉城郡	丹生川村	日　面	サイノカミ	文化五年七月…願主祖心
々	々	板　殿	サエノカミ	慶応二寅十二月　作兵衛
々	々	白　井	サエノカミ	享和二戌年四月吉日
々	々	根　方	サエノカミ	
々	々	瓜　田	サエノカミ	寛政九巳七月吉日　惣右衛門
々	々	小　野	サエノカミ	慶応二寅八月小野村　久七
々	々	法　力	サイノカミ	嘉永元年　中屋
々	々	小木曽	サイノカミ	文政十亥天九月吉日願主太郎右衛門
々	々	坊　方	サエノカミ	文化四卯三月吉日　道祖神　儀四郎　おりん
々	々	桐　山	サイノカミ	
々	々	芦　谷	サイノカミ	弘化五申三月　孫助

　一方のドーロクジン、ドーソジンともども、

この伝承は聞くことができませんでした。

ここで改めてとり上げたいのが、美濃側岩村町のドーソジン銘碑がドーロクジンと呼ばれ、飛騨側丹生川村の二例の双体像ではドーソジン銘が併記されているのにサエノカミといわれることです。造像された石造碑銘と、人々の呼称にみるこの違いは栃木県でも報告され、ドーソジン碑がドーロクジンと呼ばれているのでした。

僅かな事例しか上げ得ませんが、これは、その地でのドーソジンの後発性を意味するのではないでしょうか。ことに、県内のドーソジンには、これまで述べてきた各種の祭祀、効験伝承は、ほとんど伴っていないのが意外なほどでした。

これは、ドーソジンがサエノカミであるための諸要件を欠除していることを意味しているのに他ならないのです。つまり、県内ではサエノカミ系とドーロクジン系の両信仰が先行する古型であることが明白になったと思います。

この視点で、兄妹婚伝承をもつ隣県各地を辿りますと、愛知、富山、新潟三県とも岐阜県同様サエノカミに伴う伝承です。ところが長野県では、南部の下伊那郡（但し、八例中一例はドーソ系）と木曽郡の上松町南部まではサエノカミで、北上するとサエノカミ、ドーロクジン、ドーソジンが混じってくるのです。

東へ走って群馬県では、ドーロクジンとドーソジンとなりサエノカミは消えてしまいます。そして、栃木県へくるとドーロクジンのみとなり、サエノカミとドーソジンがなくなるのです。こうした中で、静岡県はドーソジンという不思議な位置を示してくれます。実は、不思議という表現をとると、長野県の三系にまたがる点も不可解でなりません。

これらのことから、まず、同じ兄妹婚伝承をもつ信仰が、東の側ではドーロクジン、西の側ではサエノカミと対峙し、中間ともなる長野県中、北部にドーソジンが加わるという特色が浮上してくるのではないでしょうか。

よく話題となる中央構造線とは少々西にずれますが、富山、岐阜、愛知三県を結ぶ線で、小さなことですが、東と西に分かれるかも知れないこの点は看過できないものと考えて居ります。

―小正月行事にみる特色とその意味―

ここで改めてとり上げたいのが、小正月行事の分布とサエノカミ系三神とのかかわりです。ご承知のごとく本場ともいえる長野県中・北部では、ドンドヤキ、オンベヤキなどといって、眼を奪われる華やかな行事がみられます。

ところが、この行事が濃厚に分布する長野県に接しながら、岐阜、愛知両県ともふっ切れた様相を示し空白地帯となっているのです。この状況を仮に地質学でみれば、深い落差をもつ活断層と比定してみたらいかがでしょうか。とすれば、周縁に変成帯とも呼ぶべきところがなければならないのです。

しかし、この両者の影響を受けた地帯はない代わりに、実は、木曽南部と伊那南部は、何故か長野県を離れ岐阜、愛知両県側に入り込んでいるのです。活断層という大きな力に抗しているここに、―古地層の露頭―といった視点を設けたいと考えています。

いいかえれば、小正月行事を欠く方式こそが現在知り得る岐阜、愛知両県下でのサエノカミの原信仰に近いものといえるのではないでしょうか。そして、長野県では基盤岩層である原信仰は深く沈みこんでしまっているわけです。

―石、柴供えと兄妹婚にみる特色とその意味―

では、その原信仰はなにかというと、そのひとつが先に触れた石供えや柴供えの習俗であると推測するのです。これに関しては、既に、大島建彦先生が兄妹婚伝承ともども、全国俯瞰をされています。

それによれば、岐阜県と近縁関係にあるとみてきた木曽南部も伊那南部にも事例がなくなるばかりか、わずかに、最北端に一例という意外さに驚かされます。つまり、この習俗は小正月行事とは反対に、岐阜、愛知両県側のみに分布し長野県にはない、ここにも、小正月の活断層に比定できるふっ切れがみえてまいりました。

この長野県の様子は、断層面の層位からみれば、石供え、柴供えとも最下層にまで落ち込んだからなのでしょう。したがって、地表面には露頭として現われていないものの、或る時点までさかのぼればあるはずなのです。最北端の一例は、それが存在していたことの証しになる貴重なものとなると思います。

こうして、小正月、石、柴供えなどでは違った展開をしていることから、岐阜、愛知両県と長野県のサエノカミは、全く異質の性格のものであると考えることも可能になります。けれども、先に触れたように、兄妹婚伝承をもつ点では、それでも、共通地盤―地層―をもっていたではありませんか。

では、兄妹婚伝承だけが共通し、小正月、石、柴供えの習俗を引き裂く―断層―を起こした―火山性―とも表現できる力はなんだったのでしょうか。この要因のひとつに、古文献を駆使できた在野の智識層の存在があるのではと仮に想定してみたいのです。

いずれにしても、長野、山梨両県は岐阜県よりもはるかに資料事例の密度も高く、早くから石造物、祭事関連の調査もゆき届いています。しかし、調査された方々のノートに記されているはずの本来の呼称、そして、ワラ馬供え、厄年とのかかわり以外の細やかな習俗、効験などが、今ひとつみえてきていない気がするのです。

けれども、それらが集積され化学でいう定性分析ができれば、ほどなく、定量分析類似の道も開けてくると考えています。この作業によって、サエノカミ、ドーロクジン、ドーソジン三神の輻輳の実態が解明され、同時に、それぞれの原像がいくらかでも浮上してくるのではないでしょうか。それからの作業こそが、上代の諸文献と結びつけることができる新しい第一歩になると信ずるものです。

サエノカミ系信仰は、これまで、多勢の先学による労作の成果が上がっています。けれども、力不足で、かつ、非科学的となり要を得ない話になってしまいましたが、これをきっかけに、当信仰にとり組んで下さる方があれば望外の幸せと存じます。

古代美濃・飛騨の生活と信仰

早川　万年

はじめに

美濃は古代の行政エリアでは東山道《とうさんどう》に属する一国です。南に尾張・伊勢という臨海地域を控え、西は近江を経て畿内に、東は神坂《みさか》峠を越えて信濃、さらに東国へと通じています。東山道諸国のなかでは、東国と近畿との接点に位置すると言えましょう。尾張・伊勢に近い地域は濃尾平野の一角を占めており、河川に沿って耕地も開かれていたと思われますが、北部は森林の面積が広く、規模の大きな集落が展開する場は乏しかったと推測されます。

飛騨の場合は、美濃国内から下呂を経て高山盆地に向かうルートが東山道の飛騨支路とされ、それが本来の官道であったと見られますが、北陸・信濃方面にも交通路は開かれていました。山が連なる地域であることは言うまでもありません。気候も概して冷涼であって、冬期の降雪はしばしば住民の生活を脅かしました。

美濃・飛騨ともに今日では東海圏に含まれますが、いずれも海に面しておらず、その地に住む人たちにとっては山や川が親しい存在でした。その恵みに大きく預かったのです。奈良時代における美濃の人口はおよそ十一万五千人、飛騨は一万数千人と推定されています（澤田吾一『奈良朝時代民政経済の数的研究』、柏書房一九七二年復刊、一九二七年序）。まずはこの程度の人口規模であったことを念頭に置いて、地域社会の様相を考えて行かなくてはなりません。そして、やはり重要なことは自然環境です。前近代においては人の力による造作がそもそも小規模で、それだけに生活を取り巻く「自然」の作用する部分が大きかったはずです。たとえば、災害時に木曽三川が流域住民に与えた影響は、われわれの想像を超えるほどであったと思われます。今日、当たり前のように感じられている利水・治水にしても、古代におけるその実情は、現代とよほど異なっていたのではないでしょうか。生活や信仰は日常的なものであるだけに、このような自然と人間との関わりがまず重要な視点となります。

一　古代の信仰を考える視点

古代人の生活、信仰を理解することは、ふつう思われている以上に困難です。〈歴史〉として語られているところは、何かの事件といった非日常的な記憶が多く、衣食住など、日々あたりまえのことがらほど、歴史として残されることは少ないのです。まして、人々の意識の領域に関わる「信仰」は、そもそも現代のわれわれが、感覚的にはたしてどこまで理解できるかという点すら問題です。古代の文献に登場する「カミ（神）」にしても、同じ言葉でありながら、われわれの意識する「カミ」と同じである保証はありません。とはいえ、信仰あるいは宗教意識といったことがらは、前近代の人々の人生において、かなり大きな比重を占めていたと思われます。そして、現代に生きるわれわれが当然のごとく受け入れている政治・社会の概念が、そのまま古代人の意識するところであったとは到底考えられません。現代人が社会的な意識によって促されたり束縛されたりする部分の多くが、古代人では宗教的感性を背景にしたものであったと思われます（湯浅泰雄『日本古代の精神世界』、名著刊行会、一九九〇年）。

それも、「カミ」や「ホトケ」といった言葉であらわされる部分はもちろん、そういった言葉にならない領域においても、宗教的心性の影響するところが大きく、呪術的な行為だけでなく、ひろく社会認識・時間概念・人間観の基盤を形成していたと申せましょう。

さて、このような大きな問題にアプローチするにあたっても、古代史学の立場は基本的に文献資料に拠る以外にはありません。そこで、その際に留意しておくべき点をあらかじめ指摘しておきたいと思います。

まず、記述された文献・言語の性格、限界についてです。

『日本書紀』をはじめとする古代の史書は、変則的な場合があっても基本的には漢文体です。それは当然のことながら漢語・中国古典の影響下にあります。すくなくとも、表面的には大陸文化の色彩に覆われており、しかも、そのような〈歴史〉という文脈から、日本の伝統思想を見出すことは実のところ容易ではありません。ただ、日本語は早くから形成されており、古代の語彙がかなりの量で残存していることも事実です。その点では『古事記』『日本書紀』よりも『万葉集』の方が有力な検討材料を提供しています。

また、それらの文献は畿内の中央政府で編纂されたものが多く、地方社会の実態を積極的に伝えているわけではありません。古代の地誌として『風土記』が編纂されてはいますけれども、残念なことに東海地域の『風土記』はわずかな逸文しか残されていません。一方、のちに触れることになりますが、大宝二年（七〇二）という古い時期の御野国（美濃国）戸籍が残存している事実は重要です。戸籍という行政資料の一環ではあるものの、住民の当時の記録がまとまって伝えられているからです。

このように、他の時代と比べると、古代の場合はどうしても資料的な制約が大きいため、曖昧な議論になりがちです。しかもわれわれが知りたい古代の地方社会の実情を語る資料はとりわけ乏しいのです。また、仏教はさておき、仏教以前の信仰、習俗を検討することはやはり資料的な制約という大きな壁が立ちはだかります。もっとも、日本には神話が残されており、そこには多くの神々が登場します。現在にも全国に神社《かみのやしろ》が存在しています。長い歴史を経て今日にいたった神社に注目することは、たしかに日本人の宗教的心性を理解する上に重要な意味をもつと申せましょう。ところが、伝統的な神祇祭祀にしても、現代の神社のあり方をそのまま古代に遡らせるわけにはいきません。神仏習合をはじめとして、今日にいたるまでさまざまな変化があった事実を踏まえなくてはなりません。たとえば、神社の祭神自体も、時期によって変動することがありますし、一方では、八幡や稲荷などといった、神格に個性をもち各地に広がる場合もありますが、伝統的な村落に鎮座する神社の場合、祭神がとくに意識されないことも多かったのです。

今日、神社の社殿等に掲示されている祭神が、いったいどのような根拠で明らかにされたのかというと、古い時代に遡って確認できる場合は稀であって、多くは近世以降に推定された結果です。そもそも祭神が「考定」されること自体が、神社の特質の一つです。祭神と同様、神社名も変遷を遂げている場合が少なくありません。また、それら祭神のなかには、記紀神話の神や天皇の名前が充てられる場合がありますけれど、それでは、その神社の起源を、記紀に見られる神々や英雄（天皇・皇子）たちの活躍に即して理解できるかというと、多くは、そう簡単には結びつけられません。記紀神話のストーリーは、中央政府の権力と権威の来歴を語ったなかに位置づけられています。それは、地方社会の事跡や民衆のカミ意識とは必ずしも重ならないのです。

一般的なカミ意識は、むしろ『万葉集』において比較的率直に伝えられています。「天地《あめつち》のカミ」「ちはやぶるカミ」などのように、『万葉集』に見られるカミは、人格的な存在を前提としないケースが多くあります。海神《わたつみ》や雷神《いかづち》なども、人格表現をともなわない場合がしばしば見られ、記紀に登場するカミが詠み込まれることはかえって数少ないのです。単純に、記紀に見られるカミのあり方と『万葉集』のカミ意識を比較することは妥当ではありませんが、記紀神話に現れる人格神の世界が古代民衆のカミ信仰と合致するとは申せません。むしろ『万葉集』から窺われるような、それほど個性的でない素朴なカミの意識の方が一般的であったと考えられます（原田敏明『神社』、至文堂、一九六六年）。

二　美濃・飛騨における神祇祭祀

地方における神祇祭祀を考える場合、まず取り上げられるのが『延喜式《えんぎしき》』のいわゆる神名帳です。美濃には三八社三九座、飛騨には八社八座の神名（神社名）が見られます。この神社の数は、たとえば同じ東山道の近江が一四二社一五五座、東海道の尾張が一二一社一二一座、伊勢が二三三社二五三座であることと比べると少ないように感じられます。けれども、これら「式内社」（『延喜式』巻九・十所載の神社）の数は国によってずいぶん差があり、たとえば、東山道の陸奥《むつ》国は一〇〇社であるのに対し出羽国は九社、また、山陰道の出雲国は一八七社と多いのに、隣の伯耆《ほうき》国はわずか六社。西海道（九州）の筑後《ちくご》・肥前《ひぜん》・肥後・日向《ひゅうが》はそれぞれ四社であるのに対し、対馬《つしま》が二九社、壱岐《いき》が二四社といったように、全体としてバランスが取れているとは申せません。もちろん、式内社だけが当時の「神社」であったわけではありません。式内社とは、中央政府から幣帛《みてくら》を受ける神社（官幣）、地方政府（国司）から幣帛を受ける神社（国幣）のリストであって、地方の民衆にとって身近な神社《かみのやしろ》はこれら以外にも多くあったと推測されます。

ところで、式内社の名称には地名と共通する場合がしばしば見受けられます。たとえば美濃国でいえば、多伎神社（多芸郡）、墨俣神社（安八郡）、方縣津《かたかたつ》神社（方縣郡）、村国神社・村国真墨田神社（各務郡村国郷）、恵奈神社（恵奈郡）などがそうであり、飛騨国でいえば、荒城神社（荒城郡）がやはり郡郷名と同じです。郡や郷の名称は行政上、位置づけられた地名であり、このほかに多くの地名があったことは当然推測されますので、多くの神社名もそれらの地名を前提に理解してよいと思います。

一方、大領神社（不破郡）、物部《もののべ》神社（厚見郡）、県主《あがたぬし》神社（賀茂郡）などは、本来、地名でなかったはずです。大領は郡の行政官の名称、物部はいうまでもなく古代豪族の名であり（篠川賢『物部氏の研究』、雄山閣、二〇〇九年）、県主も律令制以前にさかのぼる地方官的な称号に由来します。「物部」は軍事的な職掌を有していたとされ、六世紀末に崇仏をめぐって蘇我氏と対立し、戦いに負けて没落したとされますが、地方には物部の地名、神社名は多く見られます。たとえば「物部神社」だけでも伊勢国飯高郡・壱志郡、尾張国春部郡・愛智郡、甲斐《かい》国山梨郡、武蔵《むさし》国入間郡など、各地にあり（『延喜式』神名帳）、物部郷も美濃国でいえば多芸郡・安八郡・本巣郡にあるなど（『和名抄』）、各地にその名を負う集団が存在したことが推定されます。物部を称する人々が多く居住しているとそれは地名にもなりますが、もともとは集団の呼称であったと思われます。

　このような神社名が見られることはいったい何を意味するのでしょうか。大領神社は、不破郡司の「大領」に由来し、その地の有力氏族であり郡司の地位に就いた宮勝《みやのすぐり》氏、あるいは不破勝氏が奉斎にあたったと思われます。県主神社も同様であって、その地で県主《あがたぬし》を称した氏族によって奉斎されていたのでしょう。

　物部神社の場合は、美濃にもしばしばその人名が見られる物部氏の存在によることはまず間違いないでしょうが、物部神社が一様に、物部氏の祖神である饒速日命《にぎはやひのみこと》あるいは垂仁天皇紀に登場する物部十千根《とおちね》を祭っていたのかというとおそらくそうではないと思います。全国の物部を称する人々が血縁的な一族であったとはとうてい考えられません。物部とは、そのウジ名のもとに、中央氏族と地方の集団との統属関係を示したものです。したがって、地方の多くの「物部」にとってみれば、物部神社は、ウジを同じくする共同体の祭祀の場ではあっても、記紀に見られる物部氏の祖先神を意識して祭る場所ではなかったと思います。「物部」神社であるがゆえに、『古事記』『日本書紀』の物部氏関連記事を取り入れて「祭神」が考定されていくのはのちの時代になってからのことです。「大領」神社や「県主」神社にしてみても、そのような地位が地域社会のなかで権威を有したからこそ、集団結合の表象とみなされたのであって、特殊な祭神や信仰形態があったとは考えない方がよいと思われます。

　一方、不破郡伊富岐神社の場合は、イブキの地名によるのかもしれませんが、伊吹山を神格化したと考えることも可能でしょう。里人たちが、身近に仰ぎ見る山をカミと意識する場合は少なくなかったと思われます。『延喜式』の神名からそれをすぐに判断することは難しいですが、恵奈郡の恵奈神社は恵那山を神格化しそれを祭った場所でしょうし、飛騨国大野郡の水無《みなし》神社も、位山《くらいやま》を神格化し祭祀を行うところであったと推測されています（式内社研究会編『式内社調査報告』一三、皇學館大学出版部、一九八六年）。

これに対して、美濃唯一の「名神大社」である美濃国不破郡の仲山金山彦《なかやまかなやまひこ》神社の場合は様相を異にしています。『古事記』上に「金山毘古（彦）神」「金山毘売神」の名が登場することからわかるように、仲山金山彦は人格を有した神と考えられます。通説としては、鉱山あるいは鉱物（金属）の神とされています。多芸郡の久久美雄彦《くくみおひこ》神社も同様に人格神的存在を意図していると申せましょう。

以上からすれば、集落における祭祀の場を公的に位置づけたのが多くの式内社と言えますが、その地域の人々にとって、とくに身近に意識される、山容すぐれた峰を神とする場合もありました。美濃飛騨を離れると、たとえば常陸の筑波山、あるいは東国各地から望むことのできる富士山などもそうであったと思われます。美濃と信濃国境の神坂峠《みさか》は、険しい山道の往来にあたって、カミへの手向《たむ》けをおこなう場所でした。地縁的な共同体のもとで稲作農耕に従事する人たちにとってみれば、本来、個性的なカミを取り入れる必要を感じることもなく、自らの生活圏のなかで、集団結合の表象たる「カミ」を奉斎していく日々であったと思われます。

ところが、多芸郡の久久美雄彦、不破郡の仲山金山彦は少々異質です。その地の人々によって奉斎されていたことに違いはないと思われますが、人格を表面に出している点では何らかの個性が主張されているといってよいでしょう。それはそのカミを祭る集団の個性の投影であって、多芸郡・不破郡が、美濃国でも政治的な拠点、先進地ともいうべき場所であったことに注目できます。不破郡は郡領氏族が渡来系であって、国府が置かれたところです。多芸郡も、養老改元の契機となった行幸があったように、繰り返し天皇が訪れています。中央政府との密接な交渉が見られる地域では、神祇祭祀のあり方にも変化が及んだと考えられるのでないでしょうか。

ただし、『延喜式』神名帳の神社は、八・九世紀にわたる時期的な変化を反映しており、当時は仏教が地方社会に浸透していく時代でもありました。そこで次には仏教の影響について検討してみたいと思います。

三　「仏教」の浸透

古代に遡って、仏教の地方への影響を考えるには、寺院跡とされる遺構や遺物が大きな手がかりとなります。伽藍遺構、あるいは瓦等の発見を通じて、従来は地域への仏教浸透が推定されてきました。その結果、およそ七世紀後半には地方にも飛鳥の寺院とよく似た形式の寺が増え、僧尼がそこに居住、出入りする風景が見られるようになったと考えられています。当時、一般民衆の住居と寺院建築とは大きな差違があり、「伽藍」を身近に見た人々にとっては大きな驚きであったに違いありません。仏なる偶像の姿にも、畏怖するまえに、むしろ奇異の目で接したのではないでしょうか。

東海地域の場合、七世紀中頃に寺院建築が始まり、持統朝にはかなりの広がりをみせ、八世紀はじめ頃までには、美濃では三十を越える寺院が営まれたと考えられています。飛騨国においても、国府・古川盆地に十数寺、高山盆地（旧大野郡域）に五ヶ寺ほどがあったとされています（八賀晋「『飛騨国伽藍』について」『美濃・飛騨の古墳とその社会』所収、同成社、二〇〇一年）。なかには、各務原市蘇原地域のように、かなりの規模の寺院が近接していくつも立地していたと思われる箇所があり、飛騨においても、古川盆地には寺院が競って造営される傾向にあったようです。

したがって、美濃や飛騨にも、飛鳥や平城京に見られたような仏教建築が見られていたことは疑いないでしょう。その理由は、都との交渉が密であり、その「文化」を導入することに熱心であったからだと思います。とはいえ、このことはほかの国々でも基本的には同様です。ひろく仏教は、まず目に見えるものとして地方に浸透していきました。

そのなかで、飛騨国の場合は特殊な事情がありました。毎年、およそ百人の匠丁が都に赴き、造都・造寺をはじめとしてさまざまな建築事業、あるいは木工作業などに従事していたのです。かれらが「飛騨匠《ひだのたくみ》」でした。任期一年とされた工人たちが帰国すると、さまざまな都の文物も飛騨の地に伝えられたことでしょう。

仏教の移入は、多様な技術（土木・建築・木工・鋳造など）や造形手法の地方伝播といった面にとどまらず、寺院建築と僧尼の活動を通じて、「仏」「僧」なる存在をも伝え、新たな宗教意識をはぐくむ契機にもなったと思われます。もちろん、仏教の高度な思想が、当時の日本でどの程度受け入れられたかというと、それは難しい問題ですが、従来の自然神的な意識をはるかに越える「宗教」の一端に触れたこと自体に大きな意義があったと申せましょう。といっても、それは一部の知識層に対して思想的影響を及ぼしたのであって、地方社会にすぐさま高度な思想が受け入れられたわけではありません。むしろ当初は、霊異あるカミの延長線上に「仏」も位置づけられ、経文は呪的な文句として認識される傾向にありました。さまざまな願望をかなえ、吉凶をもたらす存在として、新たな「カミ」（仏）が登場したのです。

およそ七世紀後半から八世紀はじめ頃に、各地の有力氏族たちが中心になって寺院を建立していきますが、その時期こそ、中国を手本とした律令制国家を立ち上げ、あらたな統治制度が形成されつつあった時代です。都との交渉の深まりは、このような政治的展開に依るところが大きかったのです。仏教もまた、中央の政権担当者の好むところでした。法による統治は「文字」を媒介として導入され、郡司等の地方行政官がその手法に基づき、実務に取り組んでいくなかで、寺や仏、そして官衙が地方社会に姿を現したのです。

ところで、従来、古代寺院といえば壮大な堂塔を擁する伽藍がイメージされてきましたが、そのような一般社会と隔絶された建築物だけが「仏教」ではありません。集落の中に小規模な仏堂が設けられたり、小幅の仏画が信仰の対象であったことも当然考えられます。むしろ、庶民社会の信仰としては、そのような身近なところで「仏」なるものを感じ、呪的な期待を寄せていたと思われます。

また、奈良・平安時代の遺跡から墨書土器が出土していることも参考になります。たとえば、近年、調査が進められた高山市の野内《のうち》遺跡からは多くの墨書土器とともに円面硯などが出土しており、この地域における「文字」文化の着実な広がりを示しています。そのような「文字」は、行政あるいは寺院等の施設で用いられる以外に、各務原市の三井《みい》遺跡「荒」「荒人」「大」「東」、関市重竹《しげたけ》遺跡出土の「大冨」、高山市牛垣内《うしがいと》遺跡の「力」など、一般集落でも用いられていることが明らかです。それらは呪的な意味合い、あるいは記号的な役割を有していたようです。これらの記載例の大半は、一文字あるいは二文字程度ですけれども、人々が文字という新知識そのものに神秘的な感覚をいだく一方で、しだいに文字が社会的な機能を果たしていったことが窺われます。

文字が地方で扱われる時期は、ほぼ仏教の地方波及と重なります。そしてこのような文字（漢字）に対する意識自体、やはり新たな文物であった「仏」に対する感覚と共通するところがあったと言えましょう。

四　戸籍から見た古代美濃

さて、この時期の民衆社会はどんな状況だったのでしょうか。学校教育をはじめ、奈良時代の民衆生活を示す史料として、しばしば取り上げられてきたのは山上憶良《やまのうえのおくら》の貧窮問答歌です。そこにはご承知の通り、貧しい農民の姿が描かれています。たしかにそれは当時の社会の一端を示唆するのでしょうが、それだけで生活をたんに貧しいとのみ決めつけてしまっては、かえって実情から遠ざかることになりかねません。貧しいとか豊かとかいう、たぶんに情緒的な次元での判断よりも、まずは率直に民衆を伝えた史料から見ていかなくてはなりません。美濃の場合はその点で大宝二年度の戸籍（御野国戸籍）というきわめて貴重な史料があります。そこには総計二千七百人にも及ぶ大勢の人名が残されています。この人数は、先に触れたように奈良時代の美濃国の人口がおよそ十一万余と推定されていることからすれば、かなりの割合と言えます。しかも、その当時の文書が奈良東大寺の正倉院に、今日まで残されている点でもたいへん貴重です。

美濃国戸籍は次の地域のものが残存しています（括弧内は『和名抄』の郡郷名）。

味蜂間郡（安八）春部里（池田郡春日郷）現、池田町から揖斐川町域の一部に比定
本簀郡（本巣）栗栖太里（栗田郷）現、本巣市真正町域の一部に比定
肩縣郡（方縣）肩々里（方縣郷）現、岐阜市長良福光付近に比定
各牟郡（各務）中里（那珂郷）現、各務原市那加～蘇原地区に比定
山方郡（山縣）三井田里（三田郷）現、岐阜市岩野田地区から山県市高富町南部に比定
加毛郡（賀茂）半布里（埴生郷）現、富加町羽生付近に比定

ただしこれらはいずれも完全なものでなく、その大部分が残されているのは半布里戸籍のみです。また、戸籍の故地の現在地比定も必ずしも確実とは言えません。

美濃国戸籍はわれわれにじつに多様な情報を提供してくれます。次に一例を挙げてみましょう。

下政戸石部三田戸口十七 正丁二 少子三 并九 少丁一 緑児三 正女四 緑女一 小女三 并八
下々戸主三田 年五十 正丁、工、　嫡子伊加太 年廿 少丁　次小人 年十 小子
次人麻呂 年八 小子　次与麻呂 年三 緑児　次弟麻呂 年二 緑児
戸主甥石部商人 年十六 小子　寄人牟下津マ（部）安倍 年卌六 正丁　嫡子多麻呂 年二 緑児
戸主妻敢臣族岸臣都女 年卌五 正女　児刀良賣 年廿四 正女　次志多布賣 年十六 小女
次乎志多布賣 年十六 小子　戸主妹咋賣 年卌七 正女　安倍妻石部小都賣 年卌二 正女
児根都賣 年十三 小女　次古賣 年三 緑女

（皇學館大学史料編纂所『続日本紀史料』一による）

これは加毛郡（賀茂郡）半布里《はにう》戸籍の現存冒頭部分に見られるところですが、戸主石部三田（五

十歳・正丁）と妻敢臣族岸臣都女（四十五歳・正女）、そして八人の子が記載され、「寄人」として牟下津マ安倍が妻子をともない、また戸主の妹が同籍する、といった内容です。右はかなり単純なケースですが、戸口の数が三十、四十を超えたり、奴婢《ぬひ》（男女の奴隷）を含む場合もあります。肩縣郡肩々里戸籍の「国造《くにのみやつこ》大庭」にいたっては、戸口の数がじつに九十六にのぼり、そのうち奴婢は五十九とずいぶん大きな数になります。そのほか、戸口のなかには「妾子」「亡妻児」も見られますし、また、「寄人」あるいは甥や姪などによっても「戸」はふくらむことになります。ちなみにそれぞれの戸は、上政戸・中政戸・下政戸という三つのランクに区分されるとともに、上々・上中・上下から下々にいたる九等戸（ただし実質的には中下戸以下の四区分）にも区分されます。これらの区分基準は必ずしも明瞭ではありませんが、上中下政戸の三段階は、正丁の数（これは兵士の徴発に結びつきます）、九等戸は戸口の数、そして「貧富」に依ったようです（新川登亀男「里の成り立ちと九等戸制」同「里の成り立ちと三政戸制」『美濃国戸籍の総合的研究』所収、東京堂出版、二〇〇三年）。ただし、九等戸制についていえば、圧倒的といってもよいほどの戸が下々戸とされているので、結果的には貧富の差を示しているわけではありません。

古代の戸籍を取り上げる際につねに問題とされるのは、はたしてこのような記載がどこまで〈事実〉を伝えているのかという点です。「戸籍」であることから、かつては、家族・夫婦などの「家」のあり方、あるいはそれを包含する共同体の実態まで、これらの史料から導き出そうとしました。

けれども、何十人もの家族・親族が現実に同居していたわけではありません。その点で、戸籍は家族生活の形状を率直にあらわしたものではありません。基本的には、行政側の意図に基づき「編戸」された結果が示されているのです。むしろわれわれとしては、地域の民衆が、一定のマニュアルにより「文書」に登載されていったこと、すなわち、行政側によって住民がデータ化されたことに目を向けるべきでしょう。統治する側が設定した区画のなかに、個人は「戸」の成員として位置づけられていったのです。具体的には、その名前、性別、親族関係、年齢等が示されました。名前の漢字表記なども、戸籍への記載を通じて実現していったのです。

およそ当時の人々にとって、自らの名前の漢字表記が必要とされるケースが、そうたびたびあったはずはありません。ですから、戸の成員各自が漢字表記できたとは考えられません。実際に、そのような漢字表記と住民台帳が作成されていったのは、全国的な行政業務が実施されていく過程においてであったと思います。おそらくは郡の官吏が中心となってそのような記載を進めていったのでしょう。地方官衙の書生クラスの者は、なんとか「戸籍」を理解し、苦心、工夫しながらそれを作り上げていきました。

その際には、およそ五十戸で一里を構成すること、正丁の数の確認、兵士の確保などを考慮しながら、各成員のウジ（氏）・カバネ（姓）をあきらかにすべく「戸」を編成したのでしょう（杉本一樹「戸籍制度と家族」『日本古代文書の研究』所収、吉川弘文館、二〇〇一年）。ですから、この戸籍は、まず、当時の地方行政の基礎資料（の一つ）であることを念頭に置いて理解されなくてはなりません。

他方、戸籍が、豊富な人名をはじめとして、婚姻等、興味深いデータを提供してくれているのは紛れもない事実です。人名の分布から氏族の状況を推測することも可能です。たとえば半布里の戸籍には、縣主《あがたぬし》系の人名が多く、郡司主帳にも縣主弟麻呂《おとまろ》の名前が見られますが、このことから「縣主」がこの地域の有力氏族であったことが知られます。先に指摘したように、賀茂郡には式内社として県主神社がありました。この地域のアガタを支配する氏族が「縣主」であり、たしかにその一族とされる人々は賀茂郡を中心に広く分布していたのです。かれらはこの県主神社を奉斎していたのでしょう。

また、味蜂間《あはちは》郡春部《かすがべ》里の戸籍には「国造族」の名が多く見られますが、記紀に断片的に見られる美濃（三野）国造、本巣国造といった伝統的な有力氏族と関わりを有する人々であったと思われます。

おわりに

七世紀後半から九世紀は、文字・仏教、そして律令制という、大陸伝来の新知識が列島内部で受容されていく時期でした。その点では、美濃や飛騨も他の地域と基本的に違いはありません。

東海地域においては、尾張に尾張氏という大きな勢力とともに、熱田社・草薙剣《くさなぎのつるぎ》が存在し、伊勢には周知の通り、伊勢神宮・斎王宮がありました。これらは国家と王家の歴史、祭儀の由来を語るうえで大きな役割を担っていました。これに対し美濃国は、記紀の神話空間において語られるところはわずかです。ところが、壬申の乱に際して、大海人皇子方の勝利に大きく貢献し、現実政治の表舞台に躍り出たのです。また、飛騨国は継続的に匠丁を差し出すことによって宮都・大寺院の造営に協力しました。そのことがこのふたつの国と中央政府との深い関わりを生み出し、新知識導入の大きな契機になったのです。その背景には、不破郡、各務郡、方県郡などにおける渡来人集団の存在にも注目できると思います。

このような事態の進展のなかで、旧来の地縁的共同体に立脚した神々の祭祀も次第に変貌を遂げることになります。新来のカミとしての「仏」は〈文明〉の象徴でもあり、あらたな支配システムの実施にともなう「文字」はまことに不思議な〈記号〉でありました。それらは従来の宗教的感覚の上に、まずは神秘的なものとして受け入れられたと思われます。仏教は早々に壮大な伽藍を生み出しましたが、そのような宗教建築は、しだいに村落や山中の小規模な仏堂へと移り変わりました。「文字」も、経典や行政文書において見られるところから、意志の表明、祈願などの表現手段として使い道が広がっていきました。それらの担い手たちも増加し、大陸伝来の文化は社会に浸透していくことになったのです。

考古学から探る伊勢神宮の成立と発展

穂積　裕昌

一　伊勢神宮に関する論点整理～考古資料を照応させるための前提作業～

伊勢神宮の問題については、主に文献史学から多くの研究が蓄積されています。そこで今回は、先学の議論を踏まえたうえで、それらを「考古学のフィルター」を通したかたちで検証を加え*1、論を進めていきたいと思います。

伊勢神宮は、皇祖神アマテラス（紀「天照大神」、記「天照大御神」、以下「アマテラス」）を祀る内宮と、アマテラスに朝夕の食を奉るため雄略朝に丹波から遷ってきたとされる（『止由気宮儀式帳』）豊受大神を祀る外宮からなりますが、その成立を問題としたとき、研究史的には多くの場合、皇祖神を祀る社としての内宮の成立を射程としてきた経緯があります。

正史『日本書紀』が伝える伊勢神宮（内宮）の成立は、アマテラスを巡る物語として語られています。

崇神五年　国内に疫病多く、民の死亡、半ば以上

崇神六年　アマテラスをトヨスキイリヒメ（豊鍬入姫命）に託《つ》けて倭笠縫邑に堅固な石（磯《し》堅城《かたき》）のヒモロギを造って祀る（それまで倭大国魂命と一緒に天皇の大殿で並祭していたが、その二床同祀を外す）

垂仁二五年　アマテラアスをヤマトヒメ（倭姫命）に託けて、伊勢に鎮座させる

文献1「是の神風の伊勢国は、常世の重浪帰する国なり。傍国の可怜し国なり。是の国に居らむと欲ふ。故、大神の教の随《まにま》に、其の祠を伊勢国に立てたまふ。因りて斎宮を五十鈴の川上に興つ。是を磯宮と謂ふ。則ち天照大神の始めて天より降ります処なり」（岩波書店『日本古典文学体系　日本書紀上』＊2）

問題は、何をもって「伊勢神宮の成立」とするのかという問いです。これらを簡単に整理すると、以下のようになろうかと思います。

A　『日本書紀』の記述をほぼ認め、垂仁朝にアマテラスを祭る社としての伊勢神宮の成立を認める説＊3

B　アマテラスを祀るかどうかはともかく、当初から大王家の守護神としての伊勢神宮の成立を認める説＊4

C　当初は磯部らが祀る伊勢の地方神（伊勢大神）であったが、ある時期以降、大王家の祭場として昇格したとみる説＊5

このうち、B説及びC説は、創祀時期と成立地に関して、以下のような意見の相違があります。まず、創祀時期については、ア　五世紀の雄略朝＊6、イ　六世紀前半の継体朝もしくは欽明朝＊7、ウ　六世紀後半〜七世紀の用明・推古朝＊8、エ　七世紀後半の天武・持統朝＊9、オ　七世紀末の文武朝＊10などの説です。これら説が分立する背景には、以下のふたつの文献記事を研究史上、どう読み解くかに左右されてきた部分が大きいと思います。

文献2「一に云はく、天皇、倭姫命を以て御杖として、天照大神に貢奉《たてまつ》りたまふ。是を以て、倭姫命、天照大神を以て、磯城の厳橿《いつかし》の本に鎮め坐《ま》せて祀る。然して後に、神の誨《おしえ》の随に、丁巳《ていし（ひのとみ）》の年冬十月の甲子《こうし（きのえね）》を取りて、伊勢の渡遇宮《わたらいのみや》に遷しまつる。」（日本書紀垂仁天皇二五年の文注、文献1の後に続く部分）

文献3「乙卯（二九日）、**多気大神宮を度会郡に遷す」**（『続日本紀』文武天皇二年一二月条）

一方、成立地に関しては、a　当初から現在の伊勢神宮の地とみる説＊11、b　当初は別の場所にあったがある時期に現在の伊勢神宮の地へ移ってきたとみる説に大別され、bはさらに多気郡内の現在の斎宮がある明和町付近＊12（b1）、多気町相可《おうか》付近＊13（b2）、伊勢神宮の別宮である大紀町（旧大宮町）の滝原宮＊14（b3）、宮川左岸の式内伊蘇《いそ》神社付近＊15（b4）などの説があります。研究史的には、文献1の垂仁紀二五年のヤマトヒメ伊勢鎮座が語る「五十鈴の川上」を現在の五十鈴川と見做さず、宮川（喜田貞吉説）＊16あるいは佐奈《さな》川（川添登説）＊17とする説などがあります。ちなみにこれらは、『日本書紀』天孫降臨条（異伝）におけるサルタヒコ（猿田彦大神、以下、サルタヒコ）の問答との照応性が問題となってきた経緯があります。

文献4「天鈿女《あめのうずめ》、復問ひて曰はく、「汝は何処に到りまさむぞや。皇孫何処に到りましまさむぞや」といふ。対へて曰く、「天神の子は、当に筑紫の日向の高千穂の槵触峯《くじふるのたけ》に到りますべし。吾は伊勢の狭長田《さながた》の五十鈴の川上に到るべし」といふ。（『日本書紀』神代下第九段一書第一）

この文に関して、本居宣長（『古事記伝』）はサルタヒコが降臨したとされる「五十鈴の川上の狭長田」を地名と捉え、それを多気郡の佐那県《さなあがた》（現在の多気町佐奈、式内佐那神社を包含する地区）と考えた＊18（他に度会郡伊蘇郷の式内磯神社にも触れている）のに対し、倉塚華子氏は狭長田を地名ではなく、『日本書紀』神代上の「天狭田《あまのさなだ》長田《ながた》」に対応させてアマテラスに捧げる米を作るための神田と解釈し、その具体的な場所として、神宮神田の所在する度会郡宇治の地（内宮領域内）を想定しました＊19。

一方、『古事記』では、サルタヒコはその後、伊勢の阿邪訶《あざか》で比良夫貝《ひらぶがい》に手を挟まれて溺れ死んだことが語られていますが、この阿邪訶は、『皇太神宮儀式帳』（内宮がその由来や儀式などの詳細を朝廷に差し出した下文で平安初期に成立、以下「儀式帳」）に「悪神が坐す山」として語られる一志郡阿坂（現在の松阪市大阿坂・小阿坂、式内阿射加神社がある）のこととされています。サルタヒコは、神宮関係の諸本（成立は古くても平安末以降）では内宮大内人（内宮では禰宜の荒木田氏に次ぐ地位）を務める宇治土公氏の祖とされていますが、この伝承は「記紀」にはみられず＊20、むしろ『古事記』を介して一志郡との関係が示唆されます。

さらに、伊勢神宮の創祀時期と成立地を考えるには、外宮の位置づけも問題です。このことに関して岡田精司氏は、外宮周辺には度会《わたらい》氏関係の遺跡や祭場が点在するとして、本来度会氏が在地の太陽神を奉祭していた伊勢の地へ、大王家の祭場である内宮が遷されてきたと考証され＊21、ヤマト王権側の祭場移転の必然性と在地の側における受容の問題とを整合させました。この基本的な枠組みは、現在、比較的多くの研究者の支持を得ているのではないかと思います。

ところで、「垂仁紀」二五年の分注記事（文献2）は、その年が丁巳に当たらないことから、田中卓氏は通常渡会宮は外宮をさすとして（内宮は「五十鈴宮」）、文献2は本来外宮の成立年を伝えたものであったがそれが内宮の記事に混入したと捉え、文献2は雄略朝における外宮創祀を伝えたものとして、丁巳年を垂仁紀から切り離して考える解釈を提示しました＊22。一方、同じ記事を、岡田精司氏は『万葉集』に記された「渡会《わたらい》の斎宮」（高市皇子の崩御時の柿本人麻呂挽歌）などから度会宮を外宮という特定の宮とはみずに度会郡に置かれた宮、すなわち「内外宮分立以前」の伊勢神宮と解したうえで、その年代は田中氏同様雄略朝に求め、雄略治世の丁巳《ていし》年（西暦五七七年に換算）を伊勢神宮の成立年とされました＊23。

岡田氏が丁巳年を雄略朝に宛てたのは、『日本書紀』が雄略朝に伊勢関係の記事を集中させ、外宮成立もこの時期とされる（『止由気宮儀式帳』）ことから、五世紀後半頃に伊勢の服属形態に再編成が行われたとの推定を前提に、雄略朝前後が社会的・宗教的な転機に当たっていたこと、中国南朝への朝貢外交のゆきづまりと半島における日本勢力の敗退に伴う国際的条件、東国経営の推進などを背景として、大王の地位確立と専制権強化に伴ってその権威の根元たる大王家守護霊を国家的祭祀の対象に発展させる必要があったと考えられたことによります。そのうえで岡田氏は、大王の守護霊の地位を急速に高めるため祭祀地の伝統を破り、新しい祭祀場の候補となったのが大和盆地の真東にあって、すでに在地の太陽信仰の伝統もあった伊勢の地であったと主張されました。ただし、これらはいずれも状況証拠の積み上げであり、またその論拠の柱のひとつである「東国経営の進展」については、その実態をどう理解するかは研究者間で考え方の振幅が大きく（例えば、『日本書紀』記載の「武蔵国造乱」、駿河稚贄屯倉《わかにえのみやけ》の設置、勾舎人部《まがりのとねりべ》・勾靫部《まがりのゆきべ》の設置などから東国経営の本格化は安閑天皇以降とする前川明久氏の説＊24など）、多くの説が乱立する状況となっています。

二　考古学的視点による伊勢神宮の論点

a　議論の前提～伊勢の地の弥生・古墳期「不毛の地」説に関して～

伊勢神宮の成立を巡る議論の中で、『日本書紀』の所伝をそのまま認める立場に対してかつて行われた批判は、現在の伊勢神宮がある伊勢の地が、弥生～古墳時代、開発の遅れた未開の地であったとする指摘＊25です。これは、昭和四〇年代、伊勢の考古学的調査があまり進んでおらず、古墳や集落などの知見が知られていなかった（＝当時の考古学的知見の貧困さ）ため生じた見解であったかと思います。ところがその後、外宮近傍の隠岡《かくれがおか》遺跡で弥生後期集落が発見されたのを嚆矢に、最近では内宮近傍の桶子《おけご》遺跡で弥生末の突線鈕付式銅鐸の破片が採集される*26など、少なくとも弥生後期のイセの地は一定程度の開発が進んでいたことが明らかになってきました。以上は伊勢神宮の「垂仁朝」（乃至は「垂仁朝」と後に認識される古さの時期）創祀を直接的に考古学から裏付けるものではありませんが、議論の前提として、弥生・古墳期「伊勢の地＝不毛の地」説は一応解消されていることを確認しておきたいと思います。

b　大和から伊勢に至る「ルート」論に関して

高島弘志氏は、大和（ヤマト王権の王宮の伝承の多い桜井周辺を起点）から伊勢に至る古道ルートを検討され、それぞれヤマト王権の伸張段階によって時期的な盛衰があることを指摘されました*27。このルートとは、

Aルート　桜井から伊賀に出て上野盆地を北上、加太峠を抜けて北伊勢を北上するルート
（ほぼ壬申の乱の大海人進軍ルート）

Bルート　桜井から伊賀南部を経て、青山峠を抜けて一志郡に出るルート
（持統六年の行幸路、律令期斎王の帰還ルート）

Cルート　桜井から榛原まではA・Bコースと同じだが、榛原から東進して旧美杉村へ出、雲出川沿いに下るルート

Dルート　吉野方面へ南下して、高見峠を越えて伊勢の櫛田川を下るルート（高見峠越え）

高島氏は、このうちA・Bルートは比較的新しく、令制以前はC・Dルートが大和から伊勢湾岸に至る基本ルートとされたうえで、とりわけ櫛田川水運を利用できるDルートを重視されました。しかし、考古学的には、Dルートは縄文期の遺跡は多く、古くから拓かれたルートではありますが、肝心の古墳期の有力遺跡・古墳は乏しく、古墳期以降の主要ルートとしては相応しくないかと思います。一方、成立が新しいとされたAルート（概ねヤマトタケル東征の帰還ルート）には、前期後半から中期にかけて伊賀市石山古墳や北伊勢の亀山市能褒野《のぼの》古墳、鈴鹿市寺田山古墳、桑名市高塚山古墳、さらに岐阜県大垣市昼飯《ひるい》大塚《おおつか》古墳など地域を代表する前方後円墳が築かれ、寺田山を除く諸古墳で鰭付埴輪や各種形象埴輪なども出土していて、遅くとも古墳時代前期後半には確立していたのではないかと思います*28。なお、B・Cルート（両者の差は伊賀を経由するかどうかの差、『紀』で「廬《いお》城《き》」とされた現在の津市白山町家城で両者合流）もそのルート上に重要遺跡が多いのですが、和田萃先生はとりわけ古墳期ではCルートを重視されておられます*29。

c　伊勢神宮創祀を巡る考古学的論点

では、考古学から伊勢神宮の成立について言及する場合、どのような視点がありうるのでしょうか。大王家祭場の伊勢（もしくは伊勢国内）移設というミッションを実現するために前提となる条件と、その他の考古学的論点を整理してみたいと思います。

まず、大王家祭場を移設する以上、当該の地は一定程度、移設元であるヤマトと一定の友好性がある、ないしは従属的な地となっていることが前提でしょう。このことは、南伊勢の考古学的状況を概観したうえで、その地域的特質を抽出する作業によって、ある程度は確認できるかと思います。ここでは、具体的に古墳時代の南伊勢全体の評価と、後に神郡として位置づけられる度会郡・多気郡・飯野郡の考古学的状況を整理します。

三　南伊勢の首長墳の変遷

まず、伊勢神宮の成立と関係が深い南伊勢の首長墳の変遷を辿り、在地勢力の消長をみてみましょう*30。なお、本稿では雲出川流域以南（旧一志郡域以南）を南伊勢とします。

四世紀　この時期の主要勢力は、まず一志郡域の松阪市北部（旧嬉野町）に四基が相次いで築造された前方後方墳（最大の向山古墳が全長七二m、なおもう一～二基存在の可能性あり）の存在から一志郡域（現在の津市南部、松阪市北部、旧の津市南端・久居市・一志郡域）に出現し、次いで大型円墳（久保・清生茶臼山の両古墳がともに五〇m級）の存在から南接する飯高郡域（松阪市及び旧の飯高郡）に移ります。ともに一定の独立勢力の存在を示しますが、銅鏡・腕輪形石製品・儀杖形石製品などの副葬品は他所で製作されたものであり、その入手に関してはヤマト王権と何らかの関係性も示唆されます。

五世紀前半～中葉　飯高郡に、南伊勢初めての前方後円墳である松阪市宝塚一号墳の存在から、この時期の中心は飯高郡域にあり、後継の二号墳（全長八九ｍの造出付円墳で、北伊勢の鈴鹿市白鳥塚一号墳もほぼ同大同形）もその地位を維持したとみられます。宝塚一号墳は、それまで形象埴輪製作の伝統がなかった南伊勢の地に、初めて豊富な器種と量を持って築造された伊勢最大の前方後円墳であり＊31、くびれ部には出島状施設が付設され、家形や船形、囲形などの最新の形象埴輪群と二重口縁壺形埴輪などが樹立されました。このうち船形埴輪は、船首部分に倭装大刀を装備するが、刀は支配権の象徴としての意味でもあり（『伊勢国風土記』逸文では天日別命《あめのひわけのみこと》が神武から刀を授けられて伊勢へ乗り込み、伊勢津彦と対峙したとされる）、これを掲げた船形埴輪は被葬者が当地の支配を委譲された者であることを示しているかと思います＊32。一方で宝塚一号墳では、出島状施設の両脇に在地の製作伝統を継いだ二重口縁壺形埴輪群も配され、宝塚一号墳被葬者が在地勢力にも基盤があることを示唆しています。

五世紀後半　飯高郡域にも松阪市高地蔵古墳など大型造出付円墳の築造は続くが、宝塚二号墳に続く首長墳は帆立貝形古墳ないしは造出付円墳として多気郡と度会郡の間を画する玉城丘陵の多気郡側に移ります。玉城《たまき》丘陵全四〇〇基の古墳中首座である全長七五ｍの高塚一号墳をはじめ、大塚一号墳（全長五二・五ｍ）、神前山一号墳（全長四〇ｍ）などです。神前山一号墳からは三面の画文帯神獣鏡や古式の須恵器などが出土していて、画文帯神獣鏡は伊勢湾口に浮かぶ鳥羽市神島の八代神社所蔵鏡や亀山市井田川茶臼山古墳出土鏡、熊本県江田船山古墳出土鏡など多くの同型鏡が知られています*33。

六世紀前半　古墳規模も縮小して、南伊勢を代表する盟主級首長墳は不明瞭ですが、玉城丘陵の度会郡側で一応、小規模な前方後円墳が築造されています。多気町ユブミ二号墳、明和町斎宮池一二号墳、平野部であるが小俣町野田古墳などです。

六世紀後半　度会郡域の宮川右岸地域に、列島でも屈指の規模をもつ横穴式石室を内包した伊勢市高倉山古墳が築造されます。

七世紀代　斎宮近傍の七世紀代の前方後方墳である明和町坂本一号墳や佐奈に近い多気町石塚谷古墳など、各郡ないしはそれをさらに分割した小地域単位で有力古墳が存在しますが、南伊勢全体を統括するような首長墓の存在はみられなくなります。

小結　以上のことから、南伊勢の首長墳は、概ね四世紀代は一志郡、五世紀前半は飯高郡、五世紀後半は多気郡、六世紀前半は度会郡宮川左岸、六世紀後半は宮川右岸と時代を追うごとに首長墳の築造地が南へ移動していく状況が読み取れるかと思います。

四　神郡域の考古学的状況

ここでは、古代において神郡として位置づけられた度会郡、多気郡、飯野郡（元は多気郡の一部）をさらに河川や丘陵などによって小地域に分けて、伊勢神宮との関連も睨みながらそれぞれの地域としての考古学的な特質をみていきましょう。

飯野郡域　飯野郡は、天智三年に多気郡一〇郷から四郷を割いて成立した郡とされ（『儀式帳』）、櫛田川下流左岸から飯高郡との境界である金剛川までの範囲を含みます。ただし、櫛田川下流は時代によってその河道を変えており、その度に郡域にも変動があったとされます。さて、飯野郡には持統上皇による三河行幸の際にも出船地となった古代港津、的潟《まとかた》（的形・的方）があり、的潟を臨む松阪市佐久米大塚山古墳（墳丘は残存していないが、地割りから径四〇m程度の帆立貝形古墳と推定）では、かつて金銅装小札鋲留眉庇付甲が出土し、ヤマト王権の東の外港たる的潟を管理する職掌を担った被葬者像が推定されます＊[34]。

多気郡櫛田川中流域（相可・佐奈周辺地域）　櫛田川中流域（松阪丘陵と玉城丘陵を結ぶラインより上流）及び支流の佐奈川流域地域（ともに多気郡相可郷）です。面積は狭いのですが、少数の須恵器生産窯も分布するほか、伊勢水銀を産出した飯高郡丹生に隣接します。また、磯部寺や式内伊蘇上神社など内陸ではあるが磯部ゆかりの社寺も点在します。「記紀」の天石窟《あまのいわや》伝承に登場する手力男神は『古事記』天孫降臨段では佐那県で祀るとされ、手力男神を祀る式内佐那神社もあります。和田萃先生は、『古事記』の伝承も踏まえて、内宮の相殿神のひとつとされる（『儀式帳』）手力男神は水銀を採掘する人々の間で信仰された神ではなかったかと推論されています＊[35]。

さて、当域には前方後円墳はありませんが、相可に程近い多気町荒巻にある石塚谷古墳＊[36]は注意されます。七世紀初頭前後の径三〇ｍの円墳で、しかも単独墳です。木棺直葬の内部主体からは鉄地金銅張の馬具のほか、大刀や鉄鏃、鉄斧など豊富な副葬品があり、特に銀象嵌大刀の存在は注目できます。象嵌は、刀身に先端から魚・鳥・日輪（太陽）の順で一個ずつ表裏に施されており、このうち鳥は報告書では鳳凰の可能性が示唆されていますが、尖った鉤状の嘴、長太い頸、水掻き状に幅広い脚から水鳥と思われます。さらに、頸部に取り付く一本線は鳥の頸に巻かれた紐を示し、人間に操られた水鳥、鵜であろうと思います。一方、魚は残存状況が悪いのですが、鱗の表現が明瞭で、淡水魚とすれば鮒状の形状です。このことから、一連の象嵌は太陽の下、淡水魚を狙った鵜飼（現在も木曽川鵜飼は昼鵜飼）を表現したものとみられます。同モチーフの象嵌は、石塚谷古墳より一世紀以上遡る熊本県江田船山古墳出土の有名な国宝象嵌大刀＊37があります（鵜飼の表現自体は大阪府高槻市今城塚古墳家形埴輪に線刻＊38や、群馬県保渡田八幡塚古墳出土の魚を咥えた鵜形埴輪＊39などにある）。「記紀」では「神武東征」時、吉野の阿太養鸕部《あだのうかひら》が簗（『紀』）や筌《うけ》（『記』）で川魚を採った説話があり、贄貢納の起源に関わるとみられます＊40が、このことを敷衍すると石塚谷古墳被葬者も朝廷もしくは伊勢神宮への贄貢納に関わっていた可能性もあろうかと思います。ちなみに伊勢神宮に関連する鵜飼伝承として、雄略三年に廬城河《いおきがわ》（一志郡を流れる雲出川）と五十鈴河を舞台とした拷幡《たくはた》皇女に関わる説話＊41があります。

なお、本地域内の「三疋田《さんびきだ》」「四疋田《しひきだ》」の地名が「日置《ひおき》」に由来し、敏達六年に置かれた日祀部《ひまつりべ》（『紀』）に関わる地名とみる意見＊42もあります。

多気郡櫛田川右岸下流域　櫛田川の旧本流路とされる祓川《はらいがわ》右岸に広がる明野原台地上に斎宮跡を抱える地域で、多気郡の郡名も当地域の「竹」（タケ、斎宮跡の脇に竹神社が所在）に由来します。

玉城丘陵でも多気郡側となる丘陵北半から祓川沿いとなる台地西縁には、南伊勢を代表する弥生遺跡である金剛坂遺跡があり、五世紀後半から七世紀にかけての多数の古墳も集中します。また、斎宮跡の北側に所在する坂本古墳群はかつて全一五〇基ほど存在した大古墳群とされ、その盟主墳である坂本一号墳は七世紀代の「最後の前方後方墳」で、木棺直葬の主体部から金銅装頭椎大刀が出土しています。

さて、本地域を特徴づけるものが土師器生産です。明和町北野遺跡で二二五基もの土師器焼成遺構が確認されたほか、斎宮周辺から玉城丘陵北縁部にかけての二〇弱の遺跡で実に四〇〇基を超える土師器焼成遺構が発見されています＊43。これらは六世紀中葉から八世紀後半に及ぶとされ、まさに南伊勢地域における土師器生産の一大拠点です。ここで焼成された土師器は一般集落だけでなく斎宮や伊勢神宮の祭祀に供することに大きな目的があったとみられ、「有孔広口筒形土器＊44」など儀器と推定される特殊な器種も含みます。この土器は、朝鮮半島栄山江流域（百済の地域）から出土する五世紀後半から六世紀前半の円筒形土器と形態・調整が類似し、両者の系譜関係も考慮されていますが（朝鮮半島に波及した日本の埴輪が変容して円筒形土器が成立し、それが逆に列島へ影響を与えた可能性＊45）、時間的な隔たりがあります。北野遺跡の所在地は古来より伊勢神宮に貢納する土器類を生産してきた有爾《うに》郷＊46で、北野遺跡等の土師器生産遺構群の調査はそれが六世紀に遡ることを明らかにした。

なお、多気郡に関係の深い氏族には麻続《おみ》（麻績）、神服部《かんはとり》、竹、敢《あえ》（阿閉）、礒があります。このうち麻続氏と神服部氏は伊勢神宮の神衣祭《かんみそさい》に伴って内宮と荒祭宮《あらまつりのみや》に貢納する荒妙《あらたえ》・和妙《にぎたえ》の生産に関わった氏族とされ、神服織機殿《かんはとりはたどの》神社や神麻続機殿《かんおみはたどの》神社などが多気郡に所在しています。このことから、当地域は土器生産とともに繊維生産においても伊勢神宮と関わりが強く、鎌田純一氏は『儀式帳』に内宮でアマテラスとともに祭られる相殿神二座のうちの一座、萬幡豊秋津姫はその神名に「幡」（ハタ）が含まれることから機織に関わる神格と捉え、元来は多気郡で祭られていた神の可能性を指摘しておられます＊47。

度会郡宮川左岸・外城田川流域　外城田川流域となる現在の玉城町・小俣町域（一部多気町含む）と、伊勢市でも宮川左岸域が該当する。本地域は、弥生時代内宮禰宜を務めた荒木田氏の本貫とされる地で、肥沃な玉城盆地を抱えています。本地域の北側（海浜部寄り）は、多気郡から続く明野原台地東端の縁辺部で、弥生時代の集落や墓域群が展開します。多気郡との郡堺である玉城丘陵には多数の古墳があり、本地域側の丘陵南斜面には方墳からなる権現山古墳群（四六m×三九mの二号墳からは石製坩等も出土）など中期前葉に遡る古墳も知られ、櫛田川以南では最古の古墳と目されています。六世紀前半には多気町ユブミ二号墳や小俣町野田古墳など小規模ながら前方後円墳も築かれるなど、規模は小さいのですがみるべき古墳は多いかと思います。また、丘陵部には多くの須恵器生産窯があって、南伊勢における古墳時代後期から奈良時代にかけての窯業生産の一大拠点地となっています。

さて、従前より本地域は荒木田氏による新たな開墾によって拓かれた地というイメージがありますが、古墳や遺跡のあり方からは本地域の開発は意外と古く、その勢力は当地に継続的に有力古墳を築きえた安定した勢力だったと評価できます。そういう意味では、後に「荒木田」を名乗る主体がその後裔とするなら、「新興勢力」というイメージにはそぐわないように思います。

なお、外城田川河口部と宮川河口部に挟まれた伊勢市磯町は古代の度会郡伊蘇郷の地であり、地名から本地域の海民である磯部との関係が窺えます。宮川左岸には古代の港津適地の潟地形が広がっており、ここを介した海産物を含む各種物品類の生産・交換などの拠点のひとつだった可能性もあります。

度会郡宮川右岸地域　外宮を含む地域です。『儀式帳』に孝徳年間に当地（山田原）に屯倉が設置されたとの記事があり、外宮禰宜を務めた度会氏との関係が深い地域とされています*48。外宮近傍には弥生時代後期の集落である隠岡遺跡（竪穴住居一二基確認）があり、当地の開発が弥生後期には確実に遡ります。しかし、宮川の堆積作用の影響もあってか古墳期集落はまだあまり知られておらず、今後の確認が待たれます。当地域も、五十鈴川流域同様、前半期古墳はなく、古墳の築造開始は古くても五世紀後半以降です。このうち、外宮裏山の高倉山山頂に造られた高倉山古墳は、列島でも屈指の規模の横穴式石室をもつ径四〇メートル以上の大型円墳で、六世紀後半の年代が与えられています。石室は、伊勢だけでなく三河の特徴もあるとされ*49、東国（三河）の民や技術も造営に関わったことが推定されます。出土遺物は、直刀や馬具、三輪玉等の玉類、珍しい捩りのある金環などがあります。外宮の周辺では、市街地化の進展によって消滅した古墳も多いのですが、高倉山古墳以外にも前方後円墳とされる車塚古墳や東京国立博物館蔵の馬具などが出土した塚山古墳などの有力古墳があります。なお、現時点では、外宮宮域内で古墳時代に遡る遺物の出土は現時点では知られておらず、古墳時代中期には大規模な祭祀場として出発している内宮とは対照的なあり方を示しています。そういう意味では、高倉山古墳の出現は、まことに唐突な印象があります。

度会郡五十鈴川流域　内宮所在地を含み、元来は宇治土公《うじどこ》氏の本貫と目されてきた地域です。内宮は古くから滑石製模造品が採集されており、前のシンポジウム＊50でも指摘したように五世紀代のかなり大規模な祭祀場として出発していることが明らかです。

さて、当地の古墳は、五世紀末頃に形成を開始します。大規模なものはありませんが、南山古墳や昼河《ひるご》古墳群には横穴式木室という珍しい墓室形式を採用する古墳があり、このうち七世紀前半の昼河C2号墳では木室全体を燃焼させて遺体を焼却してしまう特異な埋葬形態を採っています。これは死の穢れを忌避する意識の強い祭官が、死体へ取り付く悪霊を防ぐため、あらかじめ遺体自体を焼滅させて遺体が悪霊の依代になることを防ぐ意図があったのではないかと推定しています（棺を焼く古墳は多気郡域の明気《みょうげ》古墳群でも知られており、手力男神を祀る佐那神社の近傍であることが注目される）。いずれにせよ、本地域は現時点で大規模な集落や古墳は知られておらず、そうした地域にあって五世紀代の大規模な祭祀遺跡（内宮）が存在すること自体、非常に強い存在感があります。

五　個別論点整理

ここでは、切り口を変え、伊勢神宮に関わる個別の事象を取り上げて、論点の整理をしてみましょう。

神宮立地の問題　前のシンポジウムでもお話ししましたが、現在の内宮にある施設のうち、特に荒祭宮《あらまつりのみや》は、両側を小支谷（しかもひとつの上流部には井もある）に挟まれた尾根筋にあって、伊賀市城之越遺跡など古墳時代祭祀場との立地上の共通点があります。また、内宮の地は五十鈴川が平野部に出る水分の地に相当していますが、同時に伊勢平野として最南端の山際であることも注意されます。以上のことは、内宮、特に荒祭宮の立地部分が古墳時代祭祀場の占地として典型的であることを示すとともに、その立地が小さな地域でなく、汎国的なレベルで決定されている可能性を示唆していると思います。

神宮正殿の問題　伊勢神宮内外宮の正殿形式である「神明造」は、考古学的な平面プランとしては「棟持柱式掘立柱建物」として把握されます。この形式は、近年、弥生時代での類例が増加し、これをもって伊勢神宮成立の古さを示すと捉える向きもあります。しかし、この形式は古墳時代以降も各地で存在しており、この形式の存在をもってのみでは伊勢神宮成立の「古さ」や正確な時期を決定する論拠にはならず、むしろ、この形式が高床の倉庫形態に由来し、それが正殿形式に取り込まれている意味の追求こそ建設的な論点になるかと思います。

内宮御神体（八咫鏡）を包む御船代の問題　かつて岡田精司氏は、内宮のご神体である八咫鏡《やたのかがみ》を修める御船代《みふねしろ》の形態を、伊勢神宮のものを忠実に縮小のうえ模したものとされる石上神宮御船代

（の実測図）から推定し、その形態（長方形で両小口から二個一対の突起が出て、印籠式の蓋をもつもの）が「古墳時代前中期」に盛行した舟形石棺に類似するとして、内宮成立時期考証の一材料とされました*51。舟形石棺は、確かに古墳時代前期後半から後期に入る頃まで使用されており、岡田氏の想定される「雄略朝」はこの使用期間に含まれますが期間限定は困難です。むしろ、この問題に関して対比すべきは坪井恒彦氏の指摘*52があるように、奈良県南郷大東遺跡例など最近類例が増加している同形態の蓋付木製容器でしょう。この場合、身と蓋に付けられた突起は実用目的だけでなく、御神体という「霊力」を内部に封じ込めておく意図も含意されていたと推定されます。同形態の容器は、古墳時代中期頃に盛行期の一端があることは御船代との対比の上でも注目されます。

神宮神宝の問題　かつて後藤守一氏は神宮神宝のうち玉纏大刀に関して、それが関東地方の形象埴輪にある大刀形埴輪（いわゆる消火器型）の原形となった大刀（以下、倭装大刀）に由来することを指摘されました*53。その後、奈良県藤ノ木古墳における倭装大刀の出土例を受けて白石太一郎氏は、改めて神宮神宝の玉纏大刀が古墳時代以来の倭装大刀に由来することを説かれています*54。

また、神宮神宝には、タタリ等の紡織具が含まれることも注目されます。紡織具は、他に鳥羽市神島の八代神社や福岡県沖ノ島出土品にもあります。このうち沖ノ島が宗像三神（女神）を祀る宗像大社の沖つ宮であることから、祭神が女性神である場合、紡織具が神宝となった可能性が考慮されます（記紀ではアマテラスが機織に関わる場面がある）。一方、八代神社には画文帯神獣鏡（明和町神前山一号墳鏡などと同型）や二本の頭椎大刀（他に環頭大刀とみられる部品もある）など多気郡の古墳副葬品と共通する遺物が注意され、神島の例を介して多気郡の勢力が神宝の調達に一定関与した可能性が検討課題として指摘できます*56。

土器生産の問題　六世紀中葉以降、斎宮周辺の土師器焼成遺構群で製作された土器は、生活用の甕をみた場合、中伊勢以北に多い台付甕（S字甕）とは異なる丸底甕です。川崎志乃氏は、これを「南勢型甕」と位置づけ、台付甕とは別系譜の製作技術で作られたもので、その製作開始が五世紀代（後半から末）に遡ることを指摘しています*57。斎宮周辺の大規模な土師器生産の開始が神宮成立に関わったとみた場合、その画期は一連の技術が移入される五世紀後半代におくこともできるかと思います。

「初期内宮＝滝原宮」説について　文献3を巡る言説のひとつに、アマテラス成立前の「伊勢大神」を滝原宮で祀っていたとの説がありますが、周辺に有力古墳時代遺跡はなく、少なくとも考古学的にこれを支持する資料はありません。

南伊勢の在来勢力　土器製作工人は部民層ですが、当地の部民は多くが「磯部」（礒部・石部）として把握されており、族長たる度会氏や宇治土公氏も「宇治土公磯部小継」など磯部を含む複姓の存在からその母体は磯部とされ*58、さらには中央氏族の中臣氏との系譜関係を主張するにいたる荒木田氏についても本来は磯部であった可能性すら指摘されています*59。磯部は敢礒部として多気郡の土師器生産（土師器生産は他に麻績氏も関わる）にも主体的に関わったほか、『儀式帳』に「陶器作内人」として磯部主麻呂の名が記されていることから内陸部（度会郡外城田川流域）の窯業（須恵器）生産にも磯部が関わったことがわかります。磯部は、もちろん贄に関わる海産物の採取や航海、航海を介した軍事などへの従事が主な活動であったとみられますが、海に関連する各種生産行為にも関わり、内陸部にも広く展開していたとみられます（櫛田川の古名は磯部川とされる）。

古墳時代祭祀遺跡としての内宮　先ほども申しましたが、内宮（荒祭宮北方、由貴御倉付近、神路山など）からは古墳時代の滑石製模造品が採集されています。明治二八年刊行の『神都名勝誌』では、荒祭宮北方で採集された滑石製臼玉、勾玉・剣形・双孔円板などが詳細に描かれています。これらの資料から、内宮の地は、現状の資料に拠る限り、古墳時代中期のかなり大規模な祭祀遺跡として出発していることは明らかです。内宮のある五十鈴川流域は、他の神郡域に比して有力古墳が乏しく、これだけの祭祀遺跡を単独で持ち得ると考えるにはやや無理があり、またその初現時期も内宮祭祀遺跡より後出します。

まとめ

伊勢神宮に関わる研究史を辿りながら、それに考古資料をフィルターとして通して検討を加えてきました。その結果、五世紀以降、南伊勢の有力古墳は徐々に南（伊勢神宮寄り）へその占地を移してくること、旧神郡は、土師器生産や機織（多気郡）、窯業生産（度会郡）など地域毎に役割分担をして、全体で神宮を支えていたことが明らかになったかと思います。

文献3に関わって、成立期内宮が多気郡に置かれたとみる論者は多いかと思いますが、その場合の成立地候補は明和町斎宮周辺、多気町相可周辺、大紀町滝原宮などの説となります。このうち、滝原宮は周辺部の状況からも古墳時代の大規模な祭祀遺跡の存在を考えうる状況になく、相可周辺も日置を介した日祀部に関わる仮説はあるが遺跡の特定までには至っていません。一方、斎宮周辺は六世紀代には有爾郷における土師器生産が成立するなど神宮を支える様々な基盤が整備されていきますが、それを初期伊勢神宮の成立と見なすには古墳時代の有力遺跡の存在が乏しく（首長墳とみられる有力古墳があるが、その所在地と伊勢神宮が一致するとは限らない）、現段階の資料では躊躇せざるをえない状況です。逆に、古墳時代中期に遡る祭祀遺跡で、現内宮を超える存在は少なくとも現状の知見に拠る限り南伊勢では存在せず、多気郡初期内宮説を採った場合、この位置づけが浮いてきます。

このように考えると、伊勢平野の最南端にあって清浄な水分の地を占める現内宮の位置は、やはり相応に重視すべきかと思います。贄貢納などによって伊勢神宮を支えた地域は後背の志摩も重要であり、その接点の地であることも注意されます。宮川流域以北の地は、祭祀域としての五十鈴川水系（漁民・祭官層の墳墓はある）とは切り離して、伊勢神宮を在地で支えた首長や各種部民集団の生活や生産、埋葬が行われた地として位置づけるのが現段階では適当かと思われます。

【註】

1　考古資料をフィルターとして文献を検証していく方法は、下記の本で実践されている。森浩一『記紀の考古学』朝日新聞社　二〇〇〇
2　以下、『日本書紀』の文献引用及び参照は同書の岩波日本古典文学大系本に拠る。
3　代表として、田中卓『伊勢神宮の創祀と発展』一九五九
4　内宮に限定すれば、岡田精司氏の著作を代表としてあげ得る。岡田精司『古代王権の祭祀と神話』一九七〇、『古代祭祀の史的研究』一九九二、ともに塙書房
5　代表として、直木孝次郎「天照大神と伊勢神宮の起源」『日本古代の民俗と天皇』一九六四所収
6　代表として、前掲註4岡田文献
7　代表として、前川明久「大和政権の東国経営と伊勢神宮」『日本古代氏族と王権の研究』法政大学出版局　一九八六、和田萃「『皇大神宮儀式帳』からみた伊勢の姿」上山春平編『シンポジウム伊勢神宮』人文書院　一九九三
8　代表として、鶴岡静夫「伊勢神宮の成立」『古代中世宗教史研究』一九八二
9　代表として、丸山二郎「伊勢神宮の奉祀について」『日本古代史研究』所収　一九四七
10　代表として、筑紫申真『アマテラスの誕生』一九七一
11　前掲註3の田中文献、前掲註4岡田文献など
12　前掲註8鶴岡文献など
13　川添登「伊勢神宮の創祀」『文学』41　一九七三など
14　前掲註10筑紫文献のほか、田村圓澄『伊勢神宮の成立』一九九六など、この考えを採用する研究者は多い。
15　喜田貞吉「伊勢皇大神宮の御鎮座について」『歴史地理』44―1
16　前掲註15喜田文献
17　前掲註13川添文献

18 本居宣長「古事記伝十五之巻」『本居宣長全集』第10巻 筑摩書房 一九六八
19 倉塚曄子「伊勢神宮の由来」『文学』41—3・4 一九七三
20 宇治土公氏がサルタヒコを祖に仰ぐに至った経緯は、前掲註19倉塚文献に詳しい
21 岡田精司「伊勢神宮の起源ー外宮と度会氏を中心にー」(前掲註4の岡田一九七〇年文献所収)
22 前掲註3田中文献
23 前掲註21岡田文献及び同氏「古代王権と太陽神ー天照大神の成立ー」(前掲註4の岡田一九七〇年文献所収)
24 前川明久『日本古代氏族と王権の研究』法政大学出版局 一九八六
25 例えば、前掲註8鶴岡文献など
26 岡田登「内宮創祀の古伝を実証か 三重県伊勢市・桶子遺跡から銅鐸片発見」『神社新報』第二七八四号 二〇〇五
27 高島弘志「神郡の成立とその歴史的意義」『日本古代政治史考』吉川弘文館 一九八三
28 豊田祥三「高塚山古墳出土埴輪の位置づけ」『三重県桑名市高塚山古墳基礎調査報告書』桑名市教育委員会 二〇〇六
29 和田萃「祭祀の源流ー三輪山と石上ー」『大神と石上』筑摩書房 一九八八
30 以下、特に注記しない限り、個々の古墳の情報など三重県内の考古学的動向把握は、下記文献に基づく。三重県『三重県史 資料編 考古1』二〇〇五
31 松阪市教育委員会『三重県松阪市 史跡宝塚古墳』二〇〇五
32 穂積裕昌「伊勢の地域的特質ー近畿から東国へ至る陸路と海路の地域拠点」『第8回春日井シンポジウム資料集』春日井市教育委員会 二〇〇〇
33 八賀晋「伊勢湾沿岸における画文帯神獣鏡」『三重県史研究』13 一九九八、川西宏幸『同型鏡とワカタケル』同成社 二〇〇四
34 穂積裕昌「伊勢湾西岸の古代港津と海上交通」『考古学を学ぶ』Ⅱ 二〇〇三
35 和田萃「丹生水銀をめぐってー櫛田川・外城田川流域の氏族との関わりからー」上山春平編『シンポジウム伊勢神宮』人

文書院　一九九三

36　多気町教育委員会『多気町文化財調査報告7―石塚谷古墳・大日山1号墳・倉懸古墳群―埋蔵文化財発掘調査報告　多気工業団地』一九九八

37　和水町『菊水町史　江田船山古墳編』二〇〇七

38　高槻市教育委員会『発掘された埴輪群と今城塚古墳』高槻市立しろあと歴史館　二〇〇四

39　群馬町教育委員会『保渡田八幡塚古墳』二〇〇〇

40　『古事記』では魚を取る者が自らを「贄持の子」と名乗り、本説話が贄貢納の起源を示す伝承に関連することがわかる。

41　この説話は以下の通り。阿閉臣国見（別名「磯特牛」）斎王拷幡皇女と廬城部連武彦の親密関係を天皇に讒言⇓武彦父のキコユ、この流言が自らに禍することを恐れ、武彦を廬城河に誘って鵜飼の真似事をしつつ不意に殺害⇓天皇、聞きつけて拷幡皇女に使いを出して詰問⇓拷幡皇女、身の潔白を主張のうえ、神鏡を持ち出し五十鈴河上に神鏡を埋めて自経⇓天皇、皇女の不在を疑い、河上の虹の出たところを掘って神鏡を見つけるとともに皇女屍を発見⇓腹を割いたところ、潔白が証明される⇓キコユ、息子を殺したことを悔いて讒言した国見を殺そうとするも国見、石上神宮に逃げ込む。阿閉臣の別名が「磯」であることが磯部に関わって注意される。註2岩波本では「磯特牛」を「しことひ」と読んで「国見」の別名とするが、岡田登氏は阿閉を磯に対応させ、磯（部）特牛とみる。ここは岡田氏に従いたい。岡田登「伊勢朝日郎の誅伐と宝塚古墳群」『神道史研究』53―2　二〇〇五

42　和田萃「兄国と弟国」『日本古代の儀礼と祭祀・信仰下』所収　塙書房　一九九五

43　上村安生「各地域の土師器生産と土師器焼成遺構　東海―三重県を中心として―」『古代の土師器生産と窯跡遺構』窯跡研究会　一九九七

44　上村安生「有孔広口筒形土器について」『三重県史研究』21　二〇〇六

45　坂靖「韓国の前方後円墳と埴輪」『古代学研究』170　二〇〇五

46 有爾中郷の土師器生産及び関連氏族の文献的研究は、下記文献に詳しい。前川明久「伊勢神宮と敢氏」前掲註23文献所収
47 鎌田純一「伊勢神宮創始についての一試論」『古代文化』26―11 一九七四
48 前掲註21岡田文献など
49 竹内英昭「伊勢湾地域の横穴式石室の構造とその展開」『季刊考古学・別冊16 東海の古墳風景』雄山閣 二〇〇八
50 穂積裕昌「三重の祭祀遺跡―伊勢神宮への道―」『第12回春日井シンポジウム資料集』春日井市教育委員会 二〇〇四。以下、筆者の「前稿」という場合は本文献を指す。
51 前掲註23岡田文献のうち、「古代王権と太陽神―天照大神の成立―」
52 坪井恒彦「伊勢巡行伝承と水源祭祀文化圏」『堅田直先生古希記念論文集』一九九七
53 後藤守一「所謂消火器形埴輪について」『考古学雑誌』第二二巻七・八・一二号 一九三二
54 白石太一郎「玉纏太刀考」『国立歴史民俗博物館研究報告』五〇 一九九三
55 金子裕之「三重県鳥羽市八代神社の神宝」及び同2『奈良文化財研究所紀要』二〇〇四・二〇〇五 奈良文化財研究所
56 穂積裕昌「海洋地域の社会と祭祀―海上交通と神島神宝をめぐる諸問題―」『季刊考古学 第96号 特集 古墳時代の祭り』雄山閣 二〇〇六
57 川崎志乃「伊勢の古墳時代土師器生産―藤潟を取り巻く遺跡を中心に―」『Mie history』12 二〇〇一
58 神崎勝「天石窟伝承について」『立命館文学』四六三―四六五合併号 一九八四
59 前掲註47鎌田文献、岡田米夫「伊勢神宮と磯部族との関係」『神道宗教』七三 一九七四、菊池康明「農耕儀礼と生活」『古代の地方史』五 朝倉書店 一九七七

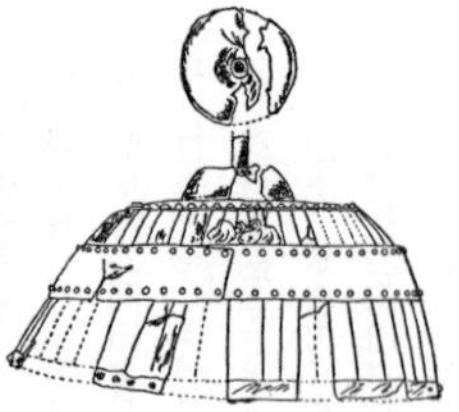

図1
松阪市佐久米大塚山古墳出土
鉄地金銅装小札鋲留眉庇付冑
（末永雅雄『日本上代の甲冑』1944）

図2　多気町石塚谷古墳
出土銀象嵌大刀
（文献36）

図3（参考）熊本県江田船山古墳出土
国宝象嵌大刀（1：4）（文献37）

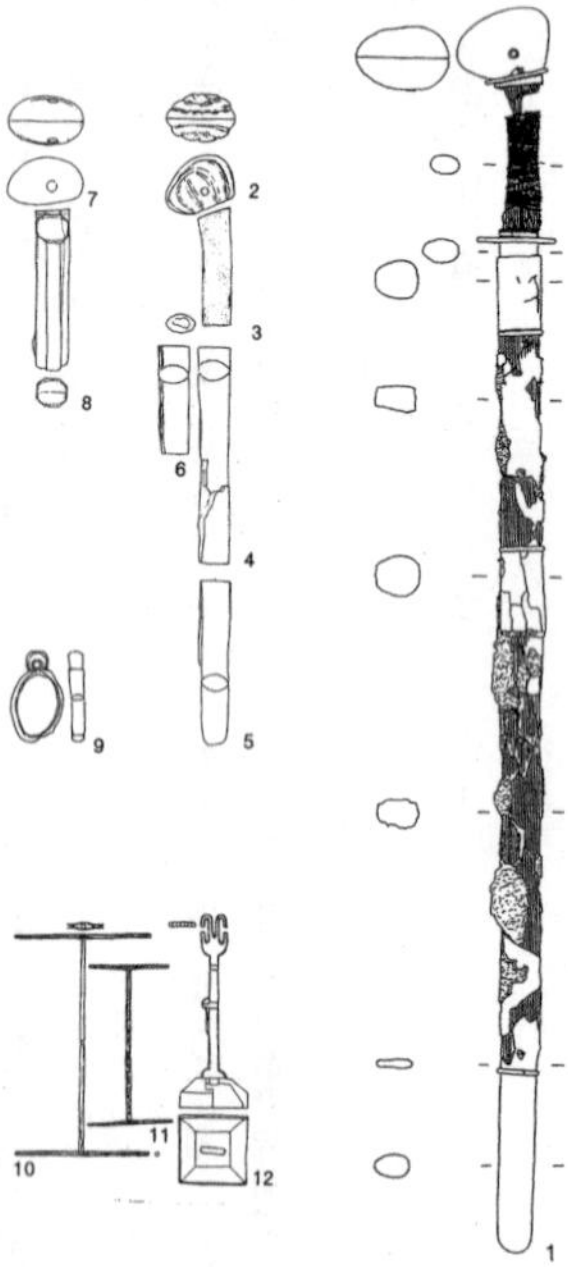

図4　明和町坂本1号墳出土頭椎大刀（1）と鳥羽市神島の神宝（2～12）
（1～9；大刀及びその付属品、10～12；ミニチュア紡織具、縮尺不統一）
（1；明和町『明和町史資料編第一巻自然・考古、2～12；文献55）

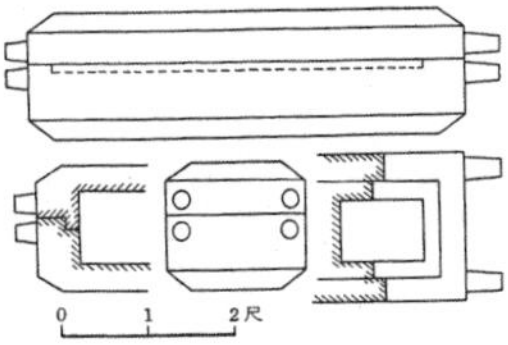

図５（参考）奈良県石上神宮御船代実測図
（文献23、原図は大場磐雄『石上神宮宝物誌』）

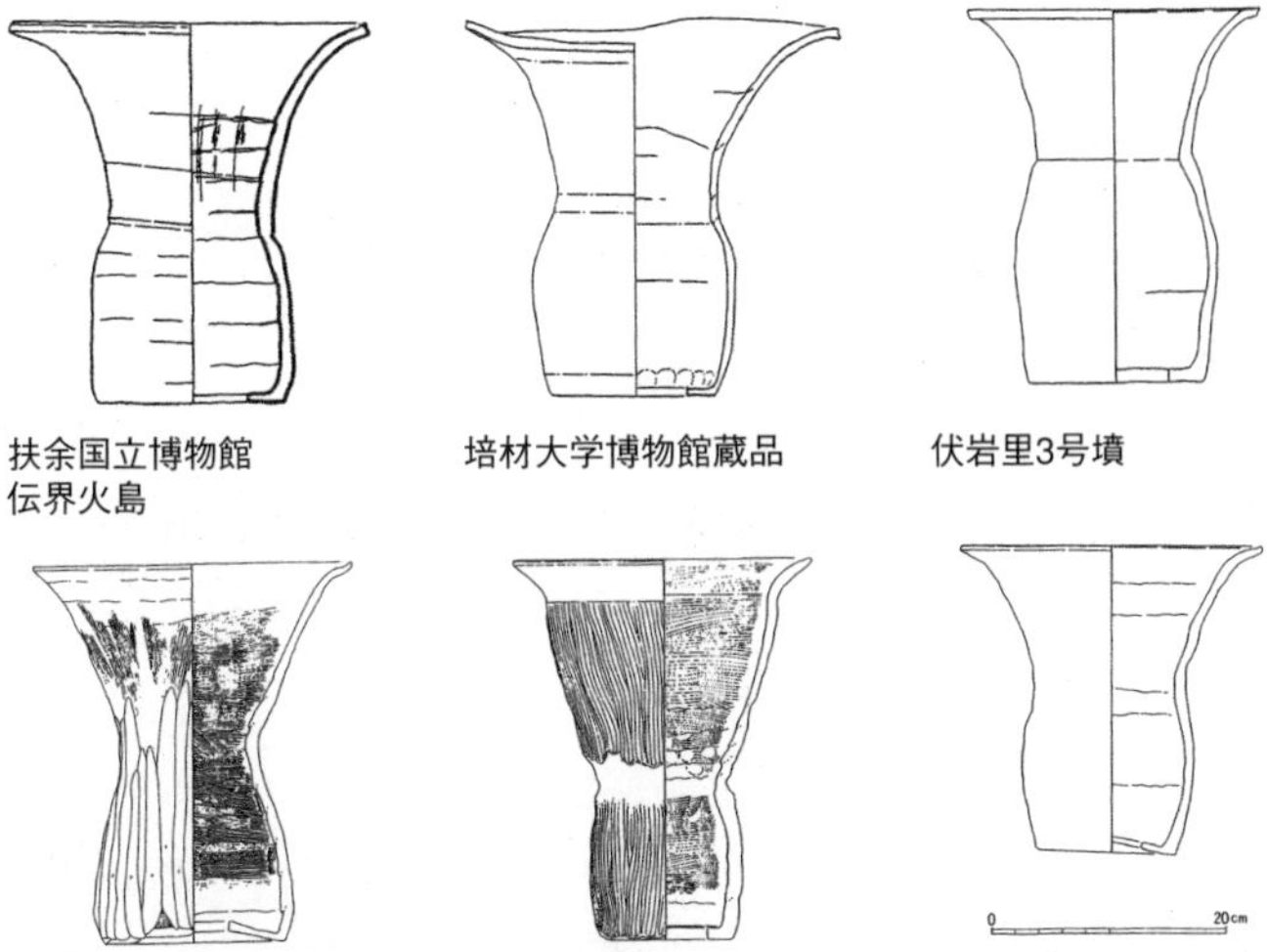

図６　韓国の埴輪(上段)と北野遺跡出土有孔広口筒形土器
（文献44に掲載されたものを再引用）

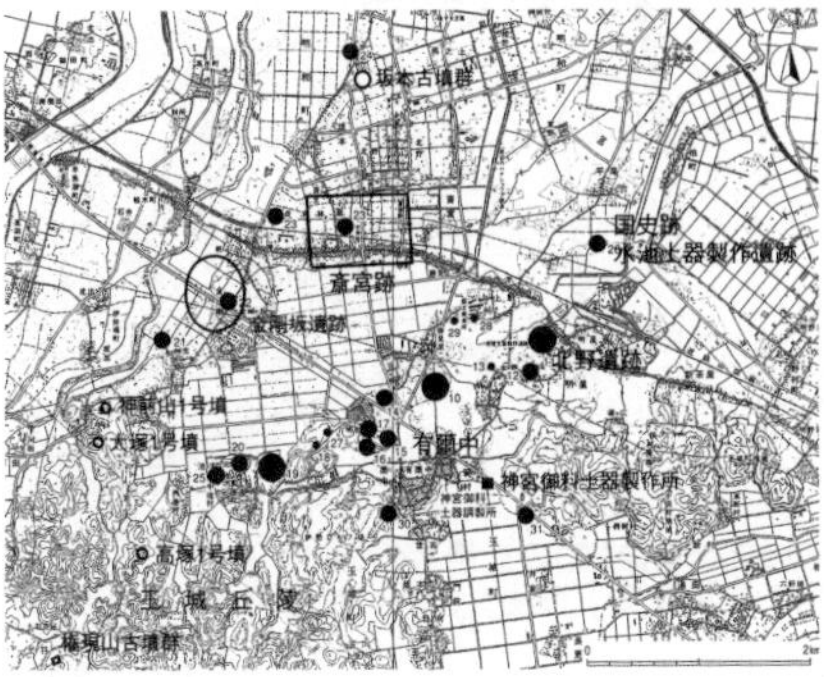

図７　明和町斎宮周辺の土師器生産遺跡と主要遺跡・古墳（●は土師器焼成遺構のある遺跡
（上村安生「土器製作遺跡概要」『三重県史資料編考古２』2008所収の図に加筆）

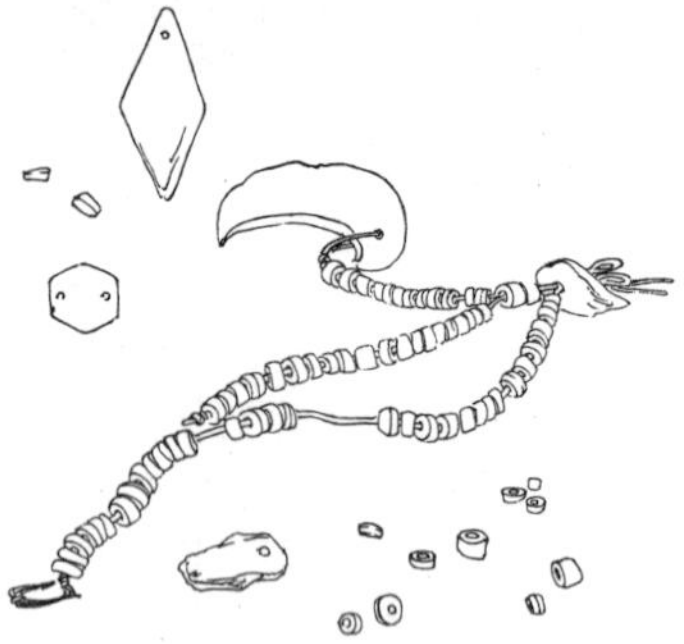

図９　伊勢神宮内宮採集の滑石製模造品類
（神宮司庁『神都名勝誌』巻４　1895）

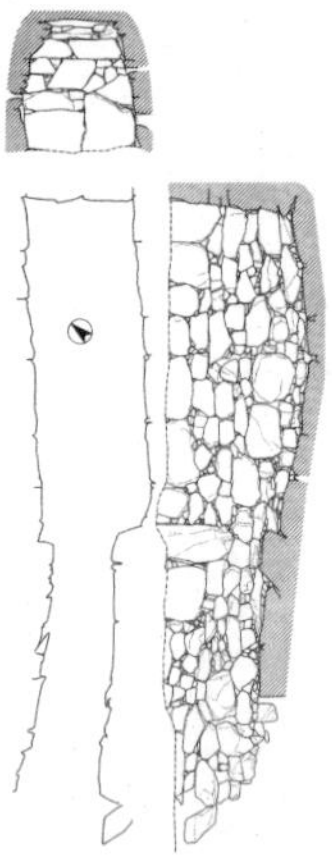

図８　伊勢市高倉山古墳の横穴式石室
（三重大学原始古代史部会「伊勢市高倉山巨石墳について」『ふびと』30　1969）

図10　伊勢神宮内宮(左)と伊賀市城之越遺跡(右)の立地上の対比
（伊勢神宮の図は福山敏男『伊勢神宮の建築と歴史』1976に転載のうえ一部加筆）

津島神社の信仰

福岡　猛志

講演

地元の方はご存知だと思いますが、九州からおいでいただいた方もいらっしゃるそうですから、念のために最初に、「津島神社」の場所について説明をしておきます。

名古屋駅で降りていただきますと名鉄電車というのがあります。それに乗って少し北に戻って、それで西へ行くのです。春日井シンポでもよく出てきた甚目寺からさらに西へ進んで行きまして、木曽川の手前、愛知県尾張西部に位置する小都市津島があります。そこに鎮座している神社です。

図1　神像

この神社は現在、須佐之男命（スサノオノミコト）をお祀りしています。有名な天照（アマテラス）と一戦交えて追いやられるあの須佐之男命です。そして相殿にその子どもとも伝えられる大国主命（オオクニヌシノミコト）とお祀りしているわけでございます。

現地にまいりますとご神像を下賜いただけるものですから、それをいただいてきました。ただし、お初穂料五千円。ご神像をちょっとまず見ていただこうと思います。

これが建速須佐之男命（タケハヤスサノオノミコト）の神像（図1）です。それで、この須佐之男命の神威、神の威力、これに伴っていろいろなご利益があるということになっているわけです。いろいろな要素がここには絡んでいます。

「蘇民将来の符」という写真を載せておきました（図2）が、現物をここに持ってきました。こんな小さなものなんですね。頭が朱色をしていまして、六角形で、右から左へ「蘇民将来之門除疫大福長者」と書かれている。これもお初穂料で頒けていただけるわけです。

それから、昔は御師《おんし》と書いて津島社では「おし」と読んでいるのですが、その御師と呼ばれる人たちが、いろいろな地方を回って、そこで初穂料と引き換えにいろいろなご利益のあるお札ですと

図3「津島神社御神馬」

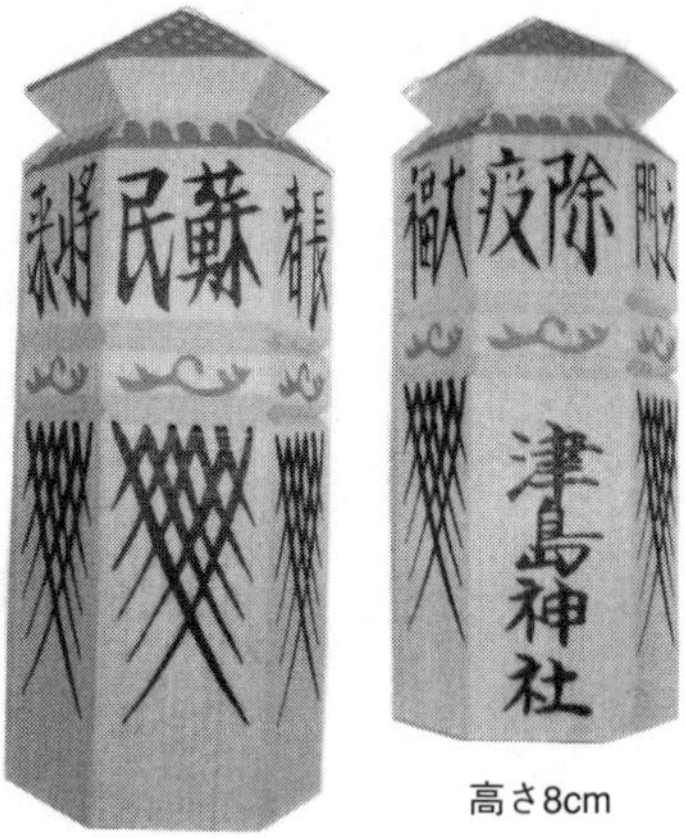

図2　蘇民将来の符

か、場合によってはお茶なんかも配ったようです。また、薬も配ったようです。今はそれをやっていないわけですが、希望があればということで、この図3「津島神社御神馬」の図像も頒布されます。

それから今日はこれも持ってきました。津島神社の神札、小札。これもご利益があるわけです。

それから、後でお話します「茅の輪くぐり」。茅で編んだ大きな輪を「8の字」の形でくぐる。これはお正月にやるんです。これもとても大事な意味を持っており、津島社の信仰にとって本質的な問題です。こういうものが今日《こんにち》の姿です。

「津島」とは

ところで、この津島社というのが、祭礼や民俗については研究が進んでおり、とくに近年『新修名古屋市史』や『愛知県史』の編さんにかかわって重要な研究成果が輩出しているのですが、歴史的研究となると意外に研究論文、研究書が少ないのです。最も体系的にまとめられていて、そして内容的にも、いろいろな側面について触れられているものとして、津島に住んでいらっしゃる小島廣次先生、近世史の先生です。この小島廣次先生が書かれた「津島とお天王さま」という論文があります。『海と列島文化』（森浩一先生の編・監修でして、この小島先生の論文のそのすぐ前に私が「熱田社の信仰」を書いています）に収められているこの論文が一番まとまっている、体系的なものだというふうに思います。

それから、『日本の神々』に収められている津田豊彦先生が書かれた「津島神社」。それから『津島市史』が五冊出ております。本文篇がなく資料篇として五冊まで出ています。その第五冊目が論文集のような形をとっていまして、津島神社のいろいろな側面を明らかにした参考になる文献です。そのぐらいがまとまった形のものです。

それから、「愛知県史研究」の第七号に原昭午先生が書かれた「津島祭りが伝える海部、津島の歴史」が収録されています。これは近世史を中心にした論文ですが、非常に新しい研究として出されています。同じく原先生が「愛知県史研究」の第九号で、津島祭りに深くかかわる課題として、『浪合記』について、書かれております。もうひとつ、これは非常に重宝なものですが、「週刊神社紀行」という雑誌が学研から出ています。

この津島神社は、疫病、厄難、厄災の厄難除け、それから医療、なぜか殖産興業というのがついていて、さらにここにありますように授福、福を授けるというご利益があるということが社殿のところに書かれています。

ただ、先ほどご覧いただいたように、「蘇民将来」というものが出てくる、それから「茅の輪くぐり」というのがある。これは今日、公的にいわれているご利益とか、それからご祭神というものとは少し性格が違います。その点について考えていく必要があります。

津島神社あるいは津島という地名に関しては、これまで古い史料が欠けていました。津島という地名が史料に最初に現れるのは弘安五年（一二八二）ですから、鎌倉時代です。モンゴルが日本を攻めてきたその頃の史料「尾張国千代氏荘坪付注進状案」に「津嶋村」という名前で出てくるのが初見でした。行ってごらんになるとわかりますが、これだけのかなり大きな神社ですから、国宝や重文がある。そして豊臣や織田の崇敬を受けた、あるいは尾張の殿様の尊敬も受けた大社です。それだったら、もっと古くからありそうに見えるけれど、「津嶋」という地名は、古代の地名をよく網羅しているといわれる有名な「和名抄」にも出てきません。

神社の津島社の名も『延喜式』には出てきません。『延喜式』に出てくる神社のことを「式内社」といいます。出てこないのを「式外社」といい、津島は式外です。つまり、いろいろ由緒がありそうで、かなり規模が大きくて、そして多くの人々の信仰を集めた神社であるにもかかわらず、地名も神社名もなかなか出てこない。神社名が最初に出てくる史料は七ッ寺所蔵の「大般若経」各巻に見える「勧請印記」、これは印刷したものであります。承安五年（一一七五）のお経、経文を写した書写の奥書と一緒にこれが印刷されているわけですが、これが最初です。

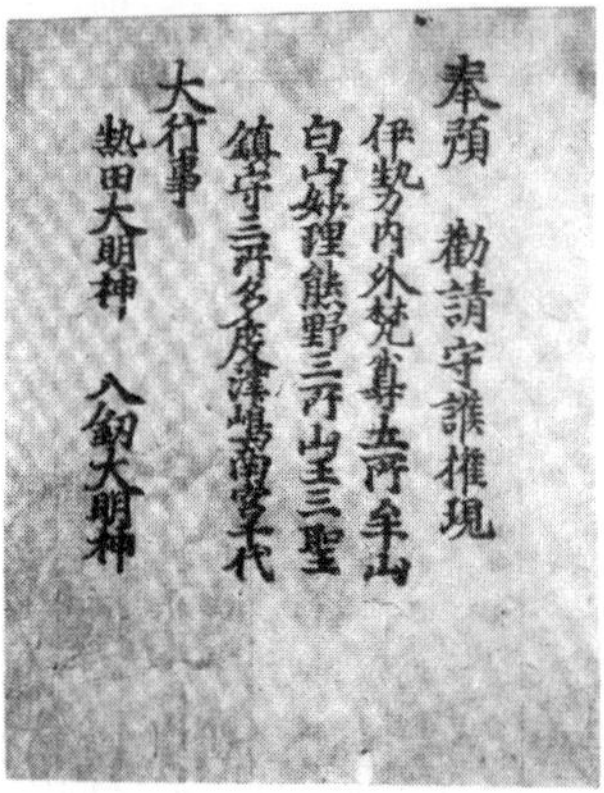
奉預　勧請守護権現
伊勢内外梵尊五所并山
白山妙理熊野三所山王三聖
鎮守三所多度津嶋南宮天代
大行事
熱田大明神　八剱大明神

図4「七寺一切経目録」より

「津嶋」としか書いてありませんが、多度、津嶋、南宮とか白山妙理、熊野三除とか山王三聖、これらはみなお宮さんの名前です。つまり神社の名前としての津嶋が初めて出てきたのは、平安時代最末期の一一七五年という話になるわけです。だから、江戸時代以来、この神社のことを一所懸命調べようとした学者や神官、尾張の地名や神社のことを一所懸命考えた学者たちは、大変苦労しました。津島の神官だった真野時綱のように、これはもともと別の名前の神社だったのではないかという風に考えたり、津田正生のように、志摩という地名と津積という地名が出てくるから、二つくっつけて津嶋といったんだとか、まるで当今の町村合併みたいな話で解決しようとした学説などが今まで出されてきたのです。

近年地名に関しては、劇的な発見がありました。「飛鳥京跡苑池遺構」から、表裏に次の記載を持つ木簡が出土して、事態は一変したのです。

・戊寅年十二月尾張海評津嶋五十戸
・韓人ア田根春赤米斗加支各田ア金

裏側に、「韓人」、でこの「ア」という、活字で書くと難しいんですけどね、カタカナのアとマの間ぐらいの字で、割合古い時代だとアに近くなり、奈良時代だとマに近くなるんですが。これは部（べ）ですね。一部、二部の部という字ですね。それの省画異体字です。「…田根春赤米斗加支各田ア金」というものが出てきました。これは、この一点だけでも三十分ぐらいしゃべらなきゃいけないぐらい、重要な中身をもった木簡です。

まず戊寅《ぼいん》の年。これは戊寅《つちのえとら》の年。天武天皇の七年、西暦六七八年にあたります。これは「尾張」という地名を記した、最古の木簡です。そして、これも問題なんですが、尾張とだけ書いてあって「国」と書いてない。尾張、国。これは今日の主題ではありませんから触れませんけれども、国というものがいつごろ、どのように固まってきたかということにかかわる大きな史料です。それから「海」と書いてこれはアマと読みます。地名ですから後に二字にしなきゃいけないから、海の部と書いて海部《あま》と読むようになります。今の海部郡の海部ですね。それから「評」というのはこれは郡という意味。そして「津嶋の五十戸」、これは五十戸で一里。戸を五十集めると律令制の下での里《さと》になります。五十戸と書いたら里と読むんです。だから、簡単にいうと「尾張の海部郡の津嶋の里」という、こういうことになります。

「韓人ア田根《からひとべのたね》」というのは人名です。「韓人ア」ですから渡来系ですね、それから「春」という字は誤記です。私が間違えたんじゃありません、古代人が間違えたんです。これは春（つく）という字です。中が臼という字なのですね。赤米は、よく酒造に用いられます。それから「斗加支《とかさ》」というのは、枡などの上を均らすことのようです。それから「各」という字。これはヒタイの額、金額の額という字のこれも省画異体字です。「各田ア《ぬかたべ》」と読みます。「各田ア金」だから「こがね」とでも読んでおきましょう。人名です。丈量の責任者でしょうか。

津島信仰と「牛頭天王」

さて、これだけでものすごく議論できる中身を持っていますが、問題は津嶋という村の名前です。これは自然村落ではありません。五十戸一里ということですから、行政地名としての津嶋の里というのは、律令制確立期からすでに存在した。だから、「和名抄」に載っていないのは何か理由がある、存在しなかったからではない。これがはっきりしました。津嶋の里というのがずっとあったとすると、そこに存在した神社としての津嶋神社というのもずっと存在したと考えることに、なんの不思議もないということになってきます。このあたりを再度全体として考え直してみる必要が出てきたと思うわけです。

津嶋神社が一体いつごろからできたのかについては、いろいろ議論があります。やはり本格的に展開するのは室町ぐらいじゃないかといわれています。私は室町時代ぐらいから大きく展開するということ自体はいいと思います。ただし、比較的新しく考える学説が多かったわけですが、私は、今持っているような中身の信仰は平安時代にまで遡りうるのではないかと思います。その理由をごく簡潔にお話したいと思います。

先ほど話しました「社名の初出は承安五年（一一七五）」だということを、ここでもう一度確認しておきます。『吾妻鏡』という書物には、文治四年（一一八八）の条、もう鎌倉幕府成立の直前ですが、この条に「尾張国津島社板垣冠者」が「不弁所当之由事」（ちゃんとした年貢を納めない）というトラブルが書かれています。一一八八年という段階で、津島社というのがやはり存在していることが、ここでも確かめられるわけです。

そして次に、念のため津島神社を指すことが確実で、どんな呼ばれ方をしていたのか、という史料を掲げておきました。

○津島神社鉄灯篭刻銘
「天王御宝前」
維時延□(応カ)弐年六月十五日（一二四〇？）

○紀範長儀絶状
「津島社神主」
仁治三年十二月（一二四二）

○天王社鰐口刻銘
「牛頭天王御宝前」

康永元年五月吉日（一三六一）

○津島天王社鐘刻銘

「尾張国海西郡津島牛頭天王鐘」

応永十年癸未十月廿七日（一四〇三）

○真清田神社大般若経奥書

「尾張国下門真荘津島牛頭天王宮」

応永卅二年孟冬初二日（一四二五）

○牛頭天王納経奥書

・箱表書

「牛頭天王金紙御経」

永正元年甲子夘月日（一五〇四）

・奥書

「尾州（津嶋）牛頭天王（宮）」

嘉吉三年および四年が、八点。（一四四三・一四四四）

・願主意趣画書

「大日本尾州津嶋牛頭天王宮」

嘉吉二二年甲子正月廿六日（一四四四）

○　牛頭天王納経奥書
「(尾張海部郡)　津嶋牛頭天王宮」
宝徳二年三月念日（一四四九）
○　鷲頭信吉祈祷田寄進状
「牛頭天王神宮寺社僧」
応仁元年丁亥十二月七日（一四六七）

最初に「津島神社鉄灯篭刻銘」。ここには「天王御宝前」。この天王という名前にご注目いただきたい。「延」という字ははっきりしているのですが、下がどうもはっきりしないのでやや疑念があるといわれていますが、一二四〇年にあたるんじゃないか。それから三つめ、「天王社鰐口刻銘」。「牛頭天王御宝前」と書かれています。一三六一年です。やや時代が下るわけですが、天王あるいは牛頭天王と呼ばれていた時期がはっきりある。一三六一年となると南北朝時代の初めです。一二四〇年まで遡ると鎌倉時代、室町時代には、はっきり「(津島)牛頭天王」と明記されます。

それでは、もうひとつの史料を分析してみたいと思います。

その点で、熱田社の神宮寺如法院旧蔵のいわゆる如法院本『尾張国内神名牒』に、「于時貞治三年（一三六四）甲辰正月七日酉剋読上」とあって、南北朝時代にこれら神名を読み上げる神事が存在したことがわかるのですが、「依文治二年（一一八六）丙午三月日宣命状、国中諸神皆増位階」ともあって、「奉唱」された神名が、文治年間に遡って存在したことが指定されるのです。その神名の最後に「奉始武塔天神並八王子」とあることに注目したいのです。後に見るように、武塔天神とは、牛頭天王に他なりません。この「神名牒（帳）」の構成を見ると、まず巻頭に「正月十一日、有座主読国内神名帳神事」と記し、「熱田大神宮」「伊勢二所梵尊」に始まり「三嶋大明神」までの全国の有力な大菩薩・大権現・大明神を列挙し、次いで、「尾張国内諸神社　海部郡二十座」として「従二位上大国玉名神」以下を列挙します。熱田・伊勢の前に、京都の祇園社が来ることは考えにくいのではないでしょうか。「奉始武塔天神」というのは、尾張国内の（熱田を除く）筆頭に置いたもので、この武塔天神と八王子は尾張国内のものと考えたいのです。なお、『神道大系』所収の如法院本『尾張国内神名牒』は、巻末に「異本」の記載を掲げますが、末尾に「海部郡　正一位　津嶋牛頭天王」と記します。この異本の形態ならば、「奉始武塔天神並八王子」という記事とあいふさわしいのではないでしょうか。

とすれば、承安・文治という平安末期において、尾張の武塔天神・津島社が史料上並出すること、「勧請印記」から見ても津島社が地域の小社であるとは考えにくいこと、歴史的に見て尾張国内に津島以外に牛頭天王を祀る神社は見あたらないこと（後世分布する尾張国内の天王社は、津島社の分社である）を勘案すれば、津島社の元来の創建時点は不明ながら、在地の小社に牛頭天王を勧請したのは、平安の中葉にまで遡り、その当初より「津島牛頭天王社」と称したと考えるべきだと思います。

では牛頭天王とは何か。牛頭天王というのは、訳のわからないような神様ですが、もともとインドから発して、そして中国で修験その他のいろいろな要素が絡み、朝鮮を経て日本に渡ってきた異国の神だというふうに考えられます。

異国の神というのは、しばしば悪さをします。外から来るというのは、いろいろな意味で悪さをするわけで、その神だと考えることができます。この神様について津島神社でどのように考えられているのかということについては、「牛頭天王縁起」を見てみましょう。『神道大系』の解題によれば室町時代の写本で、成立は嘉元三年（一三〇五）頃と考えられるものですが、『神道大系』は、津島神社蔵本（これは、『津島市史　資料篇二』に収められている）の欠けている部分を江戸時代中期の写本で補っています。

この縁起は、「夫以牛頭天王者、薬師如来之垂迹御変身、婆利釆女者、十一面観世音菩薩也」で始まります。東王父と西王母の間に生まれたのが牛頭天王で、帝利迦国北海の辺の吉祥苑にあって、四十年間に五徳を具足したと言います。これに続く部分は、異本で補わない方が、意味がよく通ります。原本によれば、五徳とは「武者芸、荅者弁、天者強、神者力、王者通」であり、「具此五徳之義、吉祥薗坐時、五徳御名依、武荅（答）天神王申也、本御名牛頭天王申」ということなのです。異本では、武荅天神は、牛頭天王の息子になってしまいます。以下の点については、原本が欠けており、異本によって、見ていきます。この牛頭天王が、沙竭羅竜宮に行き、薩迦陀女との間に七人の男子、一人の女子（八柱王子）をもうけたことを述べており、この地との往還の間に、かの有名な蘇民将来と巨旦将来の逸話が出てきます。天王は、恥辱を与えた巨旦を恨むとともに、蘇民に茅輪・粟柄によって平安を存せしむことを教えます。その後、巨旦の宅は六百余人が一夜中に死亡しますが、天王は、蘇民の子孫、其名を称する者は、疫鬼魍魎の祟りなく、無病平安、福寿増長を保証することを八王子に告げ、八王子は、それぞれ蘇民のために誓約するのです。その誓約を摘記すると、一切勝利・物怪消滅・田畠虫不食損・乳汁出・夜道行守護・腹痛病消滅・牛馬六畜疫死養生・腹内虫満長病消滅です。天王社の神験との関係で、興味深いものがありますね。

なお、応永十二年（一四〇五）乙酉五月十九日の日付を持つ印信「八神等中番艮牛頭天王」には牛頭天王の眷属十二神の御利益が列記されていますが、それは、病気関連消除が六項目、馬病消除、牛病消除、呪詛怨念消除、祟消除、犯土罪　消除、男女開閇腫物消除となっています。

縁起は、この八王子の誓約に関する叙述の後、津島神社そのものには触れないかたちで、「委細旨本経在之、可披見」と記すのみで終わっています。

一方、年不詳の『津島牛頭天王祭文』には、豊饒国の国主武答天王の子息に武答太子があって、牛角が生えてきたために牛頭天王とも金剛自在天とも武答天神とも呼ばれたが、この牛頭天王が、后である佐伽陀女または波梨采女との間で、八王子をなしたとします。この天王は、天竺・唐土を経て、孝霊天皇の時対馬国に来住し、さらに欽明元年に「東海道尾張国海部郡門真庄津島の津」に来たのであり、その誓願は、巨丹の末孫を治罰し、蘇民の子孫を守護するというのです。対馬と津島のゴロあわせです。

ここに津島が出てくることを別にすれば、これら「縁起」「祭文」に記されている内容は、大きく捉えれば、『三国相伝陰陽輨轄簠簋内伝金烏玉兎集』（難しい名前ですが、簠簋《はき》というのはお祭りの道具です。金鳥はお日様、玉兎はウサギが居るのですから月、要するに日月です）を初めとする、祇園社の縁起において展開されているものの枠の中に入ります。脇田晴子氏は、全国いたるところに牛頭天王信仰が普及して牛頭天王社が勧請されると、縁起や祭文の写本が流布し、大同小異の変種ができることを指摘されていますが（『中世京都と祇園祭』）、スサノオとの習合もまた共通の性格を持っています。

武塔の神とスサノオの習合を語る初見史料は、よく知られているように、十三世紀後半、卜部兼方が著した『釈日本紀』に引用されている『備後国風土記（逸文）』です。蘇民将来の物語が出てきます。昔その武塔の神という神が、妻求ぎに旅に出た先で日が暮れてしまって宿を請うたところ、金持ちの弟が宿を拒否した。ところが貧乏な兄貴がそれをきちんと接待してくれたので、それに感激して、「自分は疫病神であるけれども、その私を招待してくれた蘇民将来という、その人間の徳に愛でて、今後、『蘇民将来子孫の家』と書いた札を門に貼り、茅でつくった輪を腰につけている人間だけはすべて救うであろう」、こういう約束をしたという話があるのです。これが祇園さんの一番基本になる考え方です。細部についてはいろいろな議論がありますが、基本的に同じものが津島神社にもあるわけです。

「先師申云、此則祇園社本縁也」とあることから、祇園社の縁起とされたこともあったようですが、これは、「疫隅国社」の説明として出てくるのですから、西田長男氏の言われるごとく、疫隅＝江熊社のそれと見なければならないでしょう。ただし、江熊牛頭天王社が、京都祇園社の分社ではないかという西田説にも、経済的情勢を下敷きにしているだけに、注意しておく必要があります。津島社を論じるに際して、「津島から祇園への勧請」はともかくとして、「同時多発」論の成立する可能性はありうるのでしょうが、西田氏の、「風土記逸文」は江熊社の縁起だが、江熊社そのものは祇園社の分社という理解は参考になります。

ところで、この「風土記」については、和銅風土記の逸文説、延長再修風土記の逸文説、鎌倉時代の偽書説が並立しています。和銅まで遡るとすれば、すでに八世紀の初頭には、武塔神＝牛頭天王信仰が定着していたと見なければなりませんが、それを補強する史料は確認されていないと思います。延長の風土記とすると、すでに貞観年間に神泉苑での御霊会において疫神としての御霊を慰撫することが国家的に行われているわけですから、異世界から侵入する疫病神の姿が見えてきてもよいのかもしれません。兼方及びその父である兼文にとっては、日本書紀の解釈（まさに、釈日本紀）こそが課題なのですから、そこに『風土記』の逸文とおぼしきものがあれば、補強史料として採用するでしょうが、それを創作する必然性はないと思います。延長風土記の可能性については、なお精査が必要であろうが、少なくとも、平安中・後期において、風土記に仮託された「江熊社縁起」が作られており、その前提として、祇園牛頭天王の信仰が「縁起」の形にまで定着していたものと見なければならないと思います。では、スサノオは、どのように考えればよいのでしょうか。

脇田晴子氏は、モンゴル襲来の影響もあり、文永・弘安頃から、中世後期にかけて、異国の神や地域神が、皇室先祖神に習合していく風潮が強まるという時代背景を踏まえて、このスサノオについては、兼文・兼方父子の加筆と捉えられました。傾聴すべき見解です。つまり、こういうことです。スサノオは暴れまくって追いやられる神です。同時にアマテラスの弟ですから、高貴な神です。祟りをする、追いやられた、皇室先祖神が、武塔の神・牛頭天王と習合するというわけです。私の理解を加えて述べれば、平安期において、すでに牛頭天王信仰は存在した、それがスサノオと習合するのが鎌倉期ということになります。それが父子による「創作的」加筆なのか、当時の巷間における信仰の変容を踏まえたものなのかははっきりしませんが、中世神道の学理がなければ、このような信仰の変容は生まれえないことは確かだと思われます。

付言すれば、そのことによって、牛頭天王の八王子は、アマテラスとスサノオの「誓約」によって生まれる「五男神と三女神」（これをあわせれば、八王子となる）を想起させるものとなります。今日、「二系統の八王子社」が存在するのですが、その原点はここに発するものであると思われます。

さて、史料の示すところによれば、平安後期以前に、津島（牛頭天王）社は、確実に存在していた。そして地方の小社であれば、七ツ寺の奥書のような形での現れ方はしないとすれば、在地小社への勧請か、勧請による創建なのかははっきりしないが、その濫觴は、平安中期まで遡らせてもよいのではないでしょうか。仏教との習合は、当初よりのものだと思います。それは、牛頭天王（武塔神）・八王子と蘇民将来という要素を含まなければ意味を持たない信仰ですが、細部の修飾はともかく、ある意味ではそれがあれば完成します。だが、スサノオの登場とともに、複雑化します。津島における牛頭天王信仰もまた、スサノオ以前と、スサノオとの習合段階と、二段構えで定着すると見てよいのではないかと思います。

ではなぜ今は牛頭天王じゃないのかといえば、これは神仏分離、廃仏毀釈のためです。明治政府によって無理やり引き裂かれたのです。本来、津島神社は牛頭天王をお祀りしていたはずです。

神仏分離の命令は、まさしく「某権現或ハ牛頭天王之類其外仏語ヲ以神号ニ相称神社不少候」（明治元年三月二八日太政官第百九十六・『津島市史　資料篇五』による）という事態を打破しようとするものでした。牛頭天王は、メインターゲットです。この点については、八坂神社も同様で、牛頭天王は「仏語ヲ以神号ニ唱」えていたので改称がもとめられ、感神院祇園社は、八坂神社と改められたのです（西田長男「『祇園牛頭天王縁起』の成立」）。その際に、牛頭天王が皇室先祖神であるスサノオと習合していたことは、一定のクッションになり得たのかもしれないと思っています。津島神社における神仏分離・神宮寺の破却の状況は、堀田喜慶「津島神社の神仏分離」（『津島市史　資料篇五』）に詳しく述べられています。

明治になってから引き離されたと言われる牛頭天王の像（図5）が、同じ津島の市内の寺にあります。興禅寺といって津島駅の近くにあります。牛の頭、祟り神です。十五センチくらいの小さなものですが、これが本当に津島神社にあったものかどうかついては、多分そうだろうといわれてい

図5　興禅寺「牛頭天王像」

図6　茅の輪くぐり

ます。祟りをする神様をきちんとお祀りすると、逆に守ってくれる。だから牛頭天王をご神体にしているから、茅の輪をくぐりをし、護符を持ち、そうすれば救われるというのが本来のかたちです。だから、それ以後、牛頭天王といったり武塔神といったり、天王といったりスサノオといったり、いろいろなかたちで神様のご利益が(神様というより民俗信仰に近いようなものかも知れません)力をもってきた。それが明治維新まで続くわけです。そのご利益をもって、江戸時代まで御師という人たちが全国を回るわけです。全国を回って、そしてお札を配り、そしてそこからお初穂料を集めて、檀那というのを全国にずっと組織していくわけです。

その一端を史料として掲げておきました(図7)。「慶弔十三年正月大吉御檀那帳」というところに出てくる参詣者の集計です。中には非常に面白い話もあり、「もともとは伊勢神宮の伊勢衆だったのだから、お前さんこっちでご利益あったけど、お伊勢さんにもお参りしろよ」なんてことが書いてあったり、「旦那との間に痴話喧嘩をして、逃げ出しちゃって別の男のところに走った女がお参りにきた」とか、そんな面白い史料がいっぱいあります。そしてお札とかそういうものの代わりにいろいろなお初穂料を納める。三百文納めた人もいれば、銀子五文というのもあるし、脇差、帷子、小刀のまで納めていたりする。これは『津島市史』に入っていますから、図書館などでご覧いただければいいと思います。こういう範囲まで広がっていた、ということがあるわけです。

そしてその時代には、やはり神様の役割分担があります。疫病が流行って熱田神宮にお参りに行ったら、熱田さんが「そりゃあ俺んとこじゃない、津島さんへ行きなさい」といわれて津島神社におかげ参りに行ったという史料が残っています。これは小島先生が紹介されています。神様にも役割分担があるのです。そういうものも含めて共存しているわけです。だから御師は伊勢にも出かけるのです。伊勢の御師もまた、向こうからやってきて、布教のついでに津島へお参りにくるのです。そういう交流、お互いに分を侵さない関係があり、そういうものがずっと伝統として残っていて、今日でもなお津島神社が全国に広く分布することになります。

京都の祇園社に対して、こっちが本場だと称する神社も二、三あります。しかし私にはこれは、京都祇園社の話の力が及んで定着したときに、逆にこっちが本場だという話を作ったという説のほうが説得的に思われます。本来はやはり、京都祇園社が本場だと思います。ただここでもうひとつ言っておきたいのは、神様というのは人や物ではありませんから、荷物をかついで街道をやってくるわけではない。突然来ます。だから勧請というのは、どこでもパーンと来るんです。だから飛び込みで来たというふうに、私は思います。

では、なぜ津島の地なのでしょうか。津島というのは、今でこそ名古屋から見るとずいぶんはずれということになりますが、元来は東海道を伊勢から渡ってくる最初の入り口の港です。伊勢の榎撫の駅家から木曽三川の河口部を渡った尾張最初の駅家、馬津のあるところです。古代においてはそうなのです。また、江戸時代では、みなさんは「海上七里の渡」という東海道の宮から桑名への渡しをよくご存知だと思います。けれど現実の江戸時代の道筋は、そこばかりではありません。佐屋街道といって、萱津から、甚目寺のところからずっと津島のちょっと南になります。佐屋というところまで陸路をとって、そこから海上三里という道もあるのです。そしてその佐屋に上がれば、すぐ目の前が津島です。ここは伊勢、尾張をつなぐ一番拠点の港町で、木曽三川を越えた最初のところです。交通の大拠点で、こういう場所にこそ疫病、厄災が外から入ってくるわけです。

それを防ぐ目的で津島社が置かれた。ちょうど平安京という都ができて、そこにもろもろのエネルギーとともに、いろいろな病気や災害が入ってくる。それを振り払う役割を負って八坂神社が置かれたのと同じように、この津島社というのは、尾張から東国に向かっての厄病払いの一大拠点として機能していたと思います。

図8は「津島市史」に載っている史料から孫引きで作ったのですが、津島神社の分社数を県別に集めたという史料を伊藤秋夫先生が作られたものです。これだけ分布しているわけです。やはり東国に向かっての拠点であったということだと思います。

図７　「慶弔十三年正月大吉御檀那帳」に見える、慶弔十三年より寛永七年までの参詣者の集計、堀田右馬大夫扱い分。　●印は1件

図8　「地方に祀られる津島神社の分社数」（県別集成）

神社本庁の資料により、津島神社・八雲社・須佐之男など、津島系統と思われるものを数えた。八坂神社・氷川神社のこともあり、すべて津島の分社と断定できないが、それ以外の社名のもの、或は摂社・末社を計算に入れ、三千ないし五千社と推定。

（伊藤晃雄「津島神社の御師活動と太々講者」）

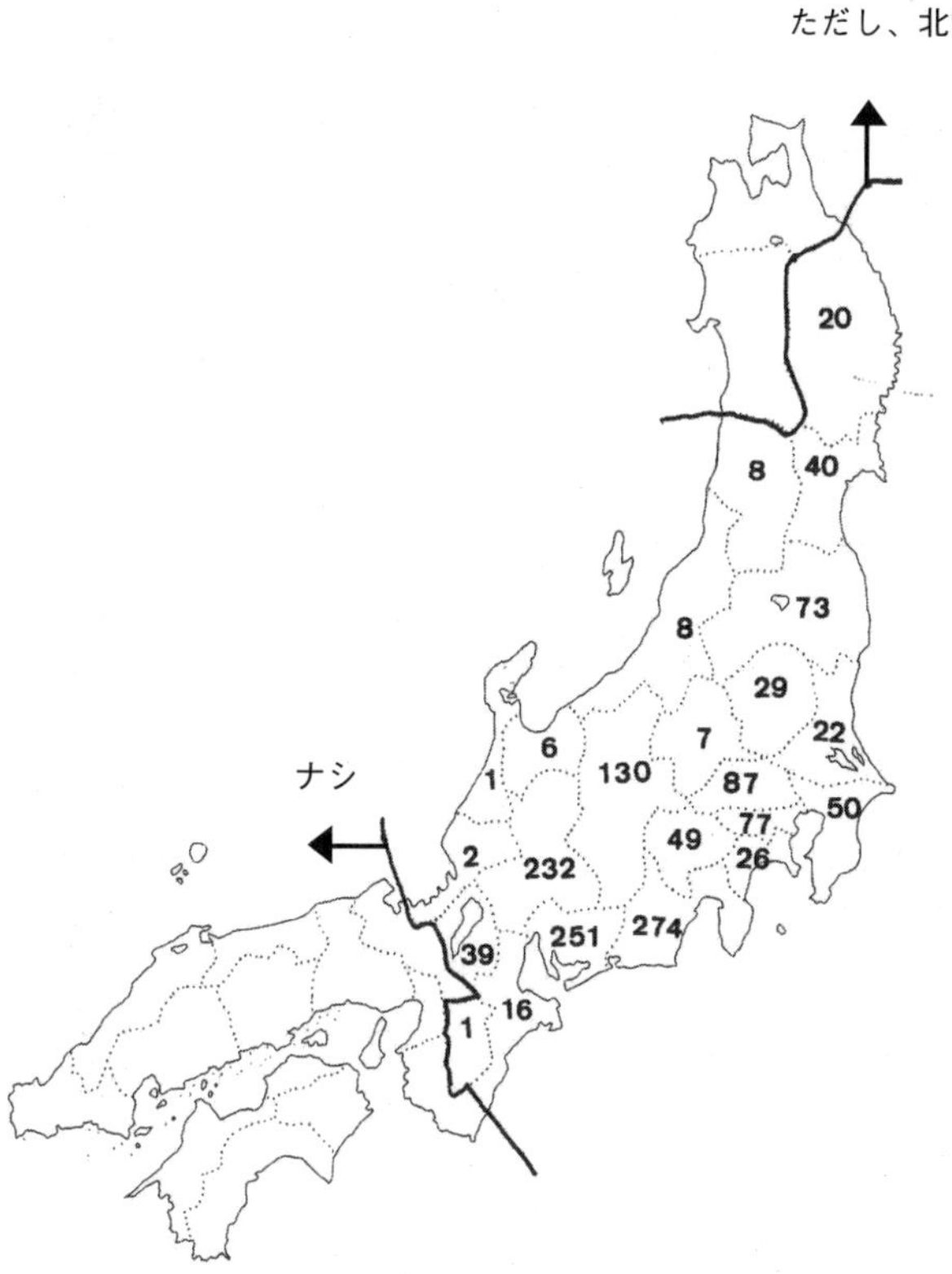

討論

伊勢・尾張・美濃――信仰の歴史とかたち

三重県教育委員会　穂積裕昌
岐阜大学教授　早川万年
日本民具学会　脇田雅彦
（助言者）三重大学名誉教授　八賀　晋
（司会）日本福祉大学教授　福岡猛志

福岡　それではまとめの討論に入りたいと思います。私たちは考古、文献、民俗と専門がそれぞれ違い、しかも報告対象の地域が違います。伊勢、志摩、尾張、美濃、飛騨、全部できる方は八賀さんだけですので、どうぞよろしくお願いいたします。民俗学の話というのはあまり伺う機会がなく、大変興味深くお聞きしました。まず脇田先生、「道録神《ドーロクジン》」というのはどういう神様なのでしょうか。

脇田　道録神は、岐阜県では非常に事例が少ないです。愛知県に入ると、岐阜県よりは少し資料事例が多くなりますが、まだまだ塞之神《サエノカミ》が優勢です。ところが長野県、山梨県を越えて関東平野の東、群馬、茨城、千葉に入ると、なぜか道録神が優勢になり、逆に道祖神は影が薄い。また塞之神と道録神は関東周辺にもあるのですが、塞之神よりは道録神の事例が多い。呼び方そのものも「ドーロクジン」が多いのです。そういった面で、いったい道録神の性格は何であるかというのはちょっと重荷でして、ここで語るほどの資料がありません。いずれにしても道録神と塞之神は、どうも親戚じゃないかと私は思っています。

福岡　「塞之神」は「障《さや》る」「さえる」、「防ぐ」ということ。道祖神の「道祖」というのは、古代では「ふなど」と読んで、「岐《ふなど》」とも書いて別れ道、分岐道のことですね。「道録」というからたぶん道路だろうと私も思うのですが、よくわからないものですからお尋ねしました。でも先生方でもやっぱりわからないのですね。ただ実際にある。そういうお話だと思います。

脇田　むしろ肝心の長野県や山梨県では、塞之神と道祖神と道録神が混乱しています。これがどうにも意味がよくわからない。このごちゃごちゃを解明できるのは、関東地方の道録神優先地帯、そして西に来て岐阜県、そして愛知県の塞之神優先地帯にあるのではなかろうか。これを解明する〈地層〉、長野、山梨の複雑な〈地層〉が、東と西の両方の縁から解明することで何らかの切り口が見えるのではないかと考えている程度です。

福岡　もちろん時代ということを考えないといけないので、超時代的な議論をしてはいけないのかも知れません。この塞之神信仰について、岐阜では障るほうの信仰がなかったのではないかという脇田先生のご指摘についてはいかがでしょうか。

脇田　岐阜県の塞之神が本来なぜ障るのか、塞之神自身の本質がいまだにわかっていません。しかし文献からアプローチされる方からは、すべて障るもの＝悪いものを遮るという意味で意識されているのですね。しかし岐阜県を見るかぎりでは、障る意識が伝承にないのです。おじいちゃん、おばあちゃんたちに聞いてもひとかけらもないのですね。これはどうも他の信仰に汚染され、塞之神さん本来の性質を忘れてしまって、付随した細かいものだけが残ったのではないかなと思っていました。一番気になってきたのは、いわゆる江戸時代の文書を見ると、東濃地方では先ほど福岡先生がご講演された津島山が、「牛頭天王」という言葉で伝わっています。しかも御殻舎《おかれや》といって、小麦の殻で小さなお社を造り、そこに津島山のお札を飾って一と月なり半年なり置いておくという習慣があります。お話を聴きながら、これはひょっとしたら岐阜の塞之神さんを汚染したのは、いや本来の性質を奪ってしまったのは津島山かな、と犯人を見つけたような気持になっているところです。（笑）

福岡　飛騨地方の津島社までは手が及ばなかったので、今度はやはりそうしたことも考えていかないという気がしていましたが、犯人に仕立てられると、少し怖いところもありますね（笑）。やはりこれは外からの悪鬼を防ぐわけで、その点ももう一度強調しておきたいと思います。だけど本当に不思議ですね。早川先生は美濃、飛騨で何かお考えのことはありますか。

早川　このシンポジウムのプログラムを最初に見たときも、もっとも地味なのが美濃、飛騨、それも古代の、ということになるのではないのかと思いました。津島社の場合は、牛頭天王社、八王子社という言い方でよく出てきます。これは尾張や美濃もそうですが、伊勢の国もおそらくある時期には非常に広く分布していたのではないかと思います。美濃、飛騨でこのような個性的な神が広がっていく例として白山信仰があります。白山信仰はおそらく平安から鎌倉にかけて、東海地域をも越えて広がりました。三重県や愛知県には、現在も白山社という名前の神社があちらこちらに見られます。白山信仰が、一時期大きな影響力をもったのだろうと思います。飛騨、美濃だけでなく、北陸、さらに北にもずいぶん広がっていきます。それから伊吹の信仰もあります。伊吹の場合は、まさしく国境にそびえる山ということもあって、山の偉大さに「手向けをする」、「峠《とうげ》」という言葉の意味するところにつながっていきます。美濃と信濃の国境である神坂《みさか》峠は、「神の坂」という書き方からもわかるように、やはり神への手向けの場でした。偉大な神であるがゆえに、そこを通るときには神様に捧げ物をしていくということです。「境の神様」という意識は、ときに山の神とも認識され、またその秀れた山容を仰ぎみるような場合には、信仰圏が広がっていくこともあったと思います。

福岡　司会の特権でひと言補足をしますと、「八王子」というのは牛頭天王の子どもであったり、牛頭天王を含んでいたり、いろいろなことがごちゃごちゃになっているのですが、八王子の本来のものは、さっき見たあの眷属なのです。それに対して、天照大神《アマテラスオオミカミ》と須佐之男命《スサノオノミコト》が天之誓約《あまのうけひ》をし、潔白を証明するためにスサノオが、アマテラスの首飾りを取ってがりがりと噛み、ぷっと吹いたら、男の子が五人生まれた。その一番上の子どもが、正勝吾勝勝速日天之忍穂耳命《マサカツアカツカチハヤヒアマノオシホミミノミコト》といって、瓊瓊杵尊《ニニギノミコト》のお父さんです。それから、今度はアマテラスがスサノオの刀、十拳剣《とつかのつるぎ》を噛んで吐き出すと三人の女の子が生まれる。それが多紀理毘売命《タゴリヒメノミコト》と市寸島比売命《イツキシマヒメノミコト》ともう一人。合わせて八人で、これが八王子になるのです。ですから八王子には、アマテラスとスサノオの間で生まれたとても尊いものと、先ほどの怪しい眷属のグループと二つあり、眷属の方が本来のものです。だけど両方が混ざってしまうのですね、だから八王子社というのは、いろいろな書かれ方をされます。現在は、津島社も怪しい方ではなく、スサノオに由来する八王子について書いてあったと思います。それで八王子社とあると、だいたい牛頭天王系のお宮さんだということになります。それが塞之神を追っ払ったかどうかは別としまして、そういう課題があるということだと思います。

先ほど八賀先生と穂積先生が「ＡＢＣルート」を巡って、楽屋で少し話をされていました。穂積先生、補足していただけますか。

穂積　先ほど八賀先生から、何をもってどういうふうに伊勢神宮の成立というものを考えているのかということを言われました。当初から大王家の守護神としての伊勢神宮であるのか、あるいは最初地方神が伊勢にあって、それがある時期に大王家の神に変わるのか。今後どういう資料が出てくるかわかりませんが、私は現時点では当初から大王家の祭場と考えた方が妥当ではないか（Ｂ説）と申し上げました。むしろ在地の神というのは、今回の話では触れられなかったサルタヒコ（猿田彦大神）ですね。『古事記』にサルタヒコという神様は、伊勢の阿邪訶《あざか》で比良夫《ひらぶ》貝に挟まれて死んだということが出てきます。この阿邪訶というのは、旧嬉野《うれしの》町（現在の松阪市）北部に筒野や向山といった前方後方墳が集中する地域があり、そのすぐ南側に阿坂山という山があります。平安時代の文献『皇太神宮儀式帳』には、阿邪訶に悪い神様がいたと書かれています。この「悪い」というのは、良い悪いの意味もあるでしょうが、「悪七兵衛景清」（平景清）、「悪源太義平」（源義平）のように「強い」という意味にも捉えられます。地方というか在地で祀られていたのは、むしろこちらの方ではなかったかと考えるわけです。それが前方後方墳という墳形とどこまで結びつけられるか、考古資料を直接結びつけるわけにはいきませんが、むしろそちらが伊勢で本来祀られていた神ではないかなと思います。

大王家の祭祀場が伊勢神宮とした場合は、伊勢という地と大和という地域の関係性がどういったものであったかということを見ていく必要があります。伊勢に関してはいろいろな文献が複雑に交じり合ったかたちで存在しているのですが、今回は考古資料を用いて伊勢と大和の関係性、あるいはそれぞれの伊勢神宮に近い地域、とくに南伊勢という地域の個々の地域特性を浮かびあがらせることができたらということで、お話しさせていただきました。

福岡　結論で言うと「B説」ですね。八賀先生が迫っていかれた真意はどこにあったのでしょう。

八賀　考古遺跡を順番にたどっていきますと、どうしても古墳などに頭が向いてしまって、ひょっとしたら伊勢神宮が、本来の大和からまったく切り離された神になる。それが皆さんの頭の中でごっちゃになってしまうのではないか。だからきちっと分けていただいたほうがいいのではないかなと思います。

福岡　それはルート論にもかかわるのですね。穂積さんにもう一度確かめたいと思います。主要な古墳のポイントが動いていくということと、伊勢神宮の成立という問題が、穂積さんの中ではどのように関連づけて提起されたわけでしょうか。

穂積　それに関しては、当然私は「B説」ですから、伊勢神宮はやはり大和王権との関わりを最も重視して考えるべきとなります。在地にも一定程度それを受け入れる素地というものがないと、なかなか不毛のところにいきなり持ってくるのは難しいと考えます。そういった点で、それまであまり古墳がなかった南伊勢地域においても、徐々にですが古墳時代の中期から後期にかけて、伊勢神宮という大和の大王家の神様を祀ることを支えられる素地が、古墳というものを媒介として徐々に形成されてきていると考えられるのです。これを五世紀とするのか、六世紀におくのか、あるいは七世紀まで下るのか、それぞれ議論がありますが、少なくとも五世紀後半以降、十分支えられる在地的な背景が成立していた。例えば図1で示した金銅装の冑。的潟《まとかた》を臨む佐久米大塚山古墳というさほど大きな古墳ではないのですが、優品、非常にりっぱなものが副葬されるに至る。そういった大和王権とのなんらかの関係というのが五世紀後半ぐらいに、ちょうど宝塚古墳より以降に契機として徐々に形成されてくるのではないか。

福岡　現地におけるそれを支える経済を含め、ということですね。

穂積　そうです。土師器《はじき》生産であるとか須恵器《すえき》生産であるとか、一つのところで全てではなく、それぞれの地域ごとにいろいろなものを分担して支えていく。

福岡　一種の分業的体制が地域に展開しているということですね。

穂積　それが宮川流域も含め宮川以北の地にあって、そして祭祀域たる内宮のある五十鈴川流域というところが逆に浮かび上がってくると考えています。

福岡　早川先生は伊勢のご出身でもあるし、『延喜式』の研究でも知られた方ですので、この点についてはどうお考えでしょうか。

早川　大変難しい問題だと思います。『日本書紀』という書物から議論していくことと、考古学の成果から議論していくことが、どのように交錯していくかということですね。穂積さんがおっしゃったのは、積極的に接合する部分を見出していこうという視点からのご意見だと思います。穂積さんが着目された「神郡《しんぐん》」という在り方は、直接的には神宮の経済的基礎になる部分です。その「神郡」としての機能をより柔軟に、多様な成り立ちを考え、そこに考古学的な分析を加えられたのは大いに注目できると思います。ただし熱田には「神郡」はありません。「神郡」は鹿島や出雲など、他の地域にも出てきます。そうした有力神社を支える構造が他の地域においてどう見られるのか、また東海地域の他の有力神社ではどうなのか。そのように考えを広げていくこともひとつの取り組み方ではないでしょうか。

福岡　考古や文献史学からいろいろな追究をしていくわけですが、今のようなアプローチの仕方を民俗学から見るとどんな感じなのか。それは無理じゃないかとか、もっとこういうこともあるのではないかとか、八賀先生からご指摘いただきたいのですが。

八賀　かねてから皇大神宮のことは無関心ではなかったのですが、なぜ大和からこの伊勢がわざわざ選ばれたのか。他にも津のあたりに大変いい場所があるのではなかろうか。あるいはもっと南の熊野のあたりでも良かったのではなかろうか。なぜお伊勢さんになったのか、という不思議な感覚だけは持っています。

福岡　これに関しては、やはり穂積先生ですかね。

穂積　早川先生から「人格神」というお話も出ていたと思いますが、神という存在がどういうものであったかを考える必要があります。もちろん私が文献1で示した『日本書紀』垂仁二十五年の記事は、そのままの歴史的な事実を示したものではないと考える方が多く、そういう意味では、この記事のみで伊勢神宮の成立をそのまま語るものではありません。ただ崇神五年から垂仁二十五の『日本書紀』の記事は、奈良時代頃の人々が、「神」というものに対して持っていた認識はいかなるものだったのかについて、示してくれるわけです。神様というと今はどちらかというと非常にありがたい存在です。しかし早川先生が本居宣長の『古事記伝』のところで、神というものは怖いものも含めて全体を神というとご説明されました。アマテラスという人格をもった神様が古墳時代に成立していたかどうかはともかく、アマテラスは非常に怖い存在として描かれています。そういった視点で見た場合に、大和王権の勢力が及ぶ範囲の中で、伊勢平野の真ん中ではなくて一番南端のどん突きまで行ったところの川の上流、さあ平野に出ようかというような場所に内宮の地があるというのは非常に象徴的です。むしろそっちへ行ってくださいね、という感覚があったのではないか。そのように、古代の神というものを考えた場合に、それこそ怖いものをうまく丸め込んだ、日本的に和ませたというか、その地が伊勢ではなかったかと。

福岡　内宮の置かれた地勢的な意味を非常に重視しておられたのは、今のような考えが背景にあって…。

穂積　そうです。今までの伊勢神宮を巡る論点の中で、伊勢の地が神島を経て東国へ向かうルート上にあるのは確かなのですが、内宮あるいは外宮周辺でも古墳時代の港湾遺跡がそれほど明瞭には存在しない。それを職掌としていた首長の存在というのもそれほど明瞭ではない。むしろそれは先ほど脇田先生がおっしゃられていた津、現在の津市にも安濃津《あのつ》がありましたし、あるいは的潟のある松阪の近辺、そういったところがやはり政治的には重要なのではないか。やはり祭祀ということですので、いったん政治的な部分から離れて考えてみる必要があるのではないかと思います。

福岡　神様はありがたいばかりでなく怖い神様もある。「さわらぬ神に祟《たた》りなし」と言いまして、神様というのは怖いのです。その怖い神の代表が牛頭天王やスサノオあるいは御霊《ごりょう》なのですが、この点については奈良末から平安に関して「殺牛祭神」というのがありました。牛を殺して異国の神を鎮めるという。それが尾張から北陸に向けて広がっているわけですが、そのことも含めて前に早川先生とお話していたのですが、「道饗祭《みちあえのまつり》」とか「疫神祭」、それから蕃客、外国の使節を送るときの祭り、そういうところに共通するお祓《はら》い的な要素があって、そこに牛や馬が出てくる。早川先生、その辺をお話しいただけますか。

早川　いまおっしゃった「道饗祭」は、律令の神祇令にすでに出てきています。注目すべきは、動物の皮が祭料として用いられることですね。古代の神祇祭祀の中で、動物の皮が用いられるのは非常に例が少ないです。それから「道饗祭」の場合は比較的早く、神祇令にも明記されているのですが、それ以外に「さふる神の祭り」、この「さふる」というのは障害の「障」という字を書きます。あるいは「やちまた」の祭り、こういった祭りがあります。「障ふる神の祭り」という「障神祭」がどんな場合に行われるお祭りかと言いますと、『延喜式』巻三の「臨時祭」に出ていますが、外国からの使者が都に入るその二日前に行うとあります。年中恒例のお祭りではなくて、臨時のお祭りということです。「やちまた」の祭りも、おそらく脇田先生の話に関連してくるように、道祖神のひとつのルーツになるようなお祭りではないかと思います。このように、境界でお祭りをいたします。病気や災いが入ってこないように、とくに外国からの使者に付随して伝染病などが入って来ないように、ということです。そういったお祭りの規定が平安時代には見られるわけで、おそらく津島社の牛頭天王のお祭りの在り方にもつながっていくのではないだろうかと見られます。ただ『延喜式』などに見られるこのようなお祭りは「疫神祭」とされます。疫病神をどういうふうに祀るかというと、もてなしをするわけです。疫病神が入ってくるときに、おもてなしをしてとっとと帰ってもらうというお祭りの仕方をするのです。記録上に見られるのは都とその周辺、都の入り口、境界でそのようなお祭りをするということになっています。都における疫病除け、災難除けのお祭りが、ひょっとすると時間をかけて地方に浸透していったのかもしれないですね。

福岡　まさに祇園祭というのは、鉾《ほこ》を出して楽しませて、厄病にさっと帰っていただくわけですね。津島の天王祭、御葭《みよし》流し神事といって、一年間背負ったいろいろな穢《けが》れを流して、外へ帰していく。やはりこれは人の集まる場所、人が動き回るところである都市が始まりなのでしょうね。ただ京都などの場合は中央政府ですから、外国の使節が来ると前もって検疫にかけていたようなもので、失礼な話ですよね。これは国家的なレベル、政府の力でやる『延喜式』にある仕事ですが、もともとは民衆の中にあった要素を政治的、宗教的に昇華したものなのでしょうか。

早川　裾野は広いと思いますね。

福岡　上から下へおりて来るだけじゃなくて、実際に民衆の中にある要素が儀式として定着していくということですから、一方的なものではない。そういうものだということだと思います。

ところで早川先生が先ほど、気を遣われたのか、「尾張には熱田があり、伊勢には伊勢神宮がある。美濃にはそういうレベルのものはない」と少し寺院の話をされました。早川先生の持論からいきますと、壬申の乱を契機とした美濃の豪族と寺院の関係について、もう少し強調される意思があったのではありませんか。かなり大きな地域差とお考えなのではないでしょうか。

早川　「壬申の乱」という事件をどう解釈していくかですが、皆さんご承知のとおり、皇位継承にかかわる争乱であるとされています。しかしながら壬申の乱の勝敗に、東海地域がどう関わったかが大変重要な意味を持つわけです。勝った側に回ったとしても、このことがその後の東海地域にいかなる影響を及ぼしたのかが問われます。そういった点では、たぶん美濃、尾張、伊勢（伊勢の場合は北伊勢）が、同様というわけではではないと思います。地域間の温度差みたいなものをどう捉えていくかが問題です。具体的にそれぞれの地域に即して、何を材料として考えていくかというと、文献史料の側は素材が非常に乏しいのですね。けれども若干気になるのは、壬申の乱が終わってしばらくして持統天皇の時代になってから、美濃国不破郡の氏族や尾張氏にしかるべき褒賞がなされているということです。壬申の乱という事件を、ただその時だけの出来事ではなく、また論功行賞にしてもその直後だけではなかった天に注目したいと思います。乱の後二十年、三十年にわたる東海地域の政治的な動きを、広い視野で考えていく必要があるだろうと思います。そうした点で、この地域における寺院のありかたについても、壬申の乱直後に限らずに、その後二十年、三十年という時期的な推移の中で大和の政権とこの地域がいかにかかわっていったかという視点で、それぞれの地域の特色を見出すように分析していくことができれば、興味深いと思います。

福岡　そういう観点でいくと尾張はだめですね。これはやはり八賀先生にうかがいたところです。

八賀　その前に、先ほどの塞之神の話をちょっとさせてください。私は、高山のど真ん中にいるのですが、庚申様というものを田舎では見たことがありませんでした。塞之神もありませんでした。荒神様というものを本式に見たのは、飛鳥の川原寺の調査の折に、脇に「庚申」と大きな字を書いた石碑が建っておりましい、へえ、これが庚申様かというのを見ました。お話によりますと、双体の石仏が飛騨の奥にたくさんあるということで、思い当たるところがあります。古代の郷名を見ますと、飛騨の中は大半が平野の中に納まるのですが、一カ所「阿曽布《あそぶ》」という郷があります。この郷は、たくさん石仏がある船津《ふなつ》という郷なのです。そこが阿曽布という村で、そこに大変集中しているのです。阿曽布のある神岡町は、今は小柴昌俊さんがノーベル賞を受賞したことで「カミオカンデ」が有名になりましたが、地下何百メートルにも洞窟が掘られています。掘られたのは鉛の産出のためでして、この鉛は世界的にもトップクラスなのです。神岡鉱山の鉛のいいところは、江戸時代は露頭の鉛でした。私も原鉱を持っています。当時江戸時代には大きな産業となって明治につながっていくのです。しかし一方で鉛毒が、人々に影響を与えていった。働く男が一方ではいなくなってしまい、家族の結合みたいなものを失わせていったのではないか。そうしたことが石仏等に顕著にあらわれて、お祈り、厄払いなどにつながってくるのではないかとも思うのですが、いかがなものでしょうか。

それからお寺の話についてですが、早川先生のお話もその通りだと思いますけれども、やはり壬申の乱というとなぜ岐阜県なのか、なぜ舞台が美濃なのか。そこのところから出発しないとなかなかうまくいかない。美濃がなぜ武器、軍隊の非常に優勢なところだったのかということも追っていかなければいけないと思うし、美濃の寺そのものは一時に出現して、その後は特定な寺だけが残るというところがあります。一時というのは単年度という意味ではなく、先ほどのお話のように持統朝にまで下がって、その後に建設されるものもあります。天武、持統朝にわたって、かなりの数の寺が増えてくるのは確かなことだと思います。これはやはり、壬申の戦に対する天皇側の熱い思いというものが、地域の豪族たちの熱意に拍車をかけてくる、そう考えてもいいのではないかと思います。ただやはり隣国の寺の推移にありますように、次第に没落していくる氏もあり、ですから中には単年度で終わってしまうものもあるのです。しかし大半は後々の郡の寺として生き延びてくるということで、かなり長い年月、寺が造営、維持されている。こんなふうに考えてもいいのではないかと思います。北伊勢も同様です。

福岡　尾張はだめなのですね。

八賀　尾張は、総力を挙げての加勢は望めませんでした。しかし勝川廃寺のように、また違う面でのいき方をした場合もあります。大和との関係では軒瓦の文様関係を見ても、藤原宮の瓦を用いて屋根を飾るというような、違ういき方をしていくのではないかと思います。

福岡　なぜ美濃なのかというのは文献的にも『日本書紀』以外にないのですね。あれだけを読んでいくと不思議なことがいっぱい出てくるわけで、美濃と尾張の兵力の問題など、非常に不思議です。考古学的にその段階でどう言えるのか。壬申の乱の前段というか、壬申の乱の前提、条件という点では何かありますか。

八賀　武力を制するのは天下を制するようなもので、多分に安八磨郡《あはちまぐん》にある鉄を素材にした、武器生産があると思います。

福岡　金生山《きんしょうざん》ですね。そういう背景もまたあると。あるいはもともとの発想・出来事そのものは古代だけれど、それが後までずっと増幅されて伝えられていくとすれば、八賀先生がさっき言っていた飛騨の北部に双体像が集まるということと、両面宿儺《りょうめんすくな》は関係があるか。そこまで言っていいのかどうか。僕と早川さんは否定的なのですが、いかがでしょうか。

八賀　前々回のシンポジウムでもお話したのですが、両面宿儺そのものは飛騨を支えた飛騨の武力を象徴するものだと。この武力の背景には生産というものがある。その生産のひとつが後々の奈良以外にも恒常化される建築、木工の関係の人、もうひとつは鉛の産出。こんなものがもう一方にある。これが飛騨を代表する工匠に現れた生産の背景であると、そんなふうに考えています。

福岡　双体像はいかがでしょうか。

八賀　双体像は、やはり厄除けが中心です。越中街道との関係もありますし、この辺は富山との関係もまたお聞きしなければいかんと、このように考えます。

福岡　脇田先生、夫婦像とか翁も含めて、双体像は塞之神的な道祖神的な働きをするのですね。

脇田　岐阜県人の場合に限って、本来と言っていいかわかりませんが、文献にある「塞《サヤ》る」意識は、双体像にもまったくありません。むしろ先ほどの兄妹で結婚したのだからという伝承が先にあったからこそ、二人で立った神様を作るようになっただけのことではないかと、私は簡単な解釈をしているのです。やはり兄妹婚伝承がなければ二人立ちの像はなかったと私は思っています。

福岡　それぞれ全く違うアプローチで美濃、飛騨、伊勢、尾張と見てきたわけですが、そこの文化、宗教、信仰といいますか、その共通性あるいは違いみたいなものが浮かび上がったでしょうか。八賀先生、最後にお願いいたします。

八賀　私自身が知らないことがばかりで、津島山がそんな意味合いを持っているとは、あまり意識もせずに拝見していました。やはりそれぞれの地域にはそれぞれの歴史的な背景があって、その背景の裏には、やはりその地域でなければならない生産、それから技術が必ず後ろに控えているわけです。その控えの中に、さらにもうひとつ精神面というものが今度は人間を支えていて、それを国家の権力がどのように地域に生かしていくのか。こんなものが伊勢であり、また美濃であり、尾張である。地域、地域によって、ひとつの画一的なものではなく、みなそれぞれの持つ意味合いが古いところからあるのだなと、歴史の重みを感じました。

第Ⅱ部

〈東海学〉のひろがり

弥生のなかの〈東海学〉を考える

寺沢　薫

はじめに

弥生時代研究のなかで、東海とりわけ伊勢湾沿岸地域のしめる重要度が増している。それはもともとこの地域が列島東西文化と風土の結節点であり境界でもあることの注目度が、原始古代への比較生活文化史にとどまらず、王権成立前史の政治史や社会史にまで投影され始めたからであろう。ここではその中核地域とも言える濃尾平野に焦点をあて、派生するいくつかの問題について考えてみたい。

一　尾張低地の拠点的環濠集落―朝日遺跡の変遷と特性―

（1）集落の構造と変遷

伊勢湾沿岸地域に環濠集落が出現するのは前期後半（Ⅰ―3・4期）で、濃尾平野では春日井市松河戸遺跡、名古屋市月縄手遺跡などにその兆候が見られるが中期には継続しない。前者は大小二つの環濠が連結するようである。現在のところ、豊橋市白石遺跡の環濠が前期の東端例であろう。

朝日遺跡は尾張低地域のほぼ中央に位置する弥生時代最大の拠点的母集落で、谷Aと呼ばれる自然河道を挟んで南北に集落が展開する*1。

集落の形成は、前期前半（Ⅰ―1・2期）に貝殻山貝塚を含む200×100mの居住域に始まるが、遅れて谷A北側にも径100m程の範囲に集落が出現し、すでに形成段階から集落が二ヶ所対峙的に存在したことが知られる。前者は環濠で囲繞されていた可能性がある*2。この点で前者が遠賀川A系土器を主体とし、後者が条痕文系と遠賀川B系土器を主体とすることは*3、集団の出自差を背景としている可能性が高い。

南集落の拡大に伴い、前期末（Ⅰ―4期）ないし中期初め（Ⅱ期）には600×250mの広域を囲繞する環濠が付設された可能性が高く、すでに巨大環濠集落を指向している。環濠内は区画大溝によって大分割されるようであるが外郭・内郭区画であるかは明確ではない。集落が複数の単位で構成されることはある意味で常識であることから、集落内の区分を集団差に起因するとの考えもあるが、機能差や階層差は考慮されてよい。区画大溝の内側では小規模だが方形柵に囲まれた竪穴建物が存在する。また、この時期には谷Aから派生する小さな谷を挟んだ東にも居住域が出現し、掘立柱建物を伴う玉造製作が行われた*4。

中期前葉（Ⅱ―3～Ⅲ期）になると、北集落の中心居住地が集約され環濠が付設され、乾地窪地化した谷Aを取り込んで外郭別区に玉造工房を設け、環濠集落外の東部では銅鐸鋳造や玉造り、赤色顔料工房が展開する。またこうした集落全体の成長に呼応するかのように、南集落中心居住地も東へと移動して区画分割が進み、集団単位に対応するかのように南墓域が形成されはじめ、南北の環濠集落は明確な形で対峙するのである。そして東方居住地は墓地化して大形方形周溝墓が出現し始めるのである。この時期、一宮市八王子遺跡の三重環濠や猫島遺跡の二重環濠、岐阜県宮塚遺跡の二重環濠など、濃尾平野の拠点集落の環濠集落化が進行する。

こうした状況は中期中頃（Ⅳ期）を経て、中期後葉（Ⅴ期）には環濠の再掘削や北集落の環濠多重化、逆茂木・乱杭・柵の設置にみる堅固一体性の強化が図られたようである。最大級の方形周溝墓が築造されたのもこの時期である。

しかし、中期末（Ⅵ―2・3期）になると南北集落の環濠の埋没とともに南集落北辺には大形竪穴建物や井戸群を伴う区画（内郭？）が出現し、東方墓域の一角には庇付掘立柱建物を含む建物群が出現する。これを「類居館」と呼んで評価する向きもあるが*5性格も「類居館」の定義も明らかでない。なお、この段階の方形周溝墓には重複や再利用例が多く、出自集団の断続性と集落の再編とが見て取れる。

後期初め（Ⅶ期）には再び環濠が掘削され、ほぼ前代の多重環濠を踏襲する北集落に対して南集落は環濠を大幅に縮小する。居住域はほぼこの二つに集約されるので、改めて一対性を示すこととなる。報告では環濠の掘削はⅦ―1・2期とされ、北集落南端部への銅鐸埋納もこの段階と考えられているようであるが、私は朝日集落の衰退時と考えている。後期前葉から後半までの時期には、後述するように銅鐸の鋳造の可能性も含め青銅器の出土が相次ぐ。

こうして後期後半（Ⅷ―3期）に再掘削された環濠は、古墳時代初め（Ⅸ期＝廻間Ⅰ式）から開始された大量の土器投棄に見られるごとく、集落は衰退し散漫な遺構群が点在するに過ぎなくなる。朝日集落は伊勢湾沿岸地域の新たな時代社会の変動の中で急速に求心力を喪失して銅鐸もまた埋納されることになったのである（表1および図1参照）。

（2）青銅器生産の伝統と銅鐸の鋳造・保有

朝日遺跡では突線鈕1式銅鐸が南環濠集落南端外部の方形周溝墓との間隙に埋納された＊6。中期末に朝日遺跡で鋳造された銅鐸が後期を通じて機能し、廻間1式に集落の衰退とともに集落縁辺の境界に埋納された可能性が高い。ちなみに、朝日遺跡では谷A北側の東居住地SK01から、銅鐸石製鋳型の鐸身上端の破片が土坑から出土し、朝日遺跡の青銅器製作は一気に中期前葉まで遡ることになった＊7。銅鐸は復元高20㎝で菱環鈕式を下ることはない。朝日式でも貝田町式古相に近いⅡ―3期に属し、菱環鈕式原型式の可能性すらある。列島最古の中期初頭の鋳型とも喧伝されたが、「第

2008．8．24　寺沢作成

時期	谷北部地区			谷南部地区	
	西部地区	中央地区(北居住域)	東部地区	西・中央地区(南居住域)	東部地区
前期前半(朝日Ⅰ-1・2期)				◆西部地区の貝殻山・二反地貝塚に200×100mの居住域＝遠賀川A系土器主体 ↓	
前期後半(朝日Ⅰ-3・4期)	◆径80mほどの範囲に居住域＝条痕文系主体			◆環濠集落化	
中期初頭(朝日Ⅱ期)	◇居住域断絶 ■西墓域(方形周溝墓群)形成 ↓	◆居住域形成(東へ伸長し600×200mに？)、ただし、東部地区は分散型 ↓		◆居住域東へ拡大(600×250m)／区画大溝(巨大環濠形成？) ◎方形柵囲い(小規模な竪穴建物遺構) ↓	◎玉造工房(掘立柱建物2棟3群)
中期前葉(朝日Ⅲ期)	□西墓域？ ↓	◆環濠集落化(300×230m) ◆谷Aは乾地窪地化し環濠外郭に貝層 ◆環濠陸橋部両側に逆茂木 ◎環濠西南外郭に玉造工房区 ↓	◎工房区(銅鐸・玉造・朱・ベンガラ)	◆区画大溝内の区画小溝(単位居住区？)	■東墓域形成(大形方形周溝墓を核とする120×80mの範囲) ↓
中期中頃(朝日Ⅳ期)	■西墓域継続	◇谷A・環濠は乾地汚濁化し土砂・廃棄物埋没	■東部分散型居住地のに接して墓域(方形周溝墓群：東墓域形成)	◇環濠埋没 ■居住地南に南墓域の形成(方形周溝墓群)	■東墓域継続(大形方形周溝墓を核とする周囲に拡張)
中期後葉(朝日Ⅴ期)		◆4条の環濠帯形成(柵・逆茂木) ◆谷Aに乱杭		◆環濠再掘削 ■南墓域継続	■東墓域継続(大形方形周溝墓を核とする400×100mの範囲に)
中期後葉~末(朝日Ⅵ期)	□西墓域再編(方形周溝墓の重複) ↓	◇環濠埋没(窪地化) ◆居住域は継続 ◎南東谷Aとの間に敷葉工法の台状遺構(広場？) ▲北方に水田跡(後期まで)	◇居住地不祥 □東墓域分散・重複	◇環濠埋没 ◆区画大溝内には単位居住区と墓域がユニット化？) ◎北端に中枢域(大形竪穴建物複数棟・井戸群・排水溝) ■中枢区に西接して墓域(方形周溝墓群) □南墓域重複 ▲東南方に水田跡(後期まで)	□東墓域分散・重複(大形方形周溝墓再利用) ◎南辺に特殊区域形成(庇付掘立柱建物＋掘立柱建物＋竪穴建物群)
後期前半(朝日Ⅶ期)	■西墓域継続 ↓	◆北環濠集落の縮小形成(200×200m、環濠再掘削4～5条)／他の居住域不明 ■環濠間・周辺に方形周溝墓群形成	◇□ほぼ消長 谷Aは再び河道化	◆南環濠集落の縮小形成(180×120m、環濠2～3条)／他の居住域不明 ■環濠間・周辺に方形周溝墓群形成	◇□ほぼ消長
(朝日Ⅷ-1・2期)	■西墓域継続 ↓	◎青銅器生産(銅滴・土製鋳型・鐸形銅製品・鋳造欠損・銅鏃)、キ龍文鏡片(懸垂鏡)、銅鐸飾耳片、鉄斧 →◇環濠埋没		◎銅鐸埋納？(報告案) ◎大形掘立柱建物・大形竪穴建物 ◎巴形銅器、銅鐸飾耳片、銅鏃、帯状銅釧 →◇環濠埋没	
後期後半(朝日Ⅷ-3期)	■西墓域継続	◆環濠再掘削		◆環濠再掘削	
古墳初頭(朝日Ⅸ期)	□ほぼ消長	◇環濠埋没、一部再掘削、住居散在し小規模化		◇環濠埋没、一部再掘削、住居散在し小規模化 ◎銅鐸埋納？(寺沢説)	◆小規模居住域

凡例：1）時期区分は寺沢の畿内を軸とした時期区分呼称法により、朝日遺跡の時期変遷区分(1994)を併記した。石黒の土器様式区分(石黒 2006)と畿内(寺沢)編年との関係は以下の通りである。朝日Ⅰ期=Ⅰ期≒畿内Ⅰ様式、朝日Ⅱ期=Ⅱ-1・2期≒畿内Ⅱ-1・2様式、朝日Ⅲ期=Ⅱ-3期≒畿内Ⅱ-3～Ⅲ-1様式、朝日Ⅳ期=Ⅲ-1・2期≒畿内Ⅲ-1・2様式、朝日Ⅴ期=Ⅲ-3期≒畿内Ⅳ-1様式、朝日Ⅵ期=Ⅳ期≒畿内Ⅳ-2～4式、朝日Ⅶ期=Ⅴ期≒畿内Ⅴ-0・1様式、朝日Ⅷ-1・2期=Ⅵ期≒畿内Ⅴ-2・3様式、朝日Ⅷ-3期=Ⅵ期≒畿内Ⅵ-1・2様式、朝日Ⅸ期=Ⅶ期≒畿内庄内様式前半

2）変遷表の記号は◆が集落・環濠関係の遺構、■が墓地関係、◎が特殊な遺構や遺物関係、▲が水田域を示している。また、白抜き記号はその衰退や消長など消極的な状況を示す。また、↓は遺構群の強い継続性を示す。

表1　朝日遺跡の集落変遷表

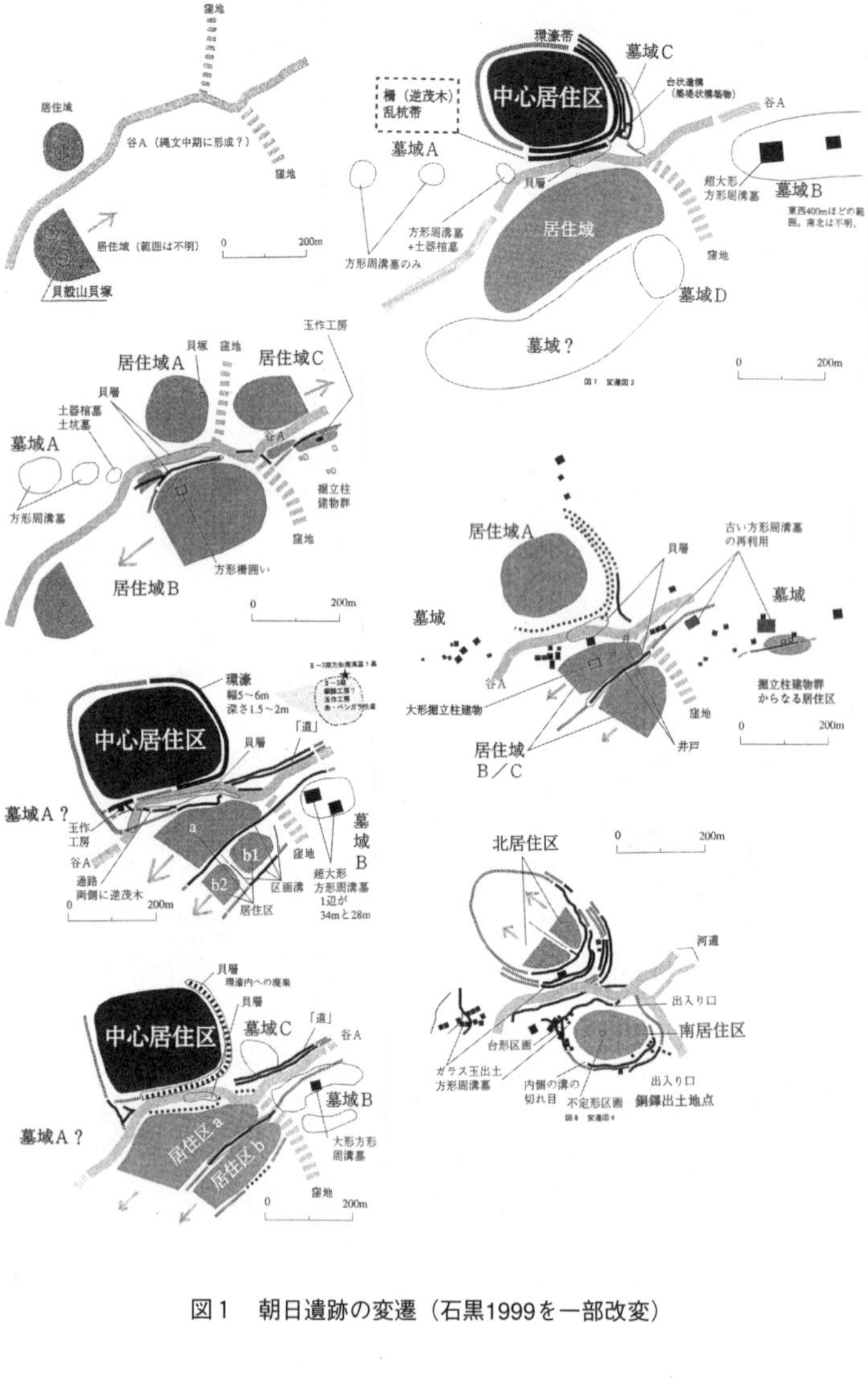

図1　朝日遺跡の変遷（石黒1999を一部改変）

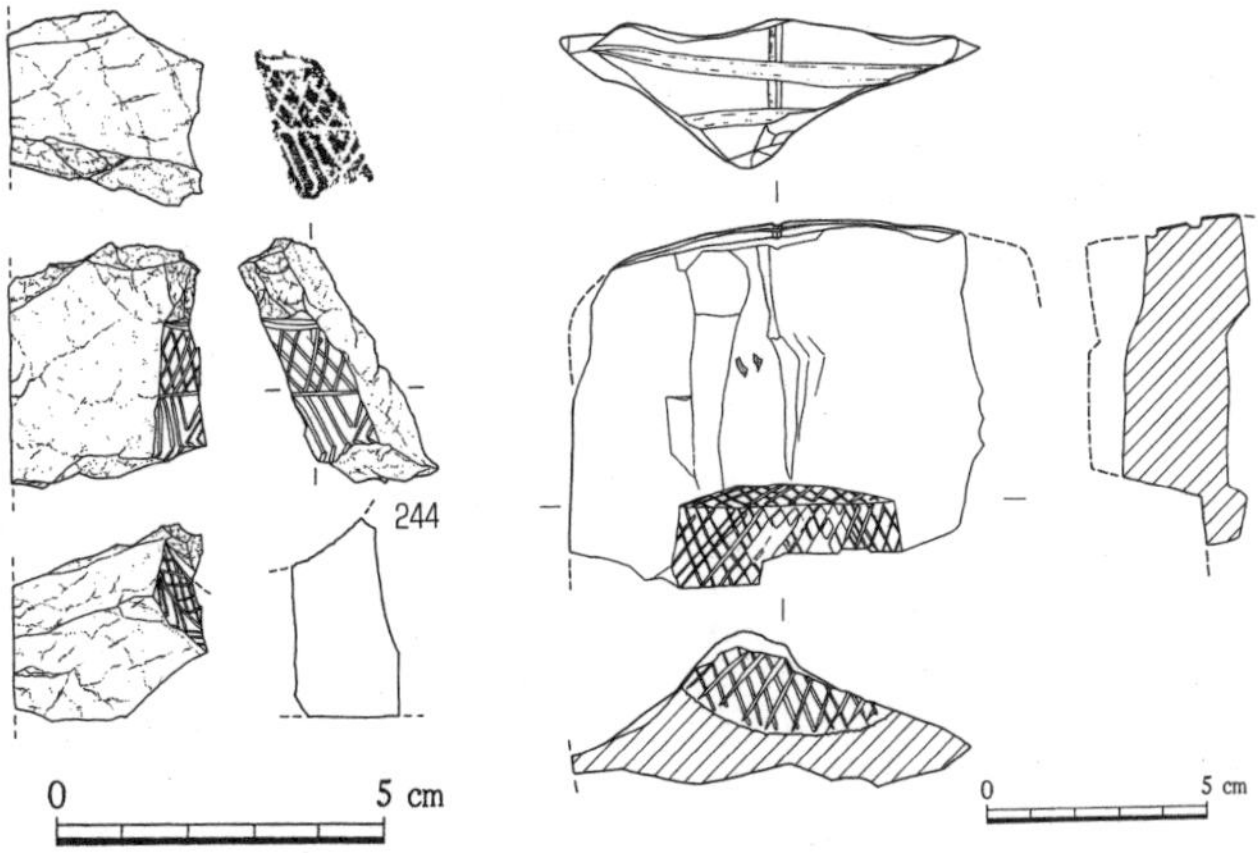

図２　朝日遺跡と鶏冠井遺跡の銅鐸鋳型（各報告書より）

Ⅲ様式以前」の京都府向日市鶏冠井遺跡旧河道ＳＤ８２１４中層出土の石製鋳型と時期的にも型式的にもほぼ横並びということになろうか＊[8]（図2）。

朝日遺跡鋳型が銅鐸鋳造開始論にしめる位置は大きい。福井県三国町加戸下屋敷遺跡の石製鋳型未製品も、大きさからや所属時期（小松式古相）からみて型式、時期ともに近い可能性がある。銅鐸の鋳造は北部九州、近畿、伊勢湾、北陸（あるいは山陰＝イヅモも）にほぼ同時に始まったということもできるかもしれない。

また、後期前葉（山中Ⅰ式後半）以降の遺構から土製外笵と思しき土塊が複数出土している＊[9]。銅滴や筒状銅製品鋳造欠損品、多数の銅鏃の出土などから、朝日遺跡では南北集落に大差なく銅鐸を含む青銅器の鋳造が継続的に行われた様子が見て取れる。また、名古屋市見晴台遺跡でも土製送風管先端部が出土している。伊勢湾沿岸では、独自の巴形銅器

（棒状鈕のオリジナリティは朝日遺跡にある）、銅鏃、銅釧、小形倣製鏡（「巫」字鏡を含む）などが存在していることからも、とりわけ後期以降には尾張低地に一大青銅器生産センターが展開した可能性は高い。こうした技術的伝統が古墳時代の倣製鏡（獣形文鏡系や絵画文鏡系）鋳造にも引き継がれていったことは疑いなかろう*10。

（3）大形墳丘墓と大形掘立柱建物の評価

朝日遺跡では中期初頭（Ⅱ期）から方形周溝墓が築造され始め、中期前葉～中葉（Ⅲ～Ⅳ期）には東墓域に大形方形周溝墓が出現する。その規模はＳＺ２５４が24×21ｍ、ＳＺ２０６が34×23ｍ、ＳＺ２０８が20×16ｍと、中期後半の畿内の大形方形周溝墓にも決して遜色ない。また中期後葉（Ⅴ期）のＳＺ３０１の33×？ｍも近畿最大の京都府加悦町日吉ヶ丘遺跡貼石長方形墳丘墓（33×17～22ｍ）を若干凌駕しそうである*11。

こうした特定家族墓Ａの台頭が北集落の特定中心化と銅鐸鋳造や玉造り・朱・ベンガラ工房、南集落の機能分化・整備などと無関係ではあるまい。南集落ではⅡ期に方形柵囲いの竪穴建物が、Ⅳ期に大形竪穴建物数棟で占められる特定区域が検出されており、朝日集落での首長家族を含む特定集団の醸成が想定されるのである。

中期後葉の稲沢市一色青海遺跡では居住域の中央から東日本有数の規模をもつ１×６間の大形掘立柱建物が、大形の竪穴建物とともに発見され、首長の居住空間の可能性が考えられている*12。この集落では磨製石斧や木器生産が盛んにおこなわれていたことが知られており、隣接する墓域には比較的大きめの方形周溝墓も存在する。小共同体（あるいは大共同体＝クニ）の首長を擁する拠点集落であろう。こうした大形掘立柱建物・大形竪穴建物・大きめの方形周溝墓のセットは春日井市勝川遺跡、四日市市菟上遺跡でも認められ、同様の性格が想定できる。

また、一宮市猫島遺跡では中期前葉（Ⅲ期）の環濠とその出入り口付近内外に築造された方形周溝墓群に、中期後半代（Ⅳ・Ⅴ期）になって大形の庇付掘立柱建物が建造される*13。朝日遺跡南区東墓地南辺にⅣ期になって出現する庇付掘立柱建物を含む特殊な建物群と類似した現象であり、私は「類居館」を考えるよりは首長家族を輩出する特定家族墓群などの祖霊祭祀を共同で執行する祀堂ではないかと考えている*14。

後期の朝日遺跡の大形方形周溝墓の状況は明らかではない。しかし後期にも特定家族墓は確実に存在する。豊田市川原遺跡では八王子古宮式（Ⅶ期）から山中Ⅰ式前半（Ⅷ期前半）にかけての大形方形周溝墓3基（SZ02：26.5×22m、SZ04：19×14m）と山中Ⅱ式の大形墳丘墓1基（SZ01：26×23m）が方形周溝祭場を伴って存在するが、いずれも埋葬施設は7〜16と多数埋葬である*15。注目すべきはこれらの大形方形墓が陸橋部を持つ大溝で囲繞されているらしいことであり、明らかな特定家族墓Bの群在へと成長しているらしいことである。しかし、周溝内供献の管玉10、勾玉2、銅鏃2、筒形銅製品1、銅鐸形土製品1を除けば副葬遺物はない。

一方、岐阜市瑞龍寺山遺跡の長方形墳丘墓の存在は重要である*16。再調査によって、四葉座鈕

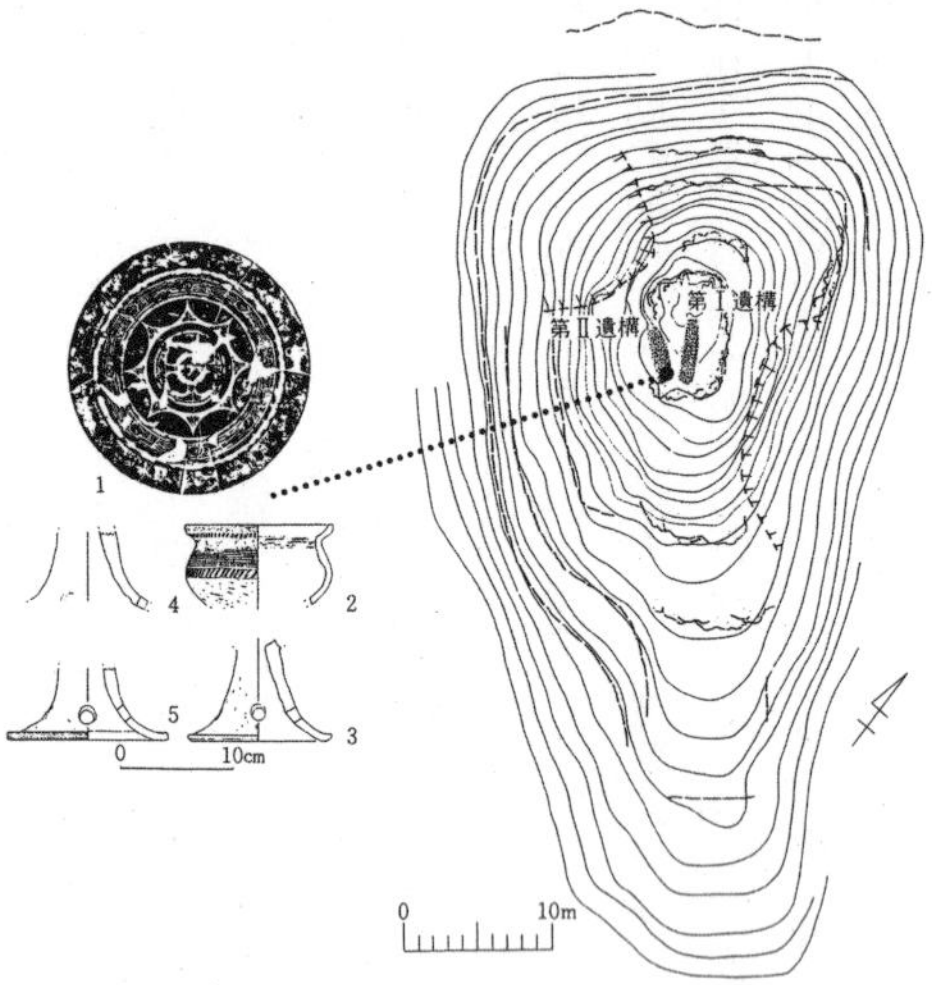

図3　瑞龍寺山遺跡の墳丘墓と出土遺物（赤塚1992に拠る）

「長宜子孫」銘連弧文鏡Ⅰ式の破砕鏡が土壙墓Ⅱの副葬品で五銖銭も伴った可能性が判明した。伴出土器から山中Ⅰ式後半（畿内第Ⅴ―３様式併行）と考えられ、北部九州の甕棺副葬初現に時期的にも併行する。周辺に他の成員墓を伴った形跡がないことから特定個人墓Ｂ―ｂと考えられ、墳丘規模31（27）×26ｍは大共同体（クニ）首長を越えた「国」あるいは「国」連合クラスの王墓と考えてよかろう（図3）。

なお赤塚次郎氏はこれを全長44ｍの前方後方形墳丘墓とみて、この類型の伊勢湾沿岸地域での発生とオリジナリティを重視する＊17が、これを前方後方形とする根拠は乏しく、その後の規模や系譜にも整合性を欠く。また、この段階に前方後方形とする思想性やアイデンティティーも見あたらないと思っている。

（4）東方物流の結束点としての意義と遠距離交易の実現

朝日遺跡では木材・石材などの確保をめぐって、大・小共同体領域内の近距離物流や、大共同体の拠点集落の流通システムを通じてそれを越えた中距離物流が計画的になされていた様子が看取されるが、同時に東方物流の結節点と拠点としての性格も顕著である。

それはとくに青銅器について顕著である。朝日遺跡が西日本諸地域と比肩して伊勢湾沿岸地域最古の青銅器（銅鐸）生産集落であったことはすでにみたが、その後の青銅器生産についても東国青銅器文化の震源地としての役割においても濃尾平野の占める位置は大きい（図4）。

最近、長野県中野市柳沢遺跡で中期末ないしは後期初頭と考えられる、九州型中細形c類1、大阪湾型銅戈a類7、外縁付鈕7式銅鐸5が埋納状態で発見された*18。科野ではすでに、長野県戸倉町若宮箭塚《やづか》遺跡（細形Ⅳ銅剣再加工品?）、長野県大町市海ノ口上諏訪神社（伝世）蔵大阪湾型a類銅戈（全面摩滅・研磨、内《ない》にシカの陽刻）、長野市塩崎松節遺跡出土鋒部片（剣・矛・戈?）などの武器類や、塩尻市柴宮遺跡出土の三遠式銅鐸、松本市宮渕本村遺跡採集の三遠式銅鐸鈕破片）、佐久市野沢社宮司遺跡の多鈕細文鏡片懸垂鏡などの出土が知られているから、中期前葉以降にこうした青銅製祭器が流入したことじたいに違和感はない。

名古屋市上志段味遺跡出土の細形Ⅳ銅剣再加工品の存在も考え合わせれば、こうした背景に濃尾平野の存在を想定することに葉躊躇しないが、滋賀県守山市服部遺跡出土の大阪湾型a類銅戈の鋳型、金沢市藤江B遺跡河道出土中細形銅剣c類（中期末）、群馬県甘楽町三ツ俣遺跡73号住居出土銅

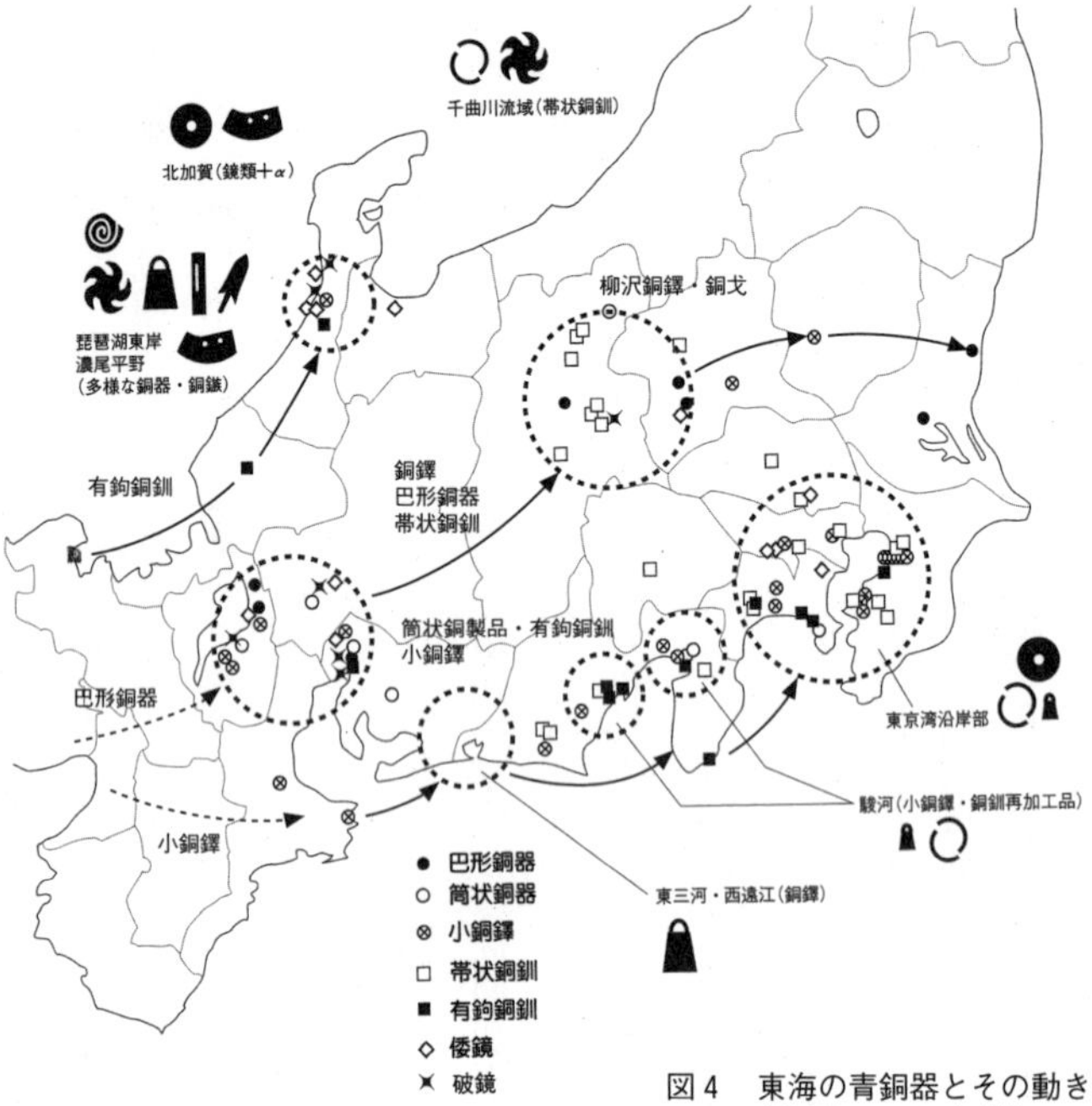

図4　東海の青銅器とその動き（赤塚2004bに加筆）

戈関部再加工品（鬼高期玉造工房）の存在は、東山道がこの場合の主要ルートであったことを想定させる。

柳沢遺跡の九州型銅戈については日本海ルートで千曲川を遡行しての流入を想定するむきもあろう。荒神谷遺跡の中細形・中広形銅矛の存在や、原ノ辻遺跡や京都府岩滝町大風呂南1号墓副葬例を介しての豊橋市三王山遺跡環濠上層出土の有鉤銅釧、岐阜県上呂2号銅鐸（扁平鈕2式）の鈕に鋳出された円に連孤文のワンポイントマークと鳥取県青谷町上寺地遺跡出土銅鐸片（扁平鈕ないし突線鈕1式銅鐸鰭端部）の共通性などはこの

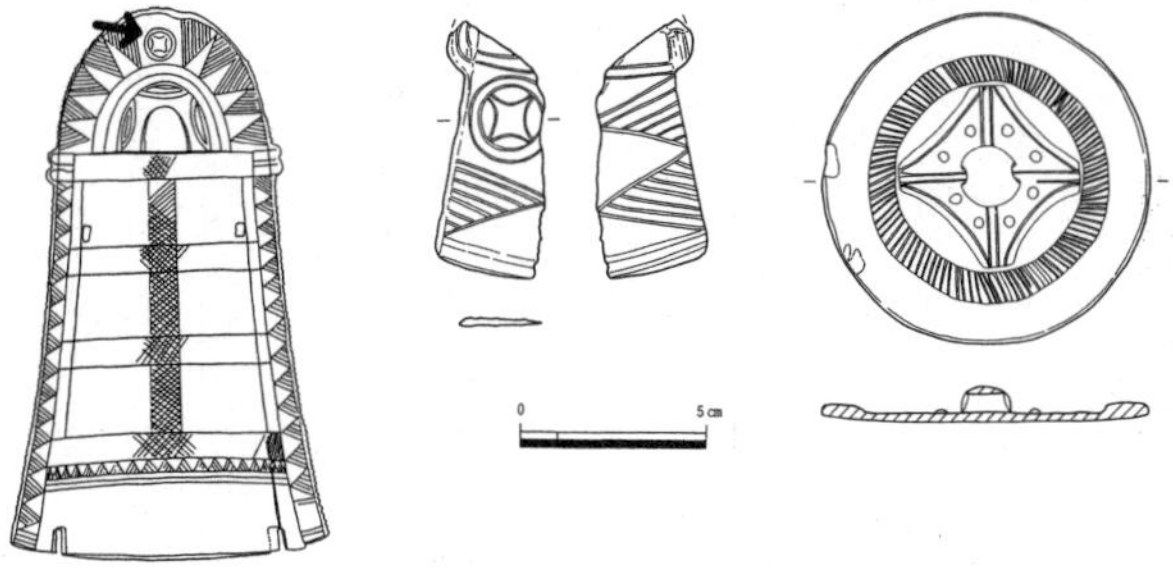

図５　上呂２号銅鐸と青谷上寺地遺跡の銅鐸鰭片の文様と彷製連弧文鏡
（各報告書による）

考えを助ける（図5）。しかしそうであったとしてもやはり濃尾平野を介してのものと考えたい。柳沢銅鐸が外縁付鈕1式では数少ない流水文で飾られ、その大きさも八王子銅鐸に近いことから、柳沢銅鐸は濃尾平野製である可能性もあると考えている。

後期以降、伊勢湾沿岸地域は近江とともに東方拡散の一大青銅器生産地であったと考えられ、東山道→北関東→南関東ルートで帯状銅釧が、東海道→南関東ルートで有鉤銅釧、小銅鐸、筒状銅製品（近江・濃尾型鐸形銅製品とするべきか？）、小形倣製鏡（「巫」字鏡、獣形文鏡系、重孤・連孤文鏡系を含む）が鋳造技術も含めて、強い独自性をもつ「山中式」土器とともに影響を与えていったのである[＊19]。

（5）　北部九州との関わり

日本海ルートを考えたところで、伊勢湾沿岸地域の弥生時代には九州との関係を彷彿とさせるいくつかの考古学的データのあることに気づく。

その第一は、漢鏡の流入が途中、瀬戸内や近畿を飛び越して北部九州と横並びで出土していることである。岐阜市瑞龍寺山遺跡の四葉座鈕「長宜子孫」銘連孤文鏡は二世紀初めの製作とされるⅠ式鏡で、福岡市飯氏遺跡3次Ⅱ区7号甕棺副葬鏡（北部九州・後期5様式）と並んで列島最古の副葬例となる。

また、高蔵遺跡34次ＳＫ44出土の虺龍文鏡片は、山中式前葉（畿内第Ⅴ－1～2様式併行）に属し、虺龍文鏡としては福岡県宮ノ下遺跡15号甕棺副葬鏡（ⅡＡ式）に準ずるが、ⅡＢ式としては和歌山市滝ヶ峰遺跡環濠出土の鏡片と並んで佐賀県三津永田鏡よりも先行する。しかも完形鏡ではないのでその分時間的経過を加算する必要があるはずである＊20。これらの資料は、北部九州からの比較的ストレートな流入を考えざるを得ない資料である。京都府岩滝町籠神社（伝世）蔵の前漢式の異体字銘帯鏡の存在なども俄然その資料的価値が注目されるかもしれない。

第二は、さきにふれた筒状銅製品が、近江・濃尾に先行して福岡県新宮町夜臼三代遺跡に存在することである＊21。東国のようにスリットのないタイプであるので、異なった機能や系譜を考えるむきもあるが＊22、私は発音機能を持った鐸の一種と考えているが、古墳時代の筒形銅器との系譜上の関係は未だ積極的な意見は持ち合わせていない。また、尾張低地部に集中してみられる円窓付土器が近畿や瀬戸内以上に三雲遺跡や潤地頭給遺跡など北部九州の沿岸部の中期後半から後期前半に散見されることも興味深い。北部九州では方形窓も存在していることが注意されるのであるが、土器については廻間様式以降の伊勢湾系土器の拡散にも繋がる問題であるので後述する。

(6) 都市的集落としての朝日遺跡

朝日遺跡では中期前葉と中期後葉、後期の環濠の付設とこの間の発展・機能時に、防御施設から見る集落の一体性、分割と配列など集落内の計画的デザインの形成、各種手工業生産工房の存在と機能分化、特定家族墓や集落内特定区画の分化から見る階層化、物流の結節点や遠距離交易の集約点としての経済的拠点、労働力の集約、再生産のための極大型集落であることなどからその都市性が評価されている＊23。

また、とりわけ中期では環濠の生物群集分析によって、食糞性や昆虫食屍性昆虫などの汚物性昆虫（都市型昆虫）、汚濁性珪藻、寄生虫卵が高率で検出されていること、花粉分析によって集落内が乾燥化していることなどから、著しい人口増大と人為的改変が進行している環境が想定されている。森勇一は朝日遺跡の中期居住面積をもとに、横浜市大塚遺跡のデータを介在させて試算しおよそ1000人の人口に達していたと推定している＊24。こうした巨大環濠集落の環境データは奈良県唐古・鍵遺跡や大阪府池上・曽根遺跡、亀井遺跡等々でも同様の傾向にあるが、周辺森林の伐採による裸地化や汚染度の高さは突出しているようでもある。

一方、後期になっても環濠の汚濁は以前続くようではあるが、谷Aの河道化や周辺の沼沢化によって水生昆虫が多数復活し、寄生虫卵はほとんど検出されないと言う。また、古墳時代初頭には花粉分析でも二次林を中心とした森林植生が復活し、自然度の高い多用な食葉昆虫が出現するのは、人口の極端な減少と都市機能の喪失を如実に反映したものだという。とはいえ、そもそもこれを都市と呼ぶかは別の視点と定義が必要である*25。

二　伊勢湾沿岸地域社会の変貌―二世紀後半から三世紀史の評価―

（1）環濠集落の解体と居館の成立

朝日遺跡では山中Ⅱ式末をもって環濠が埋没し、密集型集落が散在型へと縮小・衰退するが、こうしたことは濃尾平野では一般的にみられる現象であり、伊勢湾沿岸地域全体にも見られる傾向である。

一方、廻間Ⅰ式前半期には尾張低地における一宮市萩原遺跡群や津島市津島遺跡群、美濃の大垣市荒尾南遺跡群、西三河の安城市古井遺跡群、北・中勢の嬉野町片部・貝蔵遺跡や津市雲《くも》出《づ》島貫《しまぬき》遺跡のように別に新たな遺跡群が出現し、また小規模化した単発集落が爆発的増加をみる*26。同様の現象は中河内（中田遺跡群、加美・久宝寺遺跡群）や大和（纒向遺跡、成願寺・柳本遺跡群）、あるいは近江（近江町黒田遺跡、守山市下永遺跡、能登川町斗西遺跡）の状況に近く、変換の微妙な時期差を問わなければある意味で汎日本的な現象であろう。

こうした状況に呼応してみられるのが「首長居館」とされる遺跡の出現である。ここで、朝日遺跡の所属する「春部」大共同体に隣接する「中嶋」大共同体の中心的集落群である萩原遺跡群の中核をなす八王子遺跡を紹介する（図6）。八王子遺跡は前期と中期前葉には環濠を巡らし銅鐸を所有

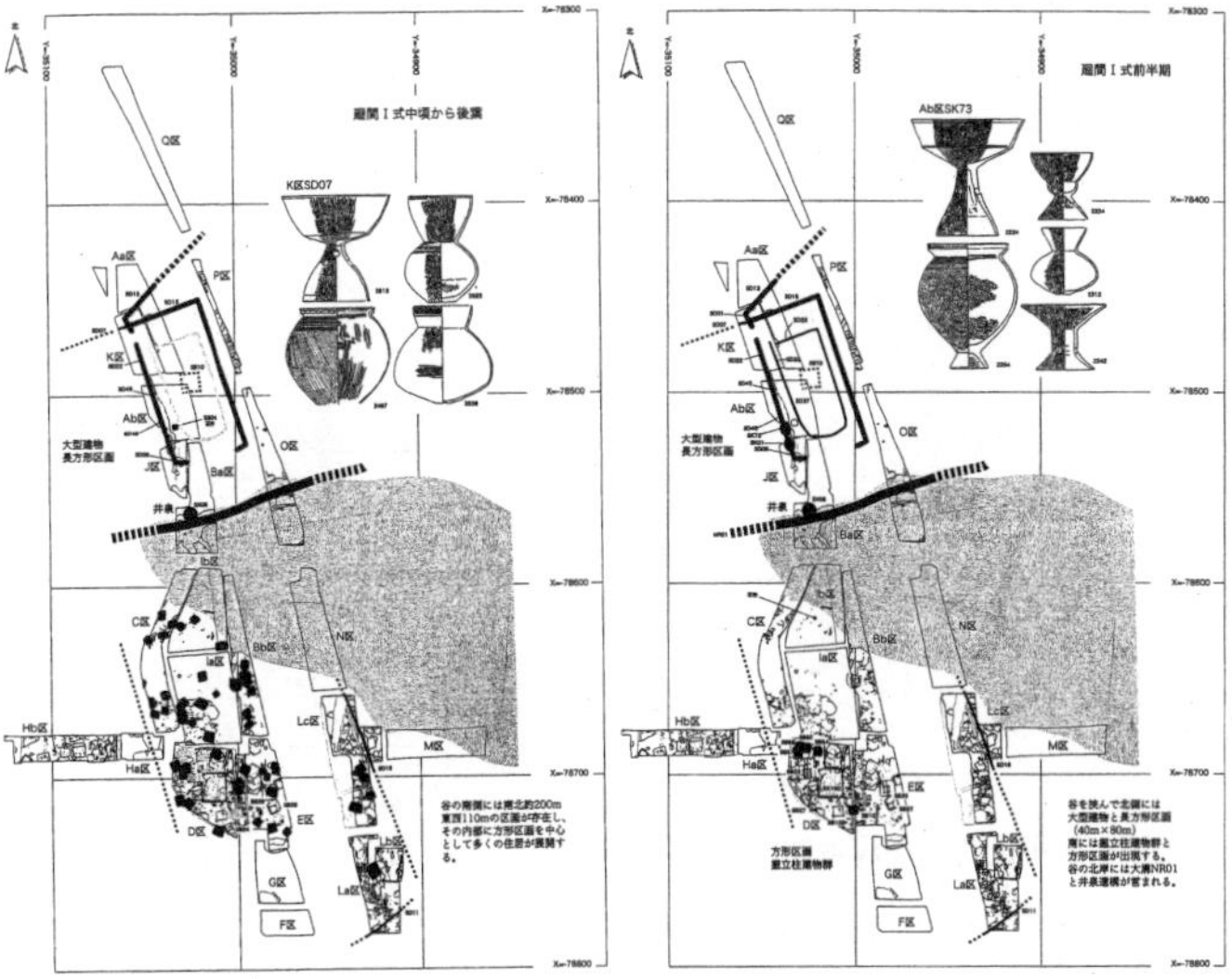

図6　八王子遺跡の居館と祭祀空間（報告書より）

するほどの拠点的な母集落と考えられるが、中期後葉の銅鐸埋納を契機に縮小する。

ところが廻間Ⅰ—0式期になると、大溝NR01を界して北に推定4間四方の大形掘立柱建物（SB10）を中心に、復元外溝約80×40m、内溝約55×25mの矩形区画が、南には復元240×110mほどの矩形区画溝のなかに内部を整地した15m四方ほどの区画（SX100）と総柱建物（SB23）などの建物群が突如設営される。そして井泉SX05が掘られ、廻間Ⅰ—3式期までNR01への祭祀遺物の投棄が継続するという。また廻間Ⅱ式期前半になると、南に新たに竪穴住居群を囲む50×40m規模の長方形区画が誕生するという＊27。

八王子遺跡の南北の遺構群を首長居館と祭祀空間のいずれとして評価するかは簡単ではない＊28。しかし、南区画は数棟単位の竪穴住

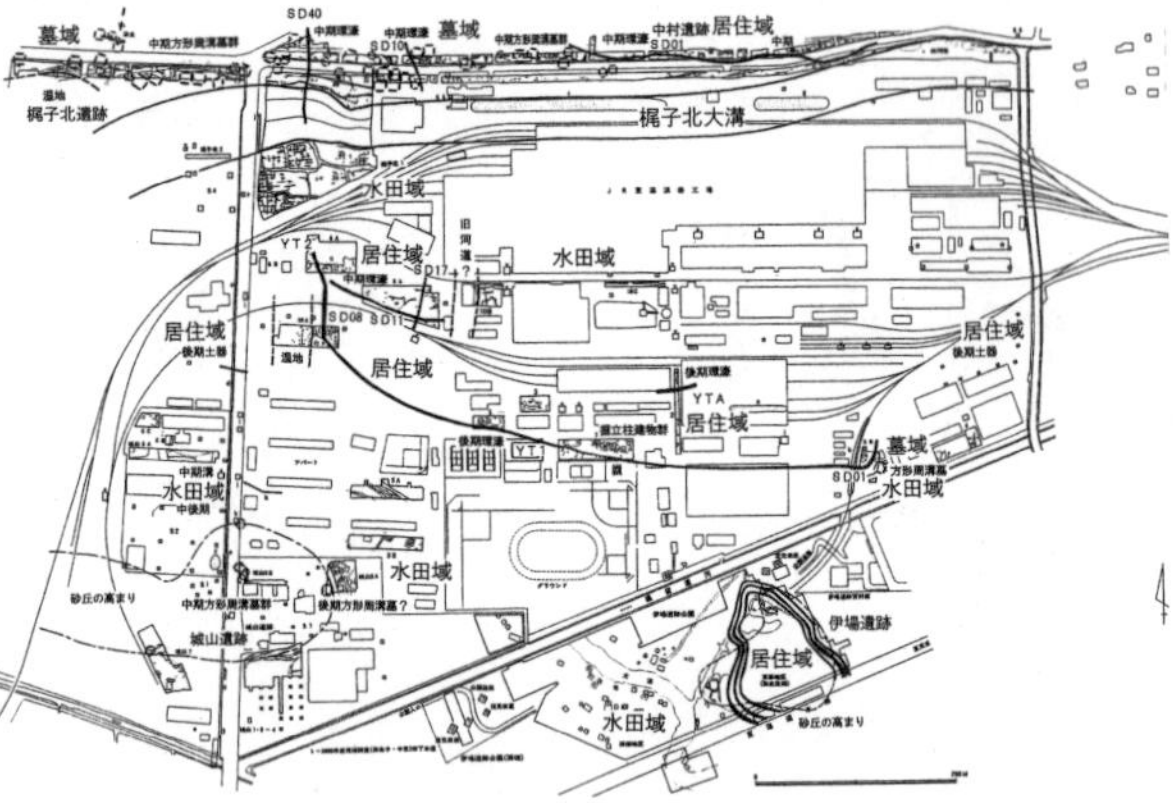

図7　梶子遺跡と伊場遺跡（報告書より）

居が群在する状況から見て、第Ⅳ類型居館＊[29]を内在させ極めて企画性を持った都市的集落と考えて良さそうである。そして北区画は仮に居館であっても規模や一般集落との不完全な隔絶性からして第Ⅲ類型（大共同体レヴェル）の、仮に祭祀空間であればその広さに匹敵するはずの未確認の第Ⅰ類型の首長居館とは遊離した存在にあることになり、首長の階級的隔絶性を示すというよりは彼の大共同体を越えるほどの共存共栄的な社会的権力の強さを垣間見る思いがする＊[30]。

ところで、こうした集落対応の独立居館の端緒は浜松市伊場遺跡にみることができる（図7）。伊場遺跡は長軸約１００ｍの瓢型をした三重の環濠で囲繞されるが、括れから北区には数時期にわたる周堤平地住居群が、南区では掘立柱建物群や竪穴住居が中央の高まりを囲むように配置され、溝からは赤黒漆塗りの木製甲が出土している。北区を首長一族の居宅、南区を祭場ないしは祭場を取り込んだ特定家族集団の居住域とみることに極端に違和感はない*31。しかし、問題は北接する砂堆上に展開する梶子遺跡との関係であろう。梶子遺跡は中期前葉に形成され、中期中葉には環濠を巡らす。さらに後期伊場式には600×100m規模の西遠江最大の環濠集落に発展する*32。伊場遺跡はこうした背後の巨大集落を背景に伊場Ⅰ式段階に登場するのである。

梶子遺跡は一般環濠集落でいう「外郭」、伊場遺跡は「内郭」の機能を想定できる。あるいは、梶子遺跡中央南半部での倉庫群や銅鐸飾耳、銅鏃の出土を内郭に想定するのであれば、より階級的にも祭祀的にも成長した首長居館を想定せざるをえないかもしれない*33。しかし、それが併立するところに集落本体から隔絶できない伊場遺跡の特質が見て取れよう。あるいは朝日遺跡の南北二環濠集落の対峙とはこうした集団の階級（階層）的差の反映であり、聖俗二元的機能の分化の原型と見ることも可能であるかも知れない。

このように考えると、八王子遺跡の中型居館と居住域（小形居館を内在）、あるいは大祭祀空間と居住域（小型居館を内在）といういずれの二極対峙構造についても、弥生時代以来の東海的伝統と特質を踏襲したより発展複雑化した形態であったということができるのである。

（2）廻間様式の独自性と波及の画期

廻間様式は海部・中島郡（濃尾平野低地部）に固有の様式であった弥生時代後期山中式後半期の

土器の加飾性（＋赤彩）、壺口頸部の内湾化、有段およびワイングラス形高坏、東海型器台、受口口縁甕、内面削り台付甕鉢（山中型甕）、手焙形土器といった独自性の強い土器を母体に誕生した＊34。

それは山中様式の加飾性（赤彩波線文のパレス壺）や口頸部内湾化（ヒサゴ壺）の顕在化、S字状口縁甕や底脚有稜高坏の成立に加え、山中Ⅱ－2式の祖形をもとに独自の小形丸底鉢・壺と小形器台を成立させたもので、S字状口縁甕が中勢で成立し、以後も雲出川の砂礫を混和剤とすることに拘ったように、広く伊勢沿岸地域を特徴づける大様式として定着する。そして、廻間Ⅰ－4式～Ⅱ－1式には広く東西に（とくに東方には顕著に）搬出・伝播していくことが知られるが（第一次拡散期）、そうした伊勢湾系土器群に見られる動向が列島各地の土器(とりわけ器種構成に軽量薄甕を持つ大様式）の共鳴を誘発したのだという＊35。

ところで、廻間Ⅱ式以降の伊勢湾系土器の搬出、様式的影響を含めての拡散現象には目を見張るものがある。列島の後期後半期以降に政治的にも祭祀的にも独自性を発揮する大地域（様式）において、まさにこの段階でのある程度のまとまった拡散現象は、北部九州系の朝鮮半島南端から中九州、中・東部瀬戸内系や山陰系では北部九州から畿内、北陸系では山陰・畿内から北関東とそれぞれ対象地のベクトルを異にし周辺地域にとどまっているのに対して、畿内系は朝鮮半島南端から東北南部まで、伊勢湾系は北部九州から東北南部までの広域に拡散していることである。しかし、畿内系の拡散が庄内3～布留0式（廻間遺跡Ⅱ式後半～）以降に限られることは確かにその拡散現象は遅れて派生している。

赤塚次郎氏によれば、中・東部瀬戸内の口縁内湾の小形丸底鉢・長頸（瓢）壷や線刻人面文は廻間様式と共鳴したものであり、その連動の実現は海岸沿いの伊勢湾系土器の出土や熊野型甕（台付叩き甕）の存在から熊野灘ルートを想定している*36。傾聴すべき意見であり、私はこれに壷の加飾性も加えるべきだと考えている。しかし注目すべきはさらに伊勢湾系土器の九州への影響と搬出であり、量的に僅少とはいえ中・四国地域を飛び越してむしろ北部九州に散見されることは注目すべき事実である。徐福伝説をもつ筑後川河口洲の港湾遺跡と目される佐賀県諸富町の三重櫟《みえう》の木《き》遺跡、土師本村遺跡などのように、畿内、山陰系搬入土器の中に伊勢湾系土器も目立って出土する遺跡もみられる。

こうしたことは、伊勢湾系土器の西方への流入が瀬戸内海や日本海ルートにとどまらず、むしろ積極的に南海道ルートが開拓されはじめた可能性を想起させる。南四国の状況は今一つ判然としないが、豊後水道を越えての玄界灘沿岸部や有明海沿岸地域への流入経路は今後の課題であろう*37。

三　「狗奴国」論の再検討

（1）「前方後方」墳論をめぐって

さて、二世紀後半から三世紀における伊勢湾沿岸地域社会のこうした動向の歴史的意味に避けがたい影響を持つのが狗奴国論であり、前方後方形墳丘墓ないし前方後方墳への評価である。赤塚次郎はさきの伊勢湾系文物の波及や画期にさらに墳丘を「前方後方形」に造るというデザインの波及を重ねることでその社会的・政治的な背景について以下のような明解な論理を展開する＊38。

①　前方後円形墳丘墓の出現と発展の経緯については、前方部を意識したB型墳は山中様式の中で成熟し、廻間Ⅰ式前半期には前方部拡張型の墳形（B3型）が特定個人墓や共同体主要セクションに携わる人物らの墓制として伊勢湾沿岸地域に急速に普及し、廻間Ⅰ式のうちに前方後方墳としての定型化（C型）が図られたとして、廻間遺跡SZ01墳丘墓（B3型）と西上免古墳（C型）を根拠にあげる。

②　廻間Ⅱ式の畿内系様式の波及に先だつ廻間様式土器の列島規模での拡散(第一次拡散期)とともにB3型墳丘墓や全長45m以下の前方後方墳（A型）がもたらされ、Ⅱ式後半（≒布留0式）には、全長45m以上の前方後方墳（B型）が波及していく。

③　第一次拡散期は邪馬台国と狗奴国の抗争期にあたるから、東海系土器や前方後方墳の移動は大量の難民の排出が考えられる。この場合、緊張関係が直接およんだ地域とは中・南勢を巻き込んだはず幡豆（南勢・志摩→三河湾沿岸部）の地域であった。

④　廻間様式の東方各地での独自の定着は廻間Ⅲ式前半期（4世紀前半）で小銅鐸、破鏡、有鉤銅釧、筒状銅器、多孔銅鏃の消長と円錐形座巴形銅器、腕輪形石製品、筒形銅器、倭鏡Ⅱ（獣形鏡）の出現と期を一にする。また、遅れて始まる三角縁神獣鏡や前方後円墳の波及ははず幡豆を掌握したヤマト王権が海上ルートを通じて遠江、甲斐、上野などに浸透した証でもある。前方後方墳と前方後円墳の規模の差はまさに両者のチカラの鬩ぎ合いの矛盾を反映したものであり、「(70mクラス

の前方後方墳は：寺沢註）伝統的な前方後方墳造営地域に出自をおく人々が、前方後円墳体制への組み込みにおける矛盾の中で生み出した形態」と位置づける。

そしてこうした理解は、「狗奴」という小さなまとまりは山中式後期段階で一気に拡大強大な結合体へと成長するという狗奴国論へと繋がる＊39。

しかし、濃尾平野において墳形として前方後方形がとくに採用されていった経緯やそのデザインが持つアイデンティティやオリジナリティの根拠は前方後円墳の場合ほど説明されているわけではない。また廻間Ⅰ式前半期の松坂市草山遺跡を例に、墳丘規模からA型に対するB型の階層的優位性も主張するが規模の大きなA型もあり明確ではない。そもそも草山遺跡じたいが単発集落である点も問題であり、現状では伊勢湾沿岸地域においてB１・B２・B３型はもとより、その規模が集落や地域の動態のなかで明確な階層（階級）差として証明されているとは言い難いのである。

また、前方後方形B３型やC型が濃尾平野で誕生したとの主張じたいにも慎重にならざるを得ないし、それが伊勢湾地域を震源として拡散したとしても、狗奴国＝濃尾平野の強大化による結合体への成長（狗奴国連合論）＊40を説くには、少なくとも廻間Ⅱ式段階までのB型前方後方墳が濃尾平野に集中する必要がある。しかしこの段階では唯一最大の西上免古墳（40ｍ）すら、近江・小松古墳（60ｍ）、信濃・弘法山古墳（63ｍ）、備前・七ッ𡉕《ぐろ》古墳（45ｍ）などにおよばずB型の座を明け渡している。また、現状ではA型すら他地域に卓越する気配はない。さらにいえば、この段階の前方後方墳の規模差からは前方後円墳ほどの極端な階層の重層性も認めがたい。こうしたことから前方後方墳が前方後円墳体制といわれるような政治性に対峙する中央—地方の関係を反映していないことは明らかであろう（図8）。

私は、廻間Ⅲ期以降の大形前方後方墳を「伝統的な前方後方墳造営地域に出自をおく人々が、前方後円墳体制への組み込みにおける矛盾の中で生み出した形態」とする赤塚の認識は、そもそも前方後方墳（前方後方形墳丘墓B3型およびC型を指す）すべてについて言えることであろうと思っている。廻間遺跡SZ01墳丘墓や滋賀県能登川町神郷亀塚古墳などの築造年代が問題となるが、各地の纒向型前方後円墳比率の前方後方墳の存在やその年代から考えて、前方後方墳は前方後円墳との関わりにおいて出現しえたと見るべきであろう。

第一次拡散が卑弥呼政権との抗争が生んだ大量難民の排出に起因したものかはわからない。しかし、廻間Ⅱ式当初からの第一次拡散は幡豆《はず》から海上の東海道に限定されるものではないにも関わらず、しかし東山道や北陸道あるいは西方での前方後方墳は廻間Ⅱ式後半以降であり、二者の間には多少の齟齬が歴然と存在する。つまり「緊張感」「抗争」というも、ヤマト王権の成立と前方後円墳の誕生は同次元ではないことも考えられる。

つまり、ヤマト王権の成立を契機に、その東縁に接する近江北半部、伊勢・志摩の緊張感が独自性の高いS字状口縁0類甕や近江・伊勢湾型手焙形土器・銅鐸形銅製品そして前方後方形B1・B型を生み、やや遅れて誕生した前方後円墳の祭式や思想に触発されて前方後方墳が確立され、集約地であった濃尾平野から各地に発信された可能性が高い。とすると二次にわたる拡散の意図や背景

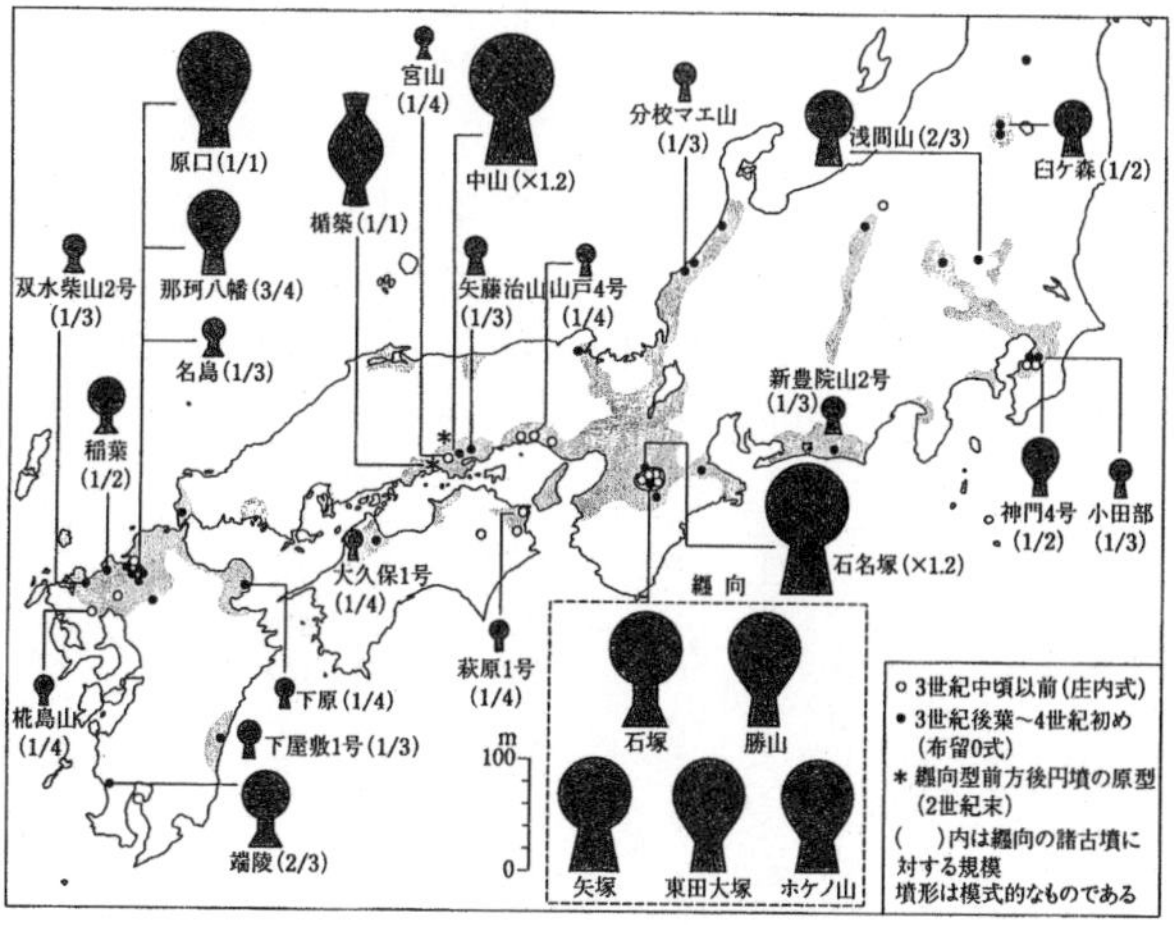

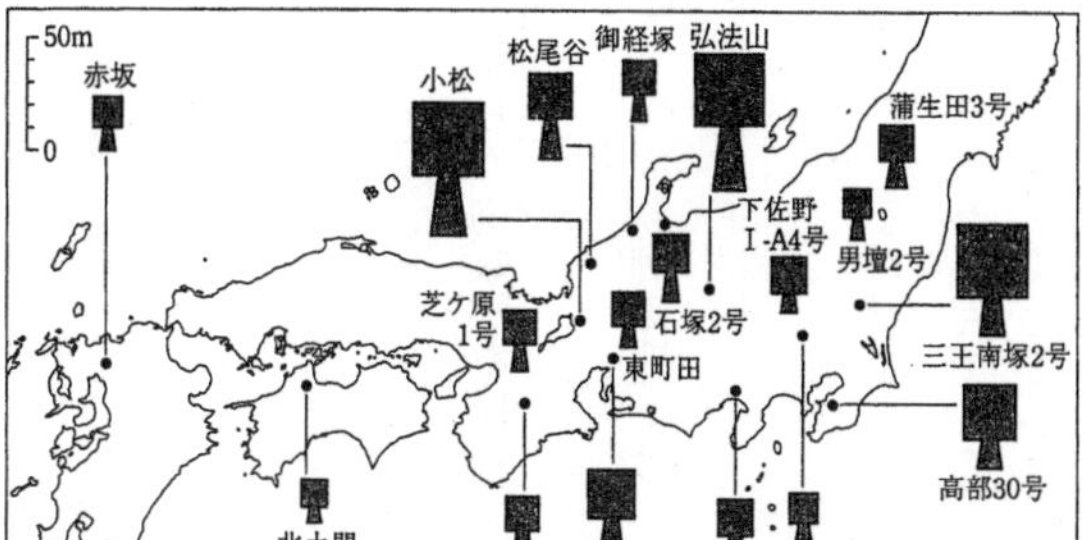

初期の前方後方墳の分布　各地の３世紀後半代の前方後方墳の最大のものを比べてみると、東日本に大形のものが多いことはわかる。しかしヤマトの纒向を頂点として各地に分布した纒向型前方後円墳のような政治的な関係は、ここではみることができない

図８　初期の前方後円墳と纒向型前方後円墳の分布（寺沢2000に拠る）

にも別の解釈が必要かもしれない。後者が文献に見える２４７年頃の卑弥呼死後の狗奴国との抗争を反映しているのであれば、前者は例えば、新生なった卑弥呼の倭国王権に対抗するための狗奴国側の交易・経済施策による版図拡大を目論んだ包囲網と考えることも一考と思うのである。

（２）滋賀県小篠原大岩山遺跡の評価

一方、伊勢湾沿岸地域ないしは濃尾平野＝狗奴国論では、邪馬台国vs狗奴国が、考古学上の近畿式銅鐸の分布範囲と三遠式銅鐸の分布範囲に置き換えて議論されることも少なくない。もちろん、銅鐸という弥生時代特有の青銅製祭器の共通項を重視して狗奴国を銅鐸を欠落させる天竜川以東に求める説も注目に値する*41。

しかし、ことはそう単純ではない。破片資料を除く確実な例で追えば、近畿式銅鐸は西は丹後・播磨と土佐、東は越前、遠江西部、三遠式は西は丹後から東は信濃中部・遠江西部。ともに東は天竜川を大きく越えることがなく分布上は共存するかに見えるが、地域によっては牽制しあう関係である。つまり三遠式は畿内には一切入り込まないのに対して、近畿式は伊勢湾沿岸地域、とりわけ濃尾平野にはほとんど進入せずに、遠江西部には数的に入り込んでいる。渥美半島での出土例を見れば、それが濃尾平野を避けて幡豆《はず》の海上ルートでもたらされたことは間違いない。こう考えると幡豆の海上ルートは廻間Ⅱ式の伊勢湾系文物の拡散に限らず、すでに王権誕生前の後期後半段階で畿内系文物の移動にも大きな役割を果たしていたことになる。一方、近畿式と三遠式の分布境界である丹後、近江、三河の渥美半島や浜名湖北岸の旧奥東海道（姫街道）沿いではその混在が明らかであり、舞鶴市匂ヶ崎遺跡、細江町滝峰七曲り遺跡では共伴埋納すらみられる。そして、今一つの境界地点が計24口もの多数共伴埋納を行った近江の野洲町小篠原大岩山遺跡である（図9）。野洲川右岸に位置する大岩山付近（安河）は、濃尾地域の西の関門不破関に対する畿内の北の関門逢坂山をやや近江に入り伊勢湾岸からは鈴鹿越えのルートと交わる位置にあたる。近江の湖東・湖南地域が独自の社会と文化を形成していたことはこの点からしても明らかだが、中期後葉以降の日野川以南の湖南地域は一層近畿色を強めていった＊[42]。

　私は銅鐸の集中、大量埋納という事態が畿内中枢部の政治的意図によって執行されたと考える酒井龍一や春成秀爾説＊[43]とは異なり、当該地域の集団（各大共同体）が彼らの属する大地域（ここでは例えば畿内、近江盆地、濃尾平野レヴェル）の共同の政治的・社会的意志を反映しながらも、自らの緊張感と意志によって埋納を敢行したものと考えている。後期中頃以降の二様の銅鐸のマツリ圏にあたる近江の湖東・湖南のクニグニは、あるクニは近畿式の、そしてある時は三遠式のマツリに加担していた。ヤマト王権成立直後のある時点でこの新しい倭国に参画し、それまでの青銅のカミを一掃すると同時に狗奴国世界に向けての境界呪詛を行ったのではないかというのが私のストーリーであるが、大岩山以北の近江盆地の他所に突線鈕式銅鐸が一切出土しないことや近江の象徴的存在である神奈備の三上山麓下の埋納という点を重視すれば、逆に王権誕生という事態に間髪を入れずに近江勢力が独自に採った極めて一刻の対抗策であったことも選択肢に入れるべきかもしれな

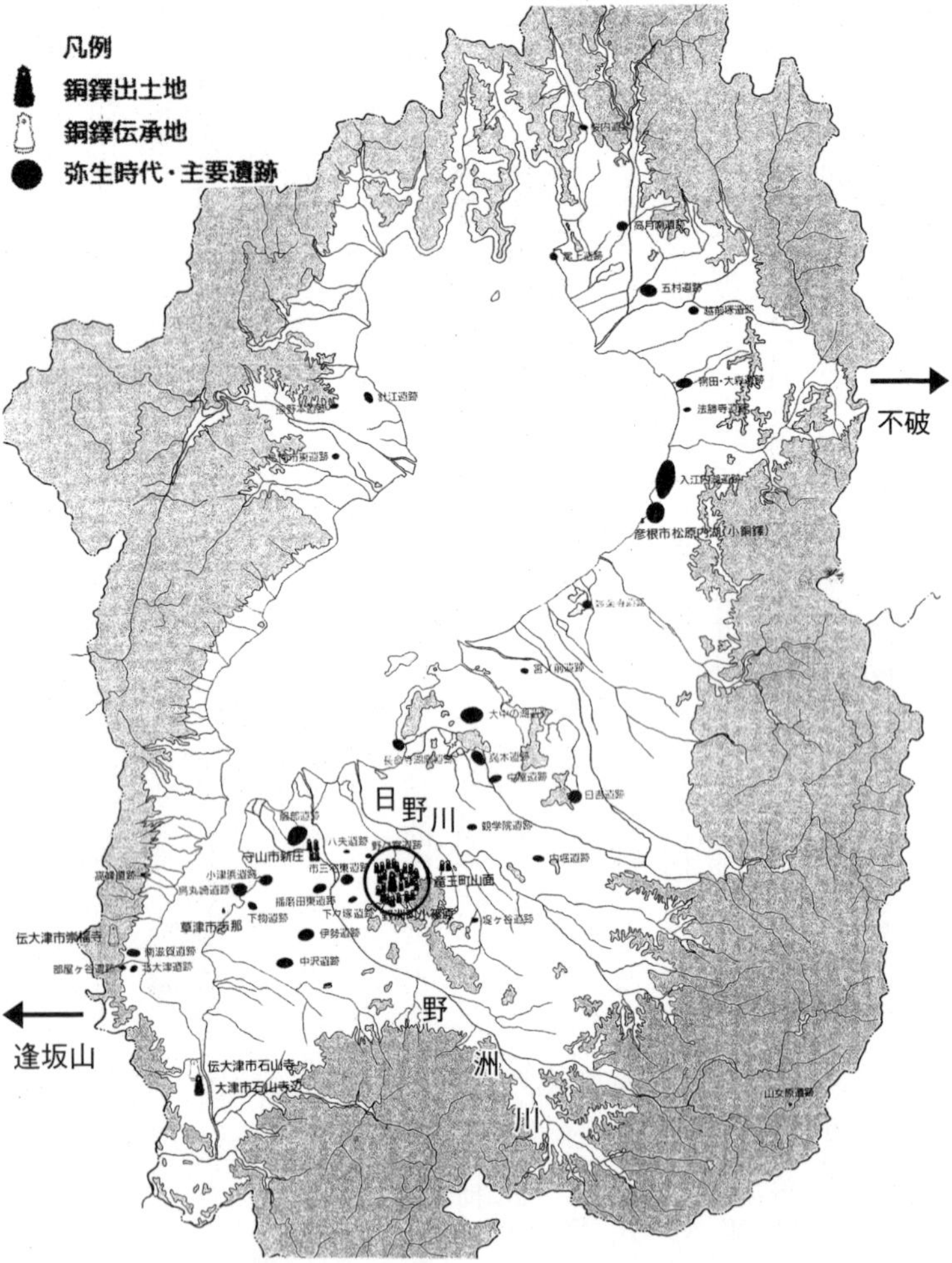

図９　大岩山遺跡の位置（丸印）と近江の弥生遺跡

い。いずれにせよ、列島最大・最新の高さ134・7㎝の近畿Ⅴ式銅鐸が含まれていることが古墳時代初頭に下るであろう事件の背景を物語っているように思う。

(3)「狗奴」国論への憧憬と射程

以上みてきたことから、たとえ廻間Ⅱ式以降に広く東方世界へと波及する土器様式、青銅器、「前方後方」墳の震源になろうとも濃尾平野あるいはその一部を政治的な盟主とするような「狗奴国」なる政体、ましてやそれを越えたる「狗奴国連合」といった政治権力の実体は想定し難い。つまり、三世紀初めに誕生した卑弥呼の新生倭国(=ヤマト王権)に対峙する政治権力として描かれた文献上の「狗奴国」が、特定地域の部族的国家ないしはその政治的連合の体を成した実体であったかは未だ十分な根拠が得られたとは言い難いのである。

しかし、女王卑弥呼を推戴する新生倭国の権力中枢がヤマトの纒向遺跡にありそれが「邪馬台国」の領域に位置するのであれば、濃尾平野を中心に複数並列したであろう部族的国家群こそがこの新しい王権と対峙する勢力としては現実的な候補であることもまた否定し難いであろう。とすれば陳寿が認識し描く「狗奴国」とは、伊勢湾沿岸地域の部族的国家群(クニ・国)を含みつつも王権に与しない広く東方地域を想定すべきであろう*44。

私はそれが「赤い土器」文化圏とでもいうべき東方の大様式を越えた赤彩加飾のデザインを共有した領域を形成していたことに注目している。そうしたデザインやアイテムの共有観念は単なる流行や趣味の範疇ではあるまい。とはいえ強い政治的・階級的背景や祭祀的規範も考え難い。私には、急速な政治的緊張や社会情勢の変化（例えば被害者意識が生んだ一体感など）から生じた、異質・遺業ものに対する対抗と団結……そうした意識を共有して芽生えた共同幻想が生んだ心的現象に思えてならない＊45。

【註】

1　以下の論述は、石黒立人「朝日遺跡の変遷過程を描くにあたっての二、三の問題」『年報 平成7年度』（財）愛知県埋蔵文化財センター1999の理解を中心にすえて解釈する。

2　このように考えると前期後半（Ⅰ―3・4期）には南環濠は内郭・外郭構造が成立していた可能性も考慮すべきであり、註7文献では環濠集落としている。

3　石黒立人・宮腰健司編『朝日遺跡Ⅴ』（愛知県埋蔵文化財センター調査報告書第34集）1994

4　石黒はこれも「類居館」とする（註3文献）。

5　石黒立人「朝日遺跡のイメージ」『朝日遺跡Ⅴ』所収1994

6　銅鐸の埋納時期については正式報告書（『朝日遺跡Ⅴ』）では山中Ⅰ式末頃に想定されているようである。しかし、かつての環濠や方形周溝墓の埋没との層位的関係が客観的に否定されない限り、説得力がない。

7　野澤則幸・伊藤正人・村木誠『埋蔵文化財調査報告書54朝日遺跡（第13・14・15次）』名古屋市教育委員会2006

8　鶏冠井遺跡鋳型については、報告書（山中章「鶏冠井遺跡第2次発掘調査報告」『向日市埋蔵文化財調査報告書』第10集

1983）でも、その後の私の懸念を受けての反論（國下多美樹「鶏冠井銅鐸鋳型の評価をめぐって」（上）（下）『古代文化』第46巻第7・8号1994）でも前期に遡る可能性を含めての中期初頭（畿内第Ⅱ様式）とされるが、私的には未だ承服できない。

9 石黒立人・野口哲也「朝日遺跡出土の金属器鋳造関連遺物について」『年報 平成4年度』（財）愛知県埋蔵文化財センター1993、吉田広「朝日遺跡の青銅器生産―青銅器生産の東方展開に占める位置―」『朝日遺跡』Ⅳ（愛知県埋蔵文化財センター調査報告書第83集）2001

10 赤塚次郎「東海の青銅器覚書」『考古学フォーラム』15 2002

11 報告書では一辺30ｍ以上を超Aランク、18ｍ以上をAランク、12～16ｍ以上をBランク、12ｍ以下をCランクとする。超Aランクは私のいう巨大墳丘墓、Aランクは大形（墳丘）墓に相当する。

12 樋上昇編『一色青海遺跡Ⅱ』（愛知県埋蔵文化財センター調査報告書第147集）2008

13 洲嵜和宏編『猫島遺跡』（愛知県埋蔵文化財センター調査報告書第107集）2003

14 これらの拠点集落は中期後半段階の地域社会構造からみれば、朝日、勝川は「春部」、八王子、猫島は「中嶋」、一色海は「海部」の大共同体に属する。まえの樋上昇や藤田三郎（「奈良盆地における弥生遺跡の実態」『考古学に学ぶ』同志社大学考古学シリーズⅦ 1999）は拠点―一般の二層構造を廃して、朝日（A）―勝川・一色青海など（B）―一般（C）の三層構造を提案するが、私は小共同体（基礎地域）での基本は二層構造であり、それが大共同体（クニ）、大共同体群（国）、「国」連合体と重層化していく過程で、この拠点集落じたいに経済的、宗教的、政治的格差が生じるものと捉えている。

15 赤塚次郎・服部信博編『川原遺跡』（愛知県埋蔵文化財センター調査報告書第91集）2001

16 大参義一「瑞龍寺山周辺の遺跡」『岐阜市史』（資料編）1979

17 赤塚次郎「瑞龍寺山山頂墳と山中式」『弥生文化博物館研究報告』第1集 1992

18 長野県埋蔵文化財センター『北信濃 柳沢遺跡の銅戈・銅鐸』信濃毎日新聞社 2008

19　赤塚次郎「山中式という名のデザイン」『考古学フォーラム』3　1993
20　寺沢薫「古墳時代開始期の暦年代と伝世鏡論（上・下）」『古代学研究』第169・170号　2005
21　西田大輔編『夜臼三代地区遺跡群』（新宮町埋蔵文化財調査報告書第6集）1993
22　赤塚次郎「東日本としての青銅器生産」『伊勢湾岸における弥生時代後期を巡る諸問題―山中式の成立と解体』（第11回東海考古学フォーラム三重大会実行委員会）2004a、「東日本からの青銅器論」『考古学フォーラム』16　2004b
23　石黒立人「弥生集落史の地平　その2―凹線紋系土器期以前の弥生中期―」『研究紀要』第5号（財）愛知県埋蔵文化財センター　2004
24　森勇一「生物群集から見た朝日遺跡の変遷―都市型生物群集の出現から消滅まで―」『朝日遺跡』Ⅴ（愛知県埋蔵文化財センター調査報告書第34集）1994
25　寺沢薫「弥生都市はあったか」『一支国探訪』長崎県教育委員会　2001
26　赤塚次郎「東海」『ムラと地域社会の変貌―弥生から古墳へ―』第37回埋蔵文化財研究集会　1995
27　樋上昇編『八王子遺跡』（愛知県埋蔵文化財センター調査報告書第92集）2001
28　寺沢薫「首長居館論追補―八王子遺跡の古墳時代前期初頭遺構に寄せて―」（『八王子遺跡』所収　2001）
29　以下、首長居館の類型とその首長権力の大きさ（階級的隔絶性）については、寺沢薫「古墳時代の首長居館―階級と権力行使の場としての居館―」『古代学研究』第141号　1998に拠る。
30　こうした首長居館の規模に見合わない祭祀空間規模を持つ遺跡は、現状では八王子遺跡とならんで滋賀県守山市下長遺跡が古く、以降、長野市石川条里遺跡、群馬県新田町中溝・深町遺跡など東日本に卓越する点も注目したい。
31　鈴木敏弘編『梶子遺跡』Ⅹ（財）浜松市文化協会
32　さらに北側砂堆での広大な中期の方形周溝墓群（梶子遺跡・中村遺跡）の検出状況から、中期環濠集落の巨大さも推し量ることができる。
33　かつて私は伊場遺跡の首長居館を梶子環濠集落から飛び出したばかりの微妙な存在と位置づけた（「集落から都市へ」『古

代国家はこうして生まれた』角川書店 1998）が、時期的には確実に併存することを鈴木氏の分析から教示された。
34 赤塚次郎「山中式土器について」『山中遺跡』（愛知県埋蔵文化財センター調査報告書第40集）1992
35 赤塚次郎「三世紀への加重─古墳時代初頭の様式変動と共鳴─」『考古学フォーラム』11 1999
36 赤塚次郎「山中式という名のデザイン」『考古学フォーラム』3 1993
37 南海道ルートの存在は畿内弥生系叩き甕のまとまった出土からも想定しうる。例えば、南四国のヒビノキⅠ・Ⅱ式土器や南海道沿いの甕はこの系譜上にある平底叩き甕（赤塚は土佐型甕と呼ぶが、土佐型とは中期までに特有な型式を指す）と考えることもでき様式構成も類似する。東方では東海道海上ルートとして東三河の平底叩き甕（伊保型）などが注意に値する。こうしたルートは東方では明らかに伊勢湾系土器が先行するが、南海ルートの開拓は近畿南・西部の紀淡・播磨などの海民との関係が注意されるべきであろう。また、北部九州に広く分布する西新式の叩き甕や大分県日田市小迫辻原遺跡、熊本県山鹿市方保田東原遺跡、熊本市神水遺跡などにまとまってみられる平底叩き甕なども布留0式以降の波及とはいえ、その流入母体は畿内（大和）や筑前との単純な関係とは言いきれないものがある。
38 赤塚次郎「東海系のトレース」『古代文化』第44巻6号 1992
39 石占横立「連載2 狗奴国物語」『考古学フォーラム』6 1995
40 白石太一郎『古墳とヤマト政権─古代国家はいかに形成されたか─』文春新書 1999
41 山尾幸久『日本古代王権形成史論』岩波書店 1983、ここで山尾は『先代旧事本紀』の「天孫本紀」の久努（奴）直氏や「国造本紀」の久努国造氏は『和名抄』の山名郡久努郷にちなむが、『紀』天武紀に見える久努臣は有度郡久能が本拠と考えられることから遠江東部から駿河西部地域を想定し、文献上と考古学上の整合性を主張する。
42 野洲市教育委員会杉本源造氏、守山市埋蔵文化財センター伴野幸一氏の教示。
43 酒井龍一「銅鐸・その内なるオブジェ」『摂河泉文化資料』第10号 1978、春成秀爾「銅鐸の時代」『国立歴史民俗博物館研究報告』第1集 1982
44 寺沢薫『王権誕生』（日本の歴史第02巻）講談社 2000

45 遠賀川文化の東進問題以来、伊勢湾沿岸地域が常にこうした二つの対峙する文化や社会情勢の接点に立たされたことは故なきことではない。

また、弥生時代後期後半から古墳時代前期初頭の2世紀後半から3世紀中頃にかけて、赤彩加飾を強調する土器様式として今一つ、かつてのイト「倭国」勢力に接する外部であった中九州の免田式の存在がある。私は、九州南部も陳寿にとっては新しい倭国王権に与しない地域勢力＝「狗奴国」として同時に認識されていたのではないかと秘かに思っている。

本居宣長と東海

和田　萃

本居宣長の生涯（享保一五年～享和元年。一七三〇～一八〇一）と学問は、私見によれば次のⅠ期～Ⅳ期に分けられる。それぞれの時期について、注目されることを簡略に述べ、第Ⅳ期では、東海地域との関わりに主眼を置いて述べることにしたい。

Ⅰ期（誕生から上京まで。一七三〇～一七五一）

伊勢・松坂で、小津定利《おづさだとし》（一六九六～一七四〇）と勝（村田孫兵衛豊商の四女）との間に生まれた宣長（幼名は小津富之助。資料①）は、大和の吉野水分《みくまり》神社（子守明神）の申し子であった。八

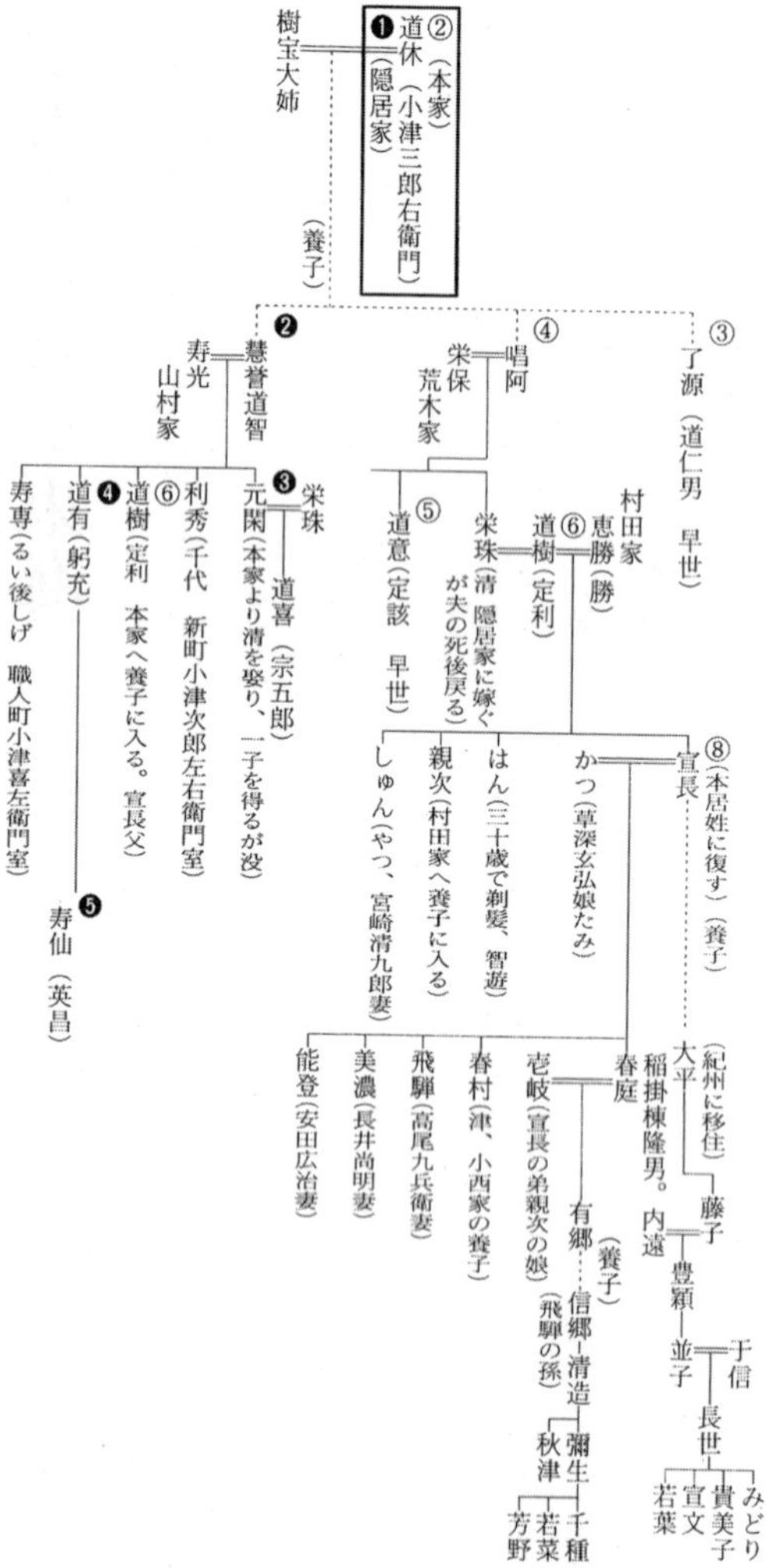

資料①「本居家略系図」
本居宣長記念館編『本居宣長事典』東京堂出版、2001年。

歳の頃から手習いを始め、十一歳で『江戸往来』や『四書』を学ぶ。この間、元文五年（一七四〇）に父の定利は江戸店《だな》で没し、定利の養子であった定治《さだはる》（一七一二〜一七五一。宣長の義兄。宗五郎とも称す）が家督を継いだ。

延享元年（一七四四）九月、近くの樹敬寺《じゅきょうじ》で聞いた赤穂義士の話を諳んじて『赤穂義士伝』を書き表し、人々を驚かせた。また中国の王朝・皇帝の推移をまとめた『神器《しんき》伝授図』（資料②）を成稿している。極細の字で書いたもので、中国史書の抜き書きと系図は約一〇メートルにも及ぶ。宣長の研究方法がすでに端的に現れている。その早熟さと共に、史料を丹念に読んで抜き書きする持続力、史料を図化する特異な才能に驚かされる。すでに後年の、学問に対する姿勢が芽生えていると言えよう。

同年四月に宣長は江戸に下向し、義兄の店に寄宿して手伝うが、商いには全く不向きであった。延享三年（一七四六）四月に江戸より帰着し、『都考抜書《とこうばっしょ》』を起草した。古今の書から、京（以下、京都）に関するあらゆる事項を抜き書きしたもので、京都遊学前年の宝暦元年（一七五一）に完成した。京都に対する宣長の憧憬を遺憾なく示すとともに、その読書量と読書範囲の広さに驚かされる。

そうした背景を考えると、父方の小津家（宣長の家は分家筋にあたる）は松坂の有力商人であったが、母方の村田家は小津家を凌ぐ松坂有数の有力商人であり、一族には学問好きの人々が多く、数多くの書籍を所蔵していたことがあげられる。母の勝の実兄、察然和尚は増上寺真乗院主を務め

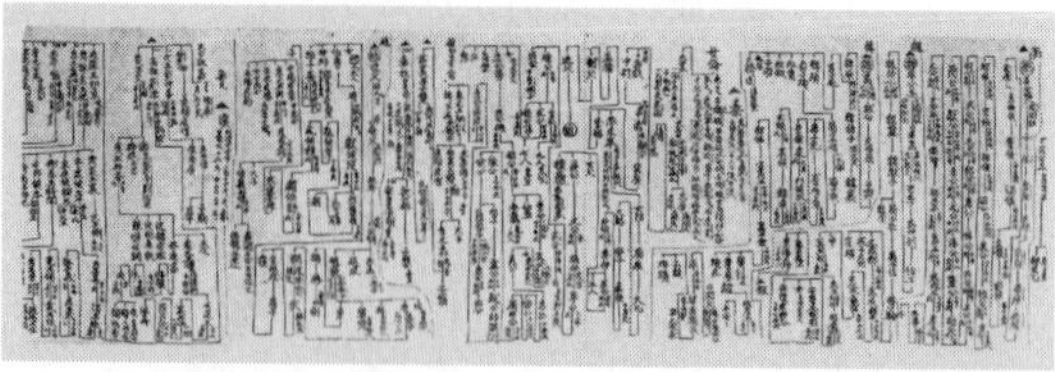

資料②「神器伝授図」『二一世紀の本居宣長』朝日新聞社、2004年

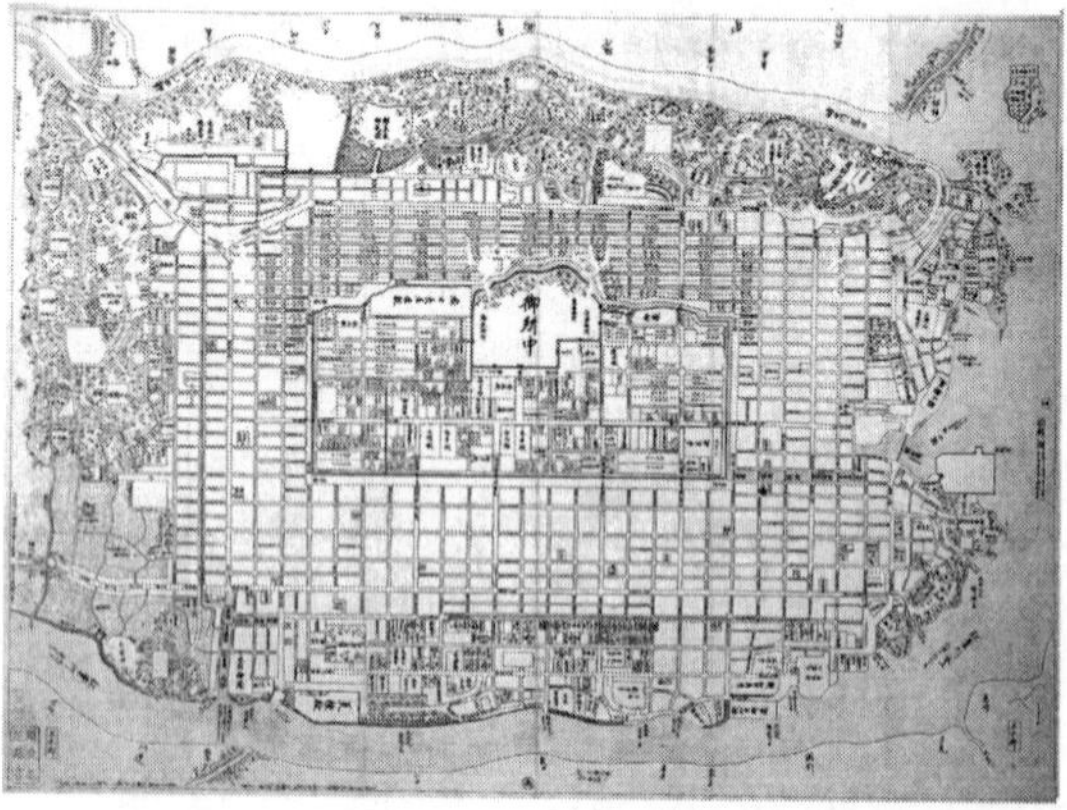

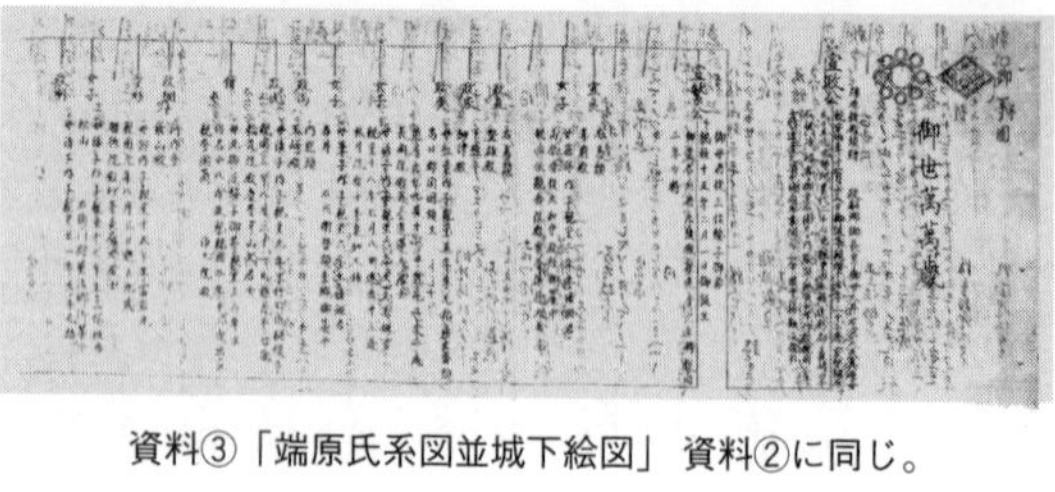

資料③「端原氏系図並城下絵図」 資料②に同じ。

た高僧で、宣長にも影響を与えている。

寛延元年（一七四八）十一月、宣長は伊勢山田の紙商今井田家の養子となった。ここでも全く商いに不向きであり、同三年十二月には今井田家を離縁、松坂へ帰った。宝暦元年二月に義兄の定治が江戸で没したため、宣長は江戸に下向し、家財整理をし、七月に家督を相続した。母の勝は宣長が商人に不向きであることから、医師となることを勧め、残された金子を預けて運用、その利子で宣長を京に遊学させた。

Ⅱ期（京都遊学期。一七五二年～一七五七年）

宝暦二年（一七五二）三月に宣長は上京、儒学者として著聞する堀景山（一六八八～一七五七）に入門、同家に下宿した（京都市下京区綾小路室町の西町南方）。また翌宝暦三年七月には、景山の同族である医学者の堀元厚《げんこう》（一六八六～一七五四）に入門し、医学をも学ぶようになった。宝暦四年一月に元厚が亡くなったため、景山塾で宣長と同門である小児科医の武川幸順に入門し、十月からは幸順宅（京都室町四条の南）に寄宿するようになった。宝暦七年（一七五七）九月に師の堀景山が没したため、宣長は同年十月に松坂に帰り、医者を開業した。

宣長の遊学期の日記『在京日記』（1）は、宝暦二年三月五日から同五年十二月四日までは簡略な漢文で記され（資料④）、同六年正月元日から松坂に帰着した同七年十月六日までは、和文で日々の出来事や感懐を克明に記しており（資料⑤）、まことに興味深い。

堀景山の塾では儒学と漢学を学んでいる。例えば宝暦二年には、易経・詩経・書経・禮記などを素読し、史記・晋書の会読を行ない、景山からは左伝の講釈を聞いている。会読は塾生たちが定められた日に集まり、資料を読み討論するもので、史記の式日（定められた日）は二・七のつく日、晋書のそれは四・九のつく日であった。まことによく学んでいる。本居宣長は後に国学者として普く知られるようになるが、青年期には儒学や漢学を広く深く学んでいたことが注目される。

武川幸順の塾では、式日を二・七・四・九の夜と定めて、李時珍の『本草綱目』の会読を行なっている。幸順宅に寄宿するようになっても、宣長は「屈先生」（堀景山。「堀」を省画して「屈」とした）の許に通って学んでいるから、宣長の勤勉ぶりに驚かされる。『在京日記』を読むと、宣長は景山の学問と人格に深く傾倒していた様子がうかがえる。

その一方で遊学時代の宣長は青春を謳歌していた。意外なことに煙草を嗜み、また大酒飲みで、度々失敗している。また花見が大好きで京の各地を訪ね、相撲見物も大好きであった。散財が過ぎ、何度も松坂の母に無心しており、勝が宣長を諫めた書状が残されている。そうした宣長の姿は、後年、医師として家族を支え、また勤勉な学者として活躍した宣長像とはかなり異なる。人間臭さに溢れており、身近な人に感じられる。

Ⅲ期（医師開業から『古事記伝』巻二（版本巻三）の草稿脱稿まで。一七五七年〜一七六七年）

松坂で医師を開業するかたわら、『源氏物語』や『伊勢物語』などの古典講釈を開始し（以後、四十年間続く)、『古事記』研究を本格的に開始した時期である。この間にあって、宝暦十二年(一七六二)正月十七日に、堀景山塾で宣長と同門であった草深玄弘(後に藤堂家侍医。一七三五~一七九六)の妹、多美(結婚後は勝と名を改めた)を娶り、一家を構えている。

この時期でとりわけ注目されるのは、宝暦十三年(一七六三)五月二十五日に、松坂の新上屋《しんじょうや》(松阪市日野町に所在した旅宿)で賀茂真淵と対面し(松坂の一夜)、それが契機となって真淵に入門したことである。宣長は松坂へ帰郷し医者を開業した頃、真淵の『冠辞考』(枕詞の研究書。宝暦七年の刊行)を読み、その学問に深く傾倒するようになっていた。宣長三十四歳、真淵六十歳の折のこと。大和・吉野への旅の帰途、伊勢神宮に参拝した真淵は新上屋に泊まったのである。

その後、二人は会うことはなかったが、宣長は書状「万葉集問目」を真淵の許に送り、指導を仰いだ。そして翌明和元年(一七六四)一月に真淵に入門、以後、相互に書簡を交わし、真淵の没する明和六年正月まで続いた。真淵に入門した前後から、宣長は『古事記』研究に本格的に着手するようになる。なお真淵は「県居《あがたい》・県主」と称したことから、その門人を「県居門」と称する。

Ⅳ期(『古事記伝』の完成とその死まで。一七六七~一八〇一)

宣長の著作とその刊行年は、資料⑥にみえる通りであるが、死後刊行のものを除けば、全てこの時期に集中している。門人の増加と相まって(資料⑦)、門人指導に精力的であり、その方法にも宣長独自の工夫が行なわれている(資料⑧)。地元の松坂や伊勢に門人の多いことは勿論のことであるが、それに次いで名古屋を中心とした尾張や、東海に多いことが注目される（資料⑨）。また浜松出身の真淵の門人には東海地方の人々が多かったが、真淵の没後、その有力な門人で宣長の門人（鈴屋派）あるいは知己となった者に、内山真龍・石塚龍麿・田中道麿・栗田土満《ひじまろ》らがいる。

宣長はまた、門人増加や自説の普及のために、当時としては例を見ないほど出版活動に熱心であった。またこの時期には、京・大坂・江戸に次いで、尾張でも出版事業が盛大になったことと呼応している。

【註】（1）『本居宣長全集』第一六巻に所収。筑摩書房、一九七四年。

資料⑨　宣長の子ども・門人　資料①に同じ。

在京日記 一

本居榮貞

壬申
〇寶暦二年三月五日、曙、松坂ヲ出ル、同日坂下泊、酒屋ニ宿ル
同六日、草津泊、藤屋宿ル
同七日、九ッ時入レ京、柳馬場三條北町木地屋店ニ著、暫-日此所ニ止宿、此節清兵衛殿上京逗留ニテ對談、伊兵衛殿在京、對談
同十三日、清兵衛殿勢州下向
同十六日、先生ノ許ニ行テ始テ謁ス、酒汲(吸)物出ル、藤-重藤-俊-老同道、先生ハ堀禎-助、號二景山先生一、綾小路室町西町南-方ニ住ス、同時、同子息禎-治殿ニモ始テ對面、今度上京已後、予閣二小津家名一而用二本居舊號一矣
同十九日、移二居先生許一
同廿一日、始素二讀易-經一
四月二日、易終焉、同日、讀二始詩經一
同廿八日、詩經讀畢
五月朔日、讀二始書經一、同日、史記會讀【式日、二七】
五日、行見二藤森祭一
六日、從二先生一詣二鞍馬山一、因參二貴布禰社一

資料④『在京日記』（宝暦2年）註（1）に同じ。

七日、史記會
八日、見二能於竹内一
九日、晉書會讀、【式日、四九】同日、書經上卷讀了
十一日、禮記讀始焉
十三日、史記會
十四日、晉書會
十七日、史記會、予依二不快一而不レ出
十九日、晉書會、予不レ出、今日疾氣漸快、然未二全愈一
廿三日、史記會
廿四日、晉書會
廿五日、*新尹酒井讚岐守殿入洛、【元大坂御城代、今度所司代】今日、*蘭澤先生左傳講釋始
六月二日、史記會
四日、晉書會、同日、禮記一册畢
五日、左傳講釋
七日、於二四條境町東一觀二祇園會山鉾一、　林丘寺宮【靈元院皇女】薨御、因レ是八九兩日愼、音曲之停止
九日、晉書會
十日、夜遊二于四條河原一、納涼之諸子續レ踵、燈燭映レ水戲鼓響レ空、天下無雙之美觀也
十二日、史記會
十四日、觀二祇園會於三條萬里小路東一矣、同夜游二于四條河原一
十五日、左傳講釋
十七日、史記會
十九日、晉書會
廿日、左傳講說
廿二日、史記會
廿五日、晉書會
廿七日、史記會
廿九日、晉書會
晦日、詩會、戒題*烏夜啼、於二高臺寺前大坂屋亭一、當座探二得*山居題一賦レ之

二十二日、荀子會讀始、與二鹽野元立、田中允齋、上柳藤五郎、清水吉太郎一會レ之、此後以二二七一爲二定日一

廿三日、景山先生、*武先生父子に供なひて、高臺寺の春光院にて花見侍りける、此寺の天神のかたはらなる櫻は、いとうるはしき花にて、いたうもてはやし侍るか、けふはすこしうつろひかたに見えける、きのふもまいりて見けるが、まさかりと見えしあたら花を、よへ雨いたくふりて、またきにうつろひかたになりし、されともなを一木二木はさかりなるもありて、またいつれも、ひたふるにちるとはなし、大かたたくひなくめてたき花にてそ有ける、雙林寺へまかりて見けるに、神明の社のまへなる花は、今を盛に見えける、これはた世にしらすうるはしき花也、例も見侍れと、日數の折によるか、ことしはわきてうるはしく見えて、目もあや也、此花は、高臺寺の花より若木にて、花の色も、一入うるはしく見ゆ、けふは雨の名殘にて、日はよけれと風いとはけし、景山公のよみ給へる

　春風にあらそひかねて山さくらちらぬ花さへしつ心なき

やつかれもよめる

　咲花に風も心やとまるらんさはく梢のちるとしもなき

此外、景山先生も歌多くよみ給へる、いとおもしろきこと共なりし、此寺に、西行法師、平康頼入道性照法師、頓阿法師、三人の墓の侍るか、何れも石塔ふるく見えて、いとしゆせうなるもの也、三ッならひて立る中に、頓公の墓はあたらしく見えて、さもなし、今二ッはいとこたいなり、春光院にて、ひねもす物くひ酒のみなとして花みける、夕つかた山へのほりて、木の下にて又酒のみなとしてくれぬ

　夕はへやあかすなかめてちる迄の花にはくれぬ春日ともかな

花の陰、いと立うくてそ歸りける

廿七日のよ、上月氏にて、*安村検校の箏、*藤村検校の三味線きゝ侍る、いとめてたき物也、安村は、今の世にならひなきことの上手也、藤村の三味線もまた、今の世に而の上手也ける、いつれも〳〵いとおもしろきことなりし

資料⑤　『在京日記』（宝歴6年）

廿九日、この月は小にて、一日はやく春もくれ侍る、過し比、祇園のあたりにて、たはこ入をおとし侍るか、いつこにてうしなひしもしらねは、たつぬへきやうもなし、其まゝにて過ぬる、けふふしきに、孟明のもとより、道にてひろひ侍るとてかへしをくられし、これほと世にかはりし事はなし、あまりのふしきさに、ふと思ひよりて、返事にかきつけてやり侍るは

つれなくて春はくれ行けふしもあれうれしくかへるたはこいれかな

◇**『草庵集玉箒《ソウアンシュウタマハハキ》』**　五冊。頓阿『草庵集』注釈書。一七六七、六八年頃脱稿。一七六八年（続・一七八六年）刊行。

◇**『源氏物語玉《ゲンジモノガタリタマ》の小櫛《オグシ》』**　九冊。一七九六年成稿、一七九九年刊行。☆『源氏物語玉の小櫛』

◇**『万葉集玉《マンヨウシュウタマ》の小琴《オゴト》』**　二冊。一七七九年成稿。別巻は一七九四以前の成立。一八三八年刊行。

◇**『字音仮字用格《ジオンカナヅカイ》』**　一冊。一七七五年頃脱稿。一七七六年刊行。☆『字音仮字用格』、「田中道麿像」。

◇**『玉《タマ》くしげ』**　二冊。藩政改革論。一七八七年、『玉くしげ別巻』を添え紀州藩主・徳川治貞に奉る。『玉くしげ別巻』は、『玉くしげ』と改称し一七八九年刊。本巻は『秘本玉くしげ』の書名で一八五一年刊行。木活字版。

◇**『玉鉾百首《タマボコヒャクシュ》』**　一冊。古典研究で明らかになった日本人の心を歌に詠む。一七八七年刊行。

◇**『馭戎慨言《ギョジュウガイゲン》』**　四冊。一七九六年刊行。日本外交史論。☆『馭戎慨言』

◇**『古事記伝《コジキデン》』**　四十四冊。『古事記』の注釈書。同書の持つ意義を明らかにし、特に読み方を重視する。一七九八年脱稿。一七九〇～一八二二年刊行。☆『古事記伝』

◇**『続紀歴朝詔詞解』**　六冊。『続日本紀』に載る宣命の注釈。一七九九年起稿。一八〇三年刊行。☆「賀茂真淵書簡（宣長宛）」

◇**『鈴屋集《スズノヤシュウ》』**　九冊。宣長の歌文集。巻七まで自選。一七九八～一八〇〇年刊。巻八・九没後刊行。

◇**『古今集遠鏡《コキンシュウトウカガミ》』**　六冊。横井千秋の依頼による『古今和歌集』の口語（当時の京都の言葉）訳。近代に至るまで口語訳の手本とされた。一七九七年刊行。

◇**『新古今集美濃《シンコキンシュウミノ》の家《イエ》づと』**　五冊。門人・大矢重門が美濃国に帰郷する「家づと」として書き与えた。『新古今和歌集』の名歌、難歌を選び大意を述べ批評する。厳密な学問に裏付けられた明瞭な解釈で、新古今風の特色を説く。

◇**『古今選《コキンセン》』**　一冊。『万葉集』『二十一代集』のアンソロジー。一七五八年編。一八〇八年刊。

◇**『玉勝間《タマガツマ》』**　十五冊（内一冊は目録）。随筆。一七九五～一八一二年刊行。

■**『葛花《クズバナ》』**　二冊。宣長の「道云事之論」を批判した、儒者・市川多門『末賀乃比礼』への反論。一七八〇年成立。一八〇三年、市岡猛彦により刊行。

資料⑥　本居宣長の著作目録。資料①に同じ。

授業門人姓名録　自筆本・追加本

櫛柄　理恵《リヱ》
○天明三年癸卯
石見濱田松平周防守殿家老子息　岡田權平次　源元善
同　同家中　三浦七左衛門　正道
同國三隅醫師　齋藤利三　藤原秀満
龜山　○樋口太郎兵衛　正之
〔石見三隅〕　密道
石見三隅　大橋伊兵衛　清常
同所　澄川十兵衛　信清
米原敬亭　充實因
同所醫師　中里友藏　常季
○天明四年甲辰
○竹内彦市　直道元之男
中村田龍
白塚晴兵衛
岡村儀八郎
○森義平後伊右衛門　光保

（自筆本—伊勢度會郡櫛柄　理恵《リヱ》アリ）
○天明三年癸卯
石見濱田松平周防守家老　岡田賴母　源元善（ヨシ）初稱權平次
同　同家中　三浦七右（左）エ門　正道
同國三隅醫師　◦齋藤利三　藤秀満
（伊勢鈴鹿郡）龜山　樋口太郎兵衛　正之改垂水　△
（同　松坂）　僧　〔蜜〕道（密）
石見三隅　大橋伊兵衛　清常
同　同所　澄川十兵衛　信清
同　同所醫師　古米原敬亭　充實因
（伊勢松坂）　中里友藏　常季
○天明四年甲辰
十一月（伊勢松坂）　◦◦竹内彦市　直道元之男
（同　同）　古中村田龍〈正敏〉
（自筆本—伊勢松坂　白塚晴兵衛アリ）
（自筆本—伊勢松坂　岡村儀八郎アリ）
（伊勢松坂）　◦森　伊右エ門　光保初稱義平
（同　同）　◦同　妻　琴　（自筆本—天明八年ノ條ニアリ）

資料⑦「授業門人姓名録」『本居宣長全集』第二十巻に所収。筑摩書房、1975年。

授業門人姓名錄　自筆本・追加本

一身田　西村喜三郎
同所　後藤一學　照廣改宗先
志摩堅神　森宗兵衛　祐秀
白子小笠原播磨守臣　觀音寺眞龍
同　○村田貫　文哉改並樹　改七郎左衛門
同　○一見元常　俊德改直樹
同　○坂倉大和守　菅生改茂樹
內宮　倉田太左衛門　實壽改實樹
參河吉田熊野社司　○菊谷兵部　末偶《スヱトモ》日新大內人　權禰宜荒木田神主
（天明七年ノ條ニ、尾張國海東郡木田村　大舘左市高門　去ル辰年ヨリトアリ）　鈴木土佐　穗積梁滿
○天明五年乙巳
尾張名古屋醫　堀田元進　紀世德
　○村上吉太郎改三助　榮亮改有行
　○服部織之助改義內　中庸
尾張公臣　○横井十郎左衛門　平千麻呂改千秋
大河內村　吉祥寺　映響
（鈴本―備中新見郷鼠山村　土岐周輔源建端ナシ）
遠江國城飼部平尾八幡社司　○栗田民部　土万侶

（自筆本―伊勢松坂　西村喜三郎アリ）
（伊勢奄藝郡）一身田家中　後藤一學　照廣改宗先
（同　同郡）同　森宗兵衛　祐秀
（自筆本―志摩堅神　觀音寺眞龍アリ）
（伊勢奄藝郡）白子小笠原播磨守殿家中　∘∘村田七郎左ヱ門　並樹〈初稱貫　次九兵衛　後一柳齋門　又村田觸守〉
七月廿二日（同　同郡）同栗間　∘一見元常　直樹
（同　同郡）同　∘∘古坂倉大和守　茂樹
（同　同郡）同　倉田太左ヱ門　實樹
（同　度會郡）宇治日新大內人　∘∘∘菊屋兵部　荒木田末耦　△
三河吉田熊野社司　∘∘鈴木土佐　穗積梁滿
尾張海東郡木田村　∘∘大舘左市　源高門　△
○天明五年乙巳
尾張名兒屋醫師　古堀田元進　紀世德「春入門」
（伊勢松坂）　∘∘村上三介　有行改調方〈後楓尖〉　△
（同　同）　∘∘服部義內　中庸源姓「號水月」
尾張名兒屋御家中　∘∘∘横井十郎左ヱ門　平千秋如千麻呂　後稱田守
（伊勢飯高郡）大河內村　吉祥寺　映響
（本居大平書入本―備中新見鄉鼠山村　土岐周輔源建進アリ）
遠江城飼部平尾八幡社司　∘∘∘栗田民部　土麻呂初稱求馬

文通諸子居住處幷轉達所姓名所書　一

○江戸ニ而伊勢飛脚宿　日本橋左內町　和泉屋甚兵衛
　同萬町　大坂屋茂兵衛
○尾州名古屋傳馬町四丁目　堀田半右衛門
○越後國高田下紺屋町　笹屋《倉石》宗左衛門
　右へ状出し所
　京東洞院御池下ル町　金津屋安兵衛
○山田一之木ニ而檜垣七ノ神主內　幸福お元
○江戸日本橋呉服町二丁目稲荷新道　久志本織部
○名古屋御園町通片端角庵原屋敷　新井宇兵衛在雄
○みの國大垣俵町　野口屋《大矢》仁左衛門
　右へ状出し所
　名古屋傳馬町桑名町角　萬屋清六
　又桑名惣門際　市岡儀左衛門方へ出ス
○名古屋櫻之町通七間町東へ入ル　大舘佐右衛門通所
○美濃高田　柏淵藤左衛門
　右へ状出し所　津芝原武二郎

　京柳馬場姉小路角　大津屋嘉兵衛《大垣飛脚也》
　京三條通麩屋町角　いせ屋十兵衛
○名古屋正萬寺町一丁目　小鹿周達　林杏介
○名古屋傳馬町通七間町西へ入ル　林良元妻とみ
○山田八日市場　幸福出雲家來　横橋紋右衛門《小左衛門イ》
　甲州便り所
○大坂長堀鰹座橋　倉橋屋新右衛門《兵衛イ》
　右海量便り所也、又京二條通寺町東へ入丁　夷屋巳之助
○大坂西横堀西國橋西角より三軒目　赤穂屋喜兵衛
　豫州松山西町　西村重左衛門便り所也
○攝州兵庫　泉宮內
　右へ状出し所
　大坂大川町肥後殿南詰　讃州屋宇之吉
　兵庫南仲町　和泉屋半兵衛迄
○京栂宮　橋本肥後守
　右出し所
　京猪熊通中立賣上ル東側　土山(安藝守)《讃岐守》
○甲州田中村　萩原德兵衛
　右出し所
　京室町通竹屋町上《下》ル所　越後屋喜右衛門

資料⑧「文通諸氏居場所並転送所姓名書」資料⑦に同じ。

■青柳種信《アオヤギタネノブ》　一七六六～一八三五。筑前国福岡。宣長門人。福岡藩士。古典、考古に詳しく伊能忠敬の九州測量時の案内役を務めた。

◇足代弘訓《アジロヒロノリ》　一七八四～一八五六。伊勢外宮神官。荒木田久老、大平、春庭門人。本居学の発展を憂い大平を叱咤激励するなど情熱の人。義門とも文通。経世家としても活躍目覚まし。大塩平八郎や吉田松陰とも交わる。

◇石塚龍麿《イシヅカタツマロ》　一七六四～一八二三。遠江国細田村(静岡県浜松市)。庄屋の次男。内山真龍、宣長門人。

◇和泉真国《イズミマクニ》　一七六五～一八〇五。江戸。渡辺屋。宣長門人。

◇市岡猛彦《イチオカタケヒコ》　一七八一～一八二七。名古屋。田中道麿、宣長門人。尾張藩士。名古屋での宣長学普及に尽力。

◇稲懸(本居)大平《オオヒラ》　一七五六～一八三三。松坂。宣長門人。☆『鈴屋円居の図』、『誉笠日記』、「本居大平像」

◇稲懸棟隆　一七三〇～一八〇〇。松坂。豆腐商。宣長門人。☆『鈴屋円居の図』、『誉笠日記』

◇上田百樹《ウエダモモキ》　?～一八二九。京都。雑屋。宣長門人。古典校合に優れその手法は伴信友に継承された。

◇植松有信《ウエマツアリノブ》　一七五八～一八一三。名古屋。板木職人。宣長門人。☆「植松有信像」、「古事記伝板木」

◇植松茂岳《ウエマツシゲオカ》　一七九四～一八七六。名古屋。植松有信養子。大平門人。尾張藩士。藩校「明倫堂」で教える。

■大橋長広　一七八八～一八五一。京都。本居大平門。

◇大矢重門　?～一七九六(四十歳位)。美濃国大垣。材木商。『新古今集美濃の家づと』成立、出版に貢献。

◇小津久足《オヅヒサタリ》　一八〇四～五八。松坂。商人。春庭門人。☆『在京日記』(石水博物館本)

◇戒言《カイゴン》　?～一七九一。松坂。来迎寺覚性院僧。☆『鈴屋円居の図』、『誉笠日記』

◇加藤磯足　一七四七～一八〇九。尾張国起(愛知県尾西市)。本陣主人。田中道麿、宣長門人。

■加納諸平　一八〇六～五七。遠江国白須賀。父夏目甕麿。紀州藩医加納家養子となる。中山美石、本居大平門。藩国学所総裁。

◇城戸千楯《キドチタテ》　一七七八～一八四五。京都。本屋鉦子屋。宣長門人。鐸屋主催。篤胤と反目。

◇栗田土満《クリタヒヂマロ》　一七三七～一八一一。遠江国城飼郡平尾八幡神主。賀茂真淵、宣長門人。

◇柴田常昭　?～一七九六(四十歳位)。津。宣長門人。☆「柿本人麿像」

◇芝原春房《シバハラハルフサ》　一七七〇～一八〇八。津。米穀商。宣長・春庭門人。柴田常昭と親しく『詞の小車』執筆に協力。

◇須賀直入　一七五二～一八一二。宣長門人。その生涯は謎に包まれている。

◇須賀直見　一七四二～七六。松坂。文具薬種商。宣長門人。

☆『鈴屋円居の図』

◇鈴木朖　一七六四～一八三七。名古屋。宣長門人。漢学者。尾張藩校「明倫堂」で国学を教えた。☆『離屋集初編』、「本居宣長懐紙」、「孔子神位」

◇千家清主　一七六四～一八三一。出雲国造千家俊勝次男。俊信。☆「金輪造営図」

◇竹内直道　?～一八四七。松坂。商人。津島屋。宣長門人。父元之(『鈴屋円居の図』)も宣長門人。

◇田中道麿　一七二四～八四。美濃国養老出身。名古屋に住す。宣長門人。☆「田中道麿像」

◇殿村常久　一七七九～一八三〇。松坂。商人。安守異母兄弟。宣長・春庭門人。☆『鈴屋新撰名目目録』

◇殿村安守　一七七九～一八四七。松坂。商人。常久異母兄弟。宣長・春庭門人。「恩頼図」の依頼者。滝沢馬琴の支援者で、その依頼により「宣長像」入手にも尽力。☆「本居宣長七十二歳像」

◇中里常岳　生没年不詳。松坂。商人。長谷川常雄実弟。宣長門人。管弦を能くした。☆「横笛」

◇中山美石　一七七五～一八四三。三河吉田(豊橋市)。大平門人。吉田藩士。藩主や平の信任篤し。義門の春庭批判の件で尽力。大平門人。

■中山豊村　一八〇一～三五。三河吉田(豊橋市)。美石の子。大平門人。吉田藩士。

◇夏目甕麿　一七七三～一八二二。遠江国白須賀。名主、酒造業。宣長、春庭門人。梅の塩漬けを売って国書の出版を企てた。石塚龍麻呂『鈴屋大人都日記』等を刊行するが破産。加納諸平実父。

◇橋本稲彦　一七八一～一八〇九。広島。宣長門人。師の覚え目出度く、元気。門人反発を買う。

◇長谷川常雄《ハセガワツネオ》　一七五七～一八一一。松坂。商人。長谷川南家。☆『鈴屋円居の図』、『誉笠日記』

◇長谷川元貞　一七九六～一八五八。松坂。商人。長谷川本家丹波屋。春庭門人。

◇服部中庸　一七五七～一八二四。松坂出身。後に京都に住す。紀州藩士。宣長門人。平田篤胤と親交。

◇伴信友《バンノブトモ》　一七七三～一八四六。越前国小浜。宣長没後の門人。小浜藩士。☆『史籍年表』、『比古婆衣』

◇平田篤胤《ヒラタアツタネ》　一七七六～一八四三。出羽国久保田(秋田市)出身。宣長没後の門人。秋田藩士。☆「平田篤胤像」、「夢中対面図」

◇藤井高尚　一七六四～一八四〇。備中国吉備津神社神官。宣長門人。『伊勢物語新釈』など。☆『源氏物語玉の小櫛』

◇三井高蔭　一七五九～一八三九。松坂。商人。鳥居坂三井家。宣長門人。☆「和琴」

◇三井高匡　一七九六～一八五八。松坂。商人。三井松坂家。春庭門人。村田春門の「本居宣長像」版刻にあたって自画像謄写を行った。

■村上円方　一七六九～一八二三。潔夫とも。松坂。商人、後に伊丹に移り国学を講じる。宣長門人。

◇村田春門　一七六五～一八三六。伊勢国白子(鈴鹿市)出身。領主小笠原家用人。後に水野忠邦に和歌、国学を教授。☆「本居宣長像」

◇本居有郷　一八〇四～五三。本居春庭長男。

◇本居清島　一七八九～一八一一。本居大平次男。

◇本居健正　一七八八～一八一九。本居大平長男。

◇本居(安田)能登《ノト》　一七七五～一八〇三。宣長三女。安田広治妻。

◇本居春庭　一七六三～一八二八。宣長長男。☆「本居春庭六十歳像」、『詞の八衢』、『詞の通路』

◇本居(小西)春村《ハルムラ》　一七六七～一八三六。宣長次男。津薬種商小西養子。

◇本居(高尾)飛騨《ヒダ》　一七七〇～一八四九。宣長長女。高尾吉妻。

◇本居(長井・小津)美濃　一七七三～一八三八。宣長次女。長井(小津)尚明妻。

◇安田広治　一七六八～一八三二。伊勢外宮御師。宣長門人。

◇横井千秋　一七三八～一八〇一。尾張国祖父江。宣長門人。尾張藩重臣。『古事記伝』等刊行に尽力。☆「古事記伝板木」

■渡辺直麿　?～一七九二。名古屋。商人。綿屋。田中道麿、宣長門人。『古事記伝』刊行で横井千秋等を助け尽力。

資料⑨　宣長の子ども・門人　資料①に同じ。

講演

〝宣長さん〟との出会い

この歳になりますと、一度お会いしておきたかったと思う方がおられます。僕にとりましては、足立巻一さんという方にぜひお目にかかればよかったなあと、そんな思いでおります。

ご記憶の方もあるかと思いますが、足立さんは詩人であり、またエッセイストでもあり、また戦後まもなくの時期には大阪の新聞社に勤め、マスコミ関係の仕事もされていました。「真珠の小箱」というテレビ番組のシナリオなども書いておられました。一九一三年（大正二）生まれで、八五年（昭和六〇）に亡くなられています。

足立さんは、いろいろな良いお仕事をされていますが、その中に『やちまた』という作品があります。河出書房新社から一九七四年に出版されたもので、本居宣長の子で三十歳前後に失明した春庭を主人公にとりあげた小説です。本居宣長記念館には、言葉の活用形を記した薄い木簡状の経木がたくさんあります。失明した春庭が指摘した言葉を、妹や妻が書き記したものです。足立さんはそれらを発見し、そしてまた春庭の顕彰にも努められた方です。

春庭は「言葉のやちまた」という作品を遺していますから、おそらくそれに基づいての題名だと思われます。足立巻一さんは不幸な家庭に育たれた方です。父親は、新聞社に勤めていて、莚川《こせん》という号があるのですが、足立さんが誕生してすぐに亡くなってしまう。またお母さんも他家に嫁がれ、おじいさんに育てられた。おじいさんは敬亭という号を持つ漢詩人で、漢学者でもあった人で、足立さんは敬亭に育てられたのでした。足立さんの自伝に『虹滅記《こうめつき》』という本があって、それは自分の生い立ちなどについて記していますが、現在は朝日文庫に入っています。足立さんが小さい頃、祖父に連れられて銭湯へ行き風呂に入っている時、かなり老齢であった祖父・敬亭が溺れ死ぬという事故に遭遇した。そこからこの自伝を書き始めています。関西《かんせい》学院大学の中等部に学び、その後、教えを受けた先生の影響で、伊勢の神宮皇學館へ進んだ。その時にもやはり、いろいろな良き師に出合い、本居春庭の業績、仕事に解明の糸口をつかまれた。現在の本居宣長研究に大きな功績を残された方です。

最近、足立巻一さんを題材にとった『足立さんの革鞄』（庄野至著）というエッセイ集が、編集工房ノアから出ました。著者は、大阪帝塚山学院にかかわりのある庄野一族の方です。そのエッセイを読むと、足立さんが実に幅広く活動をされた、真摯な人であったということがよくわかります。

実は、僕が本居宣長や春庭に親しむようになったひとつの大きな理由は、足立巻一さんの『やちまた』を刊行直後に読んだことにあります。僕たち古代史研究者は、よく宣長の『古事記伝』を読みますし、また『宇比山踏《うひやまみち》』などを読みますと、やはり学問をする人として尊敬に値する人です。ですから〝本居宣長〟と呼び捨てにできないところがあります。二〇〇二年に伊勢出身の中根道幸さんが、大阪の和泉書院から『宣長さん』という本を出版されました。大冊で、「伊勢人の仕事」という副題がついていますが、伊勢の人はやはり〝宣長さん〟という言い方をする。だから僕もここでは〝宣長〟と言う場合もあれば、〝宣長さん〟と言うこともあるかと思います。呼び捨てにするのは恐れ多いというか、そんな気持ちもあるのです。

本居宣長の青少年時代

ここでは本居宣長の生涯をⅠ期からⅣ期までに分けています。

Ⅰ期としたのは、京、京都に上るまでです。簡単にみますと、伊勢の松坂で小津定利と勝（お勝と呼ばれた）との間に生まれた宣長は、大和の吉野の水分《みくまり》神社の申し子とされ、七歳の時と四十歳過ぎの二回にわたって、吉野の水分神社に行っています。お礼参りというのでしょうか。四十過ぎの時には飛鳥を通って松坂に帰っています。

その時の日記が『菅笠日記』です。普通は「スガガサニッキ」と読んでいますが、「スガガサノニキ」「スゲガサノニキ」と言うべきものです。よく知られていますが、宣長さんは小さい頃から非常に聡明でした。八歳の時から手習いをし、そして十二歳で松坂の先生のもとで『江戸往来』とか『四書』を学び、その間に父親が江戸店で死ぬ。そして遠縁の、養子であった定治、宣長の義理の兄がその家督を継いだ、そんな系譜です。

資料①に「本居家略系図」があります。本居宣長の家は小津というのが本名です。後に宣長さんは自分の生前のことを調べて、もともと本居姓であったことを突き止めて、本居を名乗るようになりますが、もともとは小津本家の八代目に当たる。隠居家と本家がありますが、小津家というのは松坂でも裕福な木綿問屋です。江戸にも店を持っていたくらいです。松坂からは、三井など豪商がたくさん出ていますが、小津家もその一つです。映画監督の小津安二郎もこの小津の一党で、もともと松坂出身です。十八、九の時までは宇治山田に住んでおり、宇治山田中学の出身です。

母親の出里である村田家はさらに裕福な家で、松坂の豪商です。一族には学問好きの人が多かった。宣長さんが学者として大成するのは、やはり母方の村田家とのかかわりが大きかったと言って良いかと思います。

宣長さんの聡明さを示す逸話があります。延享元年に松坂の家に近い樹敬寺《じゅきょうじ》で、赤穂義士の話を聞いています。聞いている人は一所懸命筆記していたのですが、当時十五歳だった宣長さんはまったくメモもせずに、ただ聞いているだけでした。大人たちは、せっかくいい話を聞いてメモもしないということで、いろいろ悪口を言いました。ところが宣長さんは全部暗記していたのです。数日たってから、全部を書き起こして、みんなに見せた。それで人々はびっくりして、その聡明さに驚いたということが伝えられています。

また宣長さんは、中国の王朝・皇帝の推移をまとめた「神器《しんき》伝授図」を著しています。資料②を見ますと、上の段に「神器伝授図」とあります。神器というのは帝王の位を意味する言葉で、中国の三皇五帝から清の康熙帝に至る中国歴代の王朝の推移を図で表し、文章で綴ったものです。宣長さんの学問の方法というのは、図化するということに非常に大きなポイントがあります。歴代の系譜を図で表すのです。そういうところが大きな特色です。

　また一度歩いたところは日記やメモに記したり、地図を描く。小さい頃からそういう学問方法をとっていたわけです。この「神器伝授図」は、本居宣長記念館にも展示されています。十メートルにも及ぶ巻物です。細かな字で書き、系図を表している。若い頃から、読んだものを抜き書きする、あるいは図化していた。これは生涯を通じて見られるところです。

　それから、宣長は義兄の江戸店で仕事を手伝うわけですが、どうも商売にはまったく不向きで、そしてまたその時期は鬱屈がたまって、逆に読書に専念する。延享三年に江戸から帰着して「都考《とこう》抜書《ばっしょ》』を書き始めています。やはりこの頃から京へ上りたいという気持ちが非常に強くて、京に関する古今の記事を全て抜き書きした。これが「都考抜書」というものです。これは京へ上る前年、二十二歳のときに完成しています。その読書量たるやすごいもので、全部抜き書きして、またそれを整理して、寺社ごとに項目を分けて記述する、そういう方法をとっています。そういう方法を端的に表すのは、資料③の、「神器伝授図」の下に掲げた『端原氏系図並城下絵図《はしはらしけいずならびにじょうかえず》』です。これを見ると圧倒されます。下のほうは端原氏の系図です。端原氏というのは、戦国期、あるいは中世後期、室町期ぐらいを舞台にしたまったく架空の豪族です。宣長さんは小津家から本居姓に変わりました。その本居氏をある程度頭に置きながら、端原氏という実在しなかった豪族の系譜を作り、さらにその城下町図を作ったのです。これなどは宣長さんという人の学問方法を考える場合、非常に参考になるものです。

これで思い合わされるのは、僕が好んで読んでいる藤沢周平さんの「海坂藩《うなさかはん》」ものです。これは藤沢さんの出身地、山形県鶴岡市をモデルとしたシリーズものです。地形とか川とか家並みなどを自分で構想して、架空の海坂藩を舞台にいろいろな小説を書かれています。また作家の井上ひさしさんは、藤沢周平さんの海坂藩ものを全部読んで、自分で海坂藩の地図を作っておられます。『別冊太陽』の藤沢周平特集号に、井上ひさしさんが復元された海坂藩の地図が掲載されています。それらを見ると、藤沢さん、井上さんの創作力というか思考の特異さというか、宣長さんと共通するところがあります。宣長さんの頭脳も、二十歳過ぎで「端原氏系図並城下絵図」を作っているのですから、驚嘆すべきところがあります。

宣長さんが、小さい頃から読書量が多かったのは、母方の村田家が蔵書の多い家だったということにあります。村田家の人々は学問好きで、俳句を嗜む人がいたり、母親お勝の実兄は出家をして察然和尚という高名な僧侶になっています。そういう環境でした。父親が早くに亡くなり、義理の兄が家を継いでいるなか、宣長さんは寛延元年に伊勢山田の今井田家という、紙を扱う商家へ養子に出されます。しかし、まったく商売には不向きだったため、離縁されて帰されてしまう。そして宝暦元年（一七五一）に義兄の定治が江戸で亡くなりました。それで宣長さんは、江戸へ上って後始末をし、家督を相続するわけですけれども、母親のお勝は、宣長さんに医師になることを勧めて京へ遊学させる。それも夫の残した財産を全部預金して、その利子で生活をしながら宣長さんの遊学中の費用を賄った。そのように苦労して育てられたのが、宣長さんでした。

京都での青春期

第Ⅱ期は京へ遊学した時期ですが、この時代の宣長さんについては「在京日記」が遺されています。それを読むことによって、京で青春時代を送った宣長さんの姿がよく見えてきます。宝暦二年（一七五二）、宣長さんは上京しました。そして当時儒学者として著名だった堀景山に師事し、同家に下宿しました。翌、宝暦三年には景山の同族の医学者、堀元厚の下で医学も学ぶようになった。この元厚が宝暦四年の正月に亡くなったので、堀景山塾で同門だった小児科医の武川幸順に入門し、そして幸順宅に寄宿します。

宣長さんは堀景山に心酔していたようで、景山が亡くなるとすぐに松坂へ戻り、医師として開業しました。

資料④に「在京日記」の一部を挙げておきました。初めの二年、三年ほどは簡略な漢文形式で書かれていますが、これを見るといかに勉強していたか、よくわかります。それとともに宣長さんはよく遊んでいまして、後年のイメージとはまったく違う。芝居見物に行ったり、相撲見物に行ったりと、よく学びよく遊ぶ。当時から桜が大好きでしたから、花見に行く。大酒を飲む。それで母親を嘆かせて、お勝が何度も諫めの手紙を残しています。

たとえば五月の九日条の三行目、「晉書會讀、【式日、四九】同日、書經上巻讀了」とあります。

四と九のつく日には『晉書』の会読（みんなで集まって読む）を始めたということです。「式」には、定められたという意味があり、伊勢神宮では式年遷宮という言い方をしますね。式年というのは定められた年、二十年に一度遷宮をするということで、「式年遷宮」といいますが、ここの「式日」というのは、決められた日、すなわち四と九のつく日ということです。それから、中国の漢籍類をずいぶん読んでいます。『禮記』『史記』など、毎日のように漢籍の講読をしています。一方、六月の七日条では「於四條境町東観祇園會山鉾」、祇園祭の巡行を見学している。それから十日には「夜遊于四條河原、納涼之諸子續踵」とあります。わりといろんなところへ行っているのです。それから十四日には、「観祇園會於三條萬里小路東矣、同夜遊于四條河原」と、よく学びよく遊んでいた様子が、このあたりから窺えます。

資料⑤を見て下さい。松坂へ帰る前年からは和文で書かれています。さらに克明に書いており、これがなかなか面白い。たとえば宝暦六年の三月、「廿三日、景山先生、武先生（堀景山と武田幸順のこと）父子に伴なひて、高臺（台）寺の春光院にて花見侍りける、此寺の天神のかたわらなる櫻は、いとうるわしき花にて」とあります。高臺寺の春光院というのは、今も桜の名所です。その当時から宣長さんは山桜の熱狂的な愛好者で、花見のときは何カ所も名所を訪ねています。この日も、この後ずっと花の見物のことを書いています。景山先生の歌につれて、宣長さんも歌を詠んでいます。

咲花に風も心やとまるらんさはく梢のちるとしもなき

宣長さんは『古事記』を究め、『源氏物語』『伊勢物語』の注釈もあるのですが、歌はどういうわけか万葉調ではなくて新古今調です。『本居宣長全集』に遺された歌は非常に多いのですが、もうひとつ上手ではありません。なぜ万葉調の歌を宣長さんが詠まなかったのか、そこが宣長学のひとつの問題点です。

それはさておき、この月の廿九日の条です。

「祇園のあたりにて、たはこ入をおとし侍るか、いつこにてうしなひしもしらねは、たつぬへきやうもなし、其まゝにて過ぬる、けふふしきに、孟明（同門の孟明のこと）のもとより、道にてひろひ侍るとてかへしをくられし、これほと世にかはりし事はなし、あまりのふしきさに、ふと思ひよりて」

また歌を詠んでいるのですが、酔っ払って財布を落としてしまう。それがどこで落としたかわからない。後日見つかって、同門の孟明から届けられたということです。、宣長さんはわりと大酒のみで、煙草好きなんですね。宣長さんの煙草好きは晩年に至るまで変わらず、鈴屋で講義しているときも宣長さんが煙草をふかすので、まわりの者が困ったというようなことが書かれています。その煙草もあまり上等なものでなくて、いやな臭いがするんで困ったということも書いてあります。在京時代の宣長さんは、本当に青春を謳歌していて、藤森神社に行って馬に乗ったり、それから能狂言も、しばしば観賞しています。これは宣長さんのイメージとかなり違いますね。

松坂への帰郷　学究生活へ

それからⅢ期。松坂へ戻って医師を開業し、『古事記伝』を脱稿する。当時、松坂にはずいぶん医師がいて、宣長さんはあまり流行っていたようではないのですが、その傍ら『源氏物語』や『伊勢物語』などの古典の講釈をし、これが四〇年ほど続きます。それを松坂あるいは伊勢を中心にたくさんの人々が受講する、聞きにくる。門弟が広がっていくわけです。宣長さんの弟子は松坂、そして伊勢に始まって、東海、尾張に及び、そして全国に及んでいくわけです。その背景には、宣長さん自身のいろいろな工夫がありました。できるだけ己の学問に関心を持つ人を広げ、そして自分の書いたものを多くの人に読んでもらおうと、たくさんの書物を出版したのです。これは江戸時代の学者の中でもまことに特異なことです。そして、その中心になっていくのが松坂と名古屋、尾張の人たち、そんなふうに言うことができると思います。

このⅢ期に、宣長さんは『源氏物語』『伊勢物語』の講釈をするとともに、堀景山門で同門だった草深玄弘（後に津の藤堂家の侍医）の妹、多美と結婚しました。これにはいろいろとエピソードがあって、宣長さんは京に遊学中何度か松坂に帰っていますが、その途中で必ず草深玄弘の家を訪ねており、そのとき多美と知り合ったようです。多美という女性は美人で、宣長さんは一目ぼれするのですが、それを打ちあけないでいた。そのうちに多美は結婚してしまいます。それで宣長さんは村田家の女性を娶るのですが、わずか一年も経たないうちに離縁してしまう。どうも多美への思いがあったんじゃないかと言われています。その多美も、嫁ぎ先で夫が亡くなって家に戻ってきた。

そこで宣長さんはプロポーズして、結婚をしたということです。ですから、そういう想いが『源氏物語』などに関心を向かわせた、大きな理由ではないかと指摘されています。そして多美は宣長さんの母親・お勝と同じ名を名乗るようになるわけです。

とりわけ注目されるのは、賀茂真淵と松坂の新上屋で出会ったという、有名な出来事です。二人は一度会ったきりで、その後は宣長さんが質問状を出し、真淵がそれに返答するという手紙の遣り取りで、宣長さんは真淵の学問に惹かれていく。そして入門するわけです。注目されるのは賀茂真淵は浜松の人なのですが、真淵が亡くなってから門人たちのかなり多くが、主要な人たちが全部、宣長に再入門するのです。賀茂真淵の門人を県居門《あがたいもん》というふうな言い方をしますが、県居門の主要な人たちが、宣長さんのもとに再入門した。そういうことは注目されます。

資料⑨に「宣長の門人・子ども」を挙げています。宣長さんの門人で有名な人物はたくさんいます。たとえば最初に挙がっている青柳種信。沖ノ島に渡った人で、金印についてもいろいろ考証し、また各地から出土した鏡等についても考証している人物です。外宮の神官だった足代弘訓。石塚龍磨。それから植松有信。有信はもともと名古屋の版木職人で、『古事記伝』の版木を彫った人です。後に宣長さんに入門します。有信の子どもの（養子）植松茂岳は、尾張名古屋の明倫堂で国学を教えた人物。こういうふうに宣長さんの弟子はずいぶん多いわけですが、中段の初めにあります栗田土満《ひじまろ》は、もともと賀茂真淵の門人で宣長の門人になった人。また、真ん中あたりに田中道麿という人物が出てきますが、県居門の孫弟子というか、真淵の門人であった大菅中養父という人の弟子だった。真淵が亡くなった後、宣長の門人になる。そしてまた、自分の代表的な門人十七人を宣長さんに推挙している。賀茂真淵の弟子たちもまた、宣長さんに学んだということが大きな特色になるかと思います。また『古事記伝』刊行に非常に力のあったのが、下の段の左から二人目、尾張藩の重臣であった横井千秋という人物です。もともと田中道麿の弟子だった人ですが、尾張藩で七百石をもらっていた。そして『古事記伝』の刊行に尽くし、また藩政改革について「白真弓」という建白書を出して、藩政の一部、世論を担った人物でもありました。この横井千秋の推挙により宣長さんは尾張藩に召し抱えられる寸前までいったのですが、問題が起こって沙汰止みになりました。そして紀州藩にわずか五石で召抱しえられたという、経緯があります。こうして宣長さんの学問は、松坂の有力な商人たちを中心に支持者が広がり、そして伊勢一国に広がるわけです。さらに賀茂真淵に入門したことから、真淵の死後、県居門の人たちが大挙して宣長さんに学ぶようになる。東海に国学、宣長学が広がっていく。それは真淵との繋がりであったかと思われます。

『古事記伝』執筆のころ

第Ⅳ期として、『古事記伝』の完成とその死まで、を扱っていきます。宣長さんは自分の学問、国学と称されたこの学問の普及にずいぶん力を尽くしています。たとえば、著作を刊行すること、それからまた門人の指導に非常に熱心で、いろいろな独自の工夫を行っています。資料⑦は、「授業門人姓名録」というもので、門人の名前を列挙し、その出身地等を挙げています。上は自筆本で下が追加本ですが、とくに下の追加本のほうでは、姓名のところに○ひとつ、二つ、三つというふうに付けております。○三つは非常に優秀であるという印なのですが、門人それぞれについてどこの出身地であるとか、どれだけ国学に熱心であるとか、そういうことを記しています。年代を追っていくと、天明四年、五年の条ですが、宣長の門人が伊勢、尾張にとどまらず、全国的に広がっていく様子がわかります。たとえば、天明三年のところでは、石見の濱田藩の藩主が宣長に心酔した人で、濱田藩の人たちが多く宣長さんの門人になっています。また天明五年の条を見ると、尾張藩士とか、あるいは名古屋に住んでいた文人だとか、入門する人たちが非常に多かったことがわかります。

僕も「門人録」をずっと読んで、チェックしてみました。大和では一人しか名前が挙がっていませんが、松坂を中心に伊勢全域、それから尾張、遠州・浜松、あるいは美濃からの人がいます。門人の中には著名な人物もいます。たとえば飛騨では、田中大秀。高山では田中大秀の著作が集められていると伺ったことがありますが、大秀の弟子が歌人の橘曙覧です。ちょうど福井の駅から足羽《あすは》山《やま》へ登っていく登り口のところに、橘曙覧《あけみ》の記念館がありますが、橘曙覧は師の田中大秀が尽力した継体天皇の系図を復元しているのです。足羽山を登った足羽神社の境内に大きな石碑がありますが、あれを建てるのに尽力してもおります。橘曙覧という人は万葉調の良い歌を詠んだ人ですが、高山の田中大秀の弟子ですから、宣長さんの孫弟子ということになります。

また門弟、門人の個々の消息に非常に詳しいということも、熱意の表れでしょう。次の資料ですが、資料⑧「文通諸子居住處并轉達所姓名所書」があります。門人からいろいろ問い合わせがあると、宣長さんは筆まめに返事を出しているわけですが、当時は郵便制度がありません。飛脚を利用して、遠国だと各所にある飛脚問屋に託して書状を届けたわけですが、それを一覧にして挙げています。江戸、尾張、越後等へ書状を出す場合、たとえば三つ目「越後國高田下紺屋町」の飛脚問屋、笹屋宗左衛門という人が挙がっていますが、そこへ届けるには「京東洞院《ひがしのとういん》御池《おいけ》下ル町　金津屋安兵衛」にまず託して、そこから越後高田の笹屋宗左衛門を経由して本人に届くということです。誰かに手紙を出す場合には、どの飛脚を利用するかということも克明に書き上げている。門人たちに連絡する場合、すぐにわかるようにメモしているのです。その他にも門人に対し、いろいろな照会をしています。宣長さんからの問い合わせに対して、弟子たちも回答を寄せています。たとえば出雲大社の造営に際し、三本の大きな柱を金輪で結ぶ様子を描いた「金輪御造営差図」なども、千家俊信から送られてきたものです。宣長さんは、各地の門人たちと密に連絡を取り合い、そしていろいろな情報を自分のものとし、著作にもそれを生かしているのです。

もうひとつ重要なのは、宣長さんの学問が充実した時期だったことです。資料⑥に著作の一覧を示しておきましたが、『馭戎概言《ぎょじゅうがいげん》』の頃から、名古屋で自由に出版ができるようになったことが大きなきっかけです。江戸時代の出版というのは非常に煩雑で、初期には朝鮮版という活字印刷が一時期行われたのですが、その後、江戸初期には製版と呼ばれる印刷方法が確立します。これは文字だけでなく浮世絵などもそうなのですが、桜の木などに彫って、それに紙を当て、墨をつけて摺るという方法。日本の製版技術は優れていて、逆字に彫って、紙を押しあて文字を刷る。こういう製版印刷が江戸時代には盛んになるわけです。また本屋も自由に開業できなかった。許可が必要だったわけです。本屋といっても現在とは少し違い、版元や出版社にあたるものでした。なおかつ販売も兼ねるのが江戸時代の本屋さんです。

江戸時代は、まず京都で本屋が興ります。それまでは他人から借りたものを写していく写本形式でしたから、典籍というのはあまり広がらなかった。その後、十七世紀の中頃から後半にかけて大坂、次いで江戸で本屋ができ、その仲間が結成される。「本屋仲間」と呼ばれるものが京、大坂、江戸で成立するのです。ですから、京都の版元に申請して、京都所司代の許可を求めるという形式でなければ、名古屋で本の出版はできなかった。名古屋では、尾張藩主九代宗睦の時代に藩政改革が行われ、藩士に学問を奨励しました。藩校である明倫堂も開設されました。そんな中から、いろいろな著作物が著されるようになるわけですが、全て京の本屋仲間に許可申請をしなければならなかった。この京、大坂、江戸、三都の本屋仲間というのは結束が強く、同じ内容の本の出版を許可しなかった。宣長の『古事記伝』には古事記の本文と注釈があるわけですが、最初は本文だけのものの類書とみなされて、出版については圧力がかかったのです。

しかし、寛政六年にいたって、尾張でも自由に出版ができるようになりました。名古屋の本屋仲間が成立し、藩に訴え出て許可されるわけです。尾張藩は将軍家第一の親藩で、その威光もあって三都の本屋仲間もクレームをつけられなかったらしいのです。『馭戎慨言』は一七九六年の刊行ですから、尾張に本屋仲間が成立して二年後のものです。宣長さんは、立て続けに本を出し、自分の著作を広く全国の人に読んでもらおうとしたわけです。ちょうど宣長さんの学問が大成し、充実してきた時期でした。こうしたことが国学を全国に広げる最大の理由ではなかったかと思います。

『古事記伝』も刊行の順を見ると、巻一から巻十一までは、寛政二年、寛政四年の刊行で、まだ尾張で本屋仲間が生まれていなかった段階。それで京の本屋仲間からクレームがついたりしているわけです。その後、巻十二から巻四十四までは、寛政九年から文政五年にかけて順次刊行されていくのですが、この時期には尾張でも本屋仲間が成立していますから、春庭やその妹の美濃など、いろいろな人の協力のもとに『古事記伝』の版下を書いたり、植松有信が版木を彫ったりといった協力を受けて。全国に大量に刊行されることになったのです。

そのほか、宣長さんの晩年の主要な典籍を挙げています。横井千秋が尽力して出版したものもあるわけですが、こうしてみると宣長さんの学問は、『古事記伝』を中心にして、古代学といってよいものです。

宣長さんの人となりや、尽力、努力もあるわけですが、地元の松坂、伊勢の人たちがその学問に惹かれ、そしてまたそれが東海にも広がっていった。その大きな理由は、宣長さんが賀茂真淵と出会い、入門し、そして真淵の死後、県居門の主要な人たちが宣長さんの門人となってその教えを受けた。そういうことが東海で国学が広がり、またそれが全国に広がっていった大きな理由と言えるでしょう。また、名古屋における本屋仲間の成立、自由に本が刊行できるようになったことが大きな力となったのではないか、そのように考えています。

東海とその周辺域のアマ文化
——環境対応と民俗展開をさぐる——

野本　寛一

はじめに

海にかかわる「アマ」という日本語は多様に表記され、様々な内容を表象してきた。海人・海部・蜑・蜑夫・白水郎・海士・海女などの漢字表記があり、海人は、海岸部に居住し、漁撈・貝類捕採・海藻採取・製塩・舟運・海上交通などにかかわった部族を示すところから発し、海部は、郷名・郡名などとして居住地を示した。白水郎という特異な表記は、中国鄮《ぼう》県（浙江省勤県東部）白水の男達が海上交通や漁撈にたけていたことを知っていた古代日本の知識人が使い始めたものだとされている。アマは、先に記した通り、漁撈を中心としながらも、広く海にかかわる生業にたずさわる人びとを指していたのであるが、海士・海女などの表記とともに、特に潜水漁撈を示すようになる。海女は、古くはかづきめ＝潜女と呼ばれていた。宮本常一は、アマが潜水漁撈に特化適用されるに至った理由として、十七世紀末以降、銅の消費量が増え、銅を中国から輸入する代替物として干《ほし》鮑《あわび》・煎海鼠《いりこ》の需要が高まり、よって潜水漁撈技術が特に注目されたためだという。干鮑・煎海鼠は俵に詰め、長崎の俵物役所に集められたのだという＊1。

宮本はこの国の海岸部を広くめぐり、どの地域に海士（男アマ）がおり、どの地域に海女（女アマ）がいるのか、また、男女とも潜水するのはどの地域かといった、アマの分布の概略を報告し、海士・海女の両方が活動する地の男女を一括して「海人」の地区と表記している＊2。潜水漁撈の地域には時代による消長があり、男女の分担にも時代による変化があって実態はつかみにくい。

ここでは、熊野・伊勢・志摩を東海の周辺地域とし、海士・海女、それに広義の海人にかかわるもの、海にかかわる二・三の問題に言及する。

一　海士の活動世界

『日本書紀』允恭天皇十四年秋の頃に淡路島で六十尋の腰縄をつけて潜水し桃の実のように巨大な真珠を内臓する鰒《あわび》を捕採して死した海人（白水郎）男狭磯の話が記されている。また、『延喜式』によれば紀伊国海部郡では潜女が活躍していたことがわかる。両者の伝統は消滅しているのであるが、熊野に入ると海士の活動は近代に入るまで濃密だった。潜水漁撈の継続、男女の分布は時代によって変動するなど単純ではない。

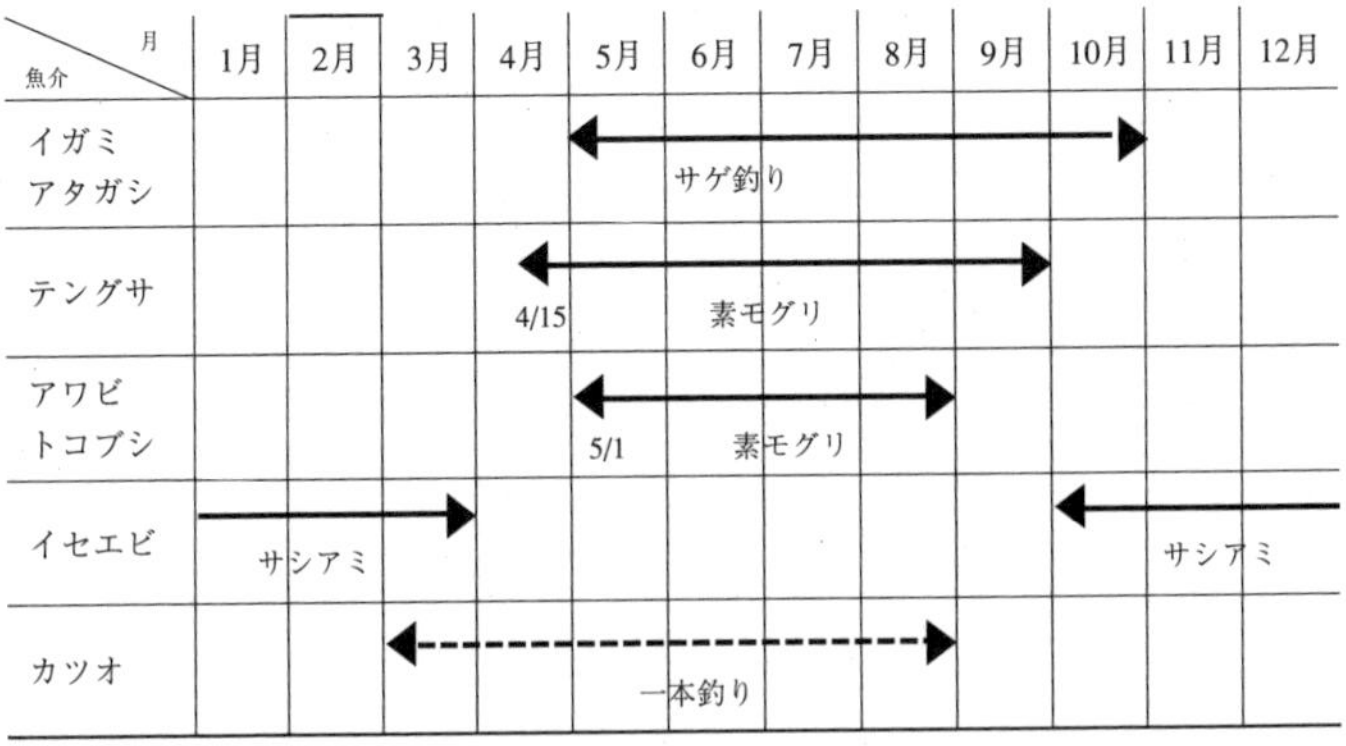

表１　中村京之助・虎雄父子の漁出暦

熊野の海士

和歌山県西牟婁郡すさみ町平松の中村虎雄さん（大正五年生まれ）は、周参見尋常小学校高等科卒業の十五歳から三年間、父京之介とともに素潜り海士の体験をした。表1は、昭和初年の虎雄さん父子の漁撈暦である。四月十五日がテングサの口明け（磯の口明け、即ち採取解禁）で、それから一シオ（十五日）後の五月一日が、鮑・常節《とこぶし》の口明けとなる。口明けの存在は、禁漁期間の設定を意味するものであるが、それは漁獲・捕採分量の公平均分化を目的とするものではあるが、同時に、海藻類や貝類の資源保全をも目的としている。さらに、表1で注目すべき点は、テングサと鮑・常節の口明けを一シオずらしているという点である。もし仮に、口明けを同時にした場合、常節捕採には石を返すのでテングサが荒れて痛んでしまうのである。したがって、まず、良質のテングサの採取を終えてから常節を捕採するという共同体の資源管理の姿勢をここに見ることができる。父の平均潜水深度は七尋（約一〇・五メートル）で、時には一二、三尋（約一八～一九・五メートル）まで潜ることもあった。ムラには深く潜りすぎて眼球がとび出した人もあった。虎雄さんは父から「息が続かなくなって苦しくなったら唾を飲め、そうしたらもう一息続く」と教えられた。上はシャツ、下は褌《ふんどし》一本でノミは二本持つ。一本は予備として浮子樽にはさんでおく。海底でノミを落とした場合、拾いやすくするために白い布を巻いておいた。周参見の海には鮫が多かった。鮫を除けるためには水に入る時には大きな音をたててはいけないといわれ、人を襲う鮫は姿を見せないものだとも伝えられた。もし鮫に出遭ったら褌を伸ばし、水中に棒立ちになって沈むとよいと言われた。表1を見ると、潜水漁法のみならず、釣り漁・網漁なども行い、対象魚種も多かったことがわかる。こうして年間を通じて一定の収入が得られるようにくふうしていたのである。

和歌山県東牟婁郡串本町出雲の坂田二三二さん（大正十年生まれ）は、小学校高学年になると、素潜りでテングサ・鮑・常節などを捕採して家の家計の助けにした。串本や、新宮市には海士の根強い伝統があった。その伝統技術を生かして、オーストラリアのアラフラ海・木曜島・ダーウィン（オーストラリア北部の港湾都市）などへ、ヨーロッパ、アメリカでボタンの素材として需要が多かった真珠貝捕採の潜水漁撈の出稼ぎに出向く者が多かった。坂田二三二さんは昭和十二年二月、既に木曜島でダイバーとして活躍していた長兄財太郎、次兄芳春を頼って木曜島に渡ってダイバーとして活躍した。表2は、その坂田二三二さん、および、新宮市三輪崎の浜中増彦さん（明治三十年生まれ）、東牟婁郡那智勝浦町脇ノ谷の立木喜一さん（明治四十五年生まれ）などからの聞きとりによってまとめた。木曜島・アラフラ海における真珠貝捕採船の労働組織の概要は表2の通りである。機関士は別として、本ダイバーを頂点として階梯的に昇進したのである。串本町出雲の川中清吾さん（大正九年生まれ）は昭和十二年の四月に木曜島に渡ってカシキ兼トライダイバーになったがそ

伝承者ダイバー	渡航年	所属ハウス	捕採地	ダイバーボート真珠貝捕採組織と人員：ダイバー	テンダー	機関士	カシキ	下働き	ボート積載量	その他
浜仲増彦	大正2年（一九一三）	三輪崎ハウス	木曜島	①本ダイバー（艫乗り） ②オモテダイバー（舳乗り）	①網とりテンダー	①機関士	①カシキ（トライダイバー）	二～三人	20トン	上記のほかに素潜りの高瀬貝採りがあった
立木喜一	昭和3年（一九二八）	三輪崎ハウス	木曜島	①本ダイバー（艫乗り） ②オモテダイバー（舳乗り）	①本テンダー ②オモテテンダー	①機関士	①カシキ（トライダイバー）	「貝割り」と呼ぶ者二～三人	20トン	
坂田二三二	昭和12年（一九三七）	出雲ハウス	木曜島	①責任ダイバー ②ダイバー（①②艫乗り） ③ダイバー ④ダイバー（③④舳乗り）	①テンダー ②テンダー	①機関士	①カシキ（トライダイバー）	「クロウ」と呼ぶ者二～三人	25トン	
坂田二三二	昭和28～36年（一九五三～六一）	母船船団形式	アラフラ海	①責任ダイバー ②次席ダイバー ③ダイバー ④ダイバー ⑤ダイバー ⑥ダイバー 予備一～二名	①テンダー ②テンダー ③テンダー	①機関士	①カシキ（トライダイバー）	「クロウ」と呼ぶ者三人 予備一～二人	60トン	就業期間は毎年4月末日から11月末日まで

表2　木曜島・アラフラ海における真珠貝捕採船の労働組織

の時の月給が五十五円、テンダーが六十五円、オモテダイバーが七十五円だった。当時の師範学校新卒者の初任給は四十五円だったという。

木曜島には日本人会館があり、宿舎（ダイバーハウス）は出身地別に分かれていた。浜中さんの記憶によると、上野（潮岬）ハウス＝一〇〇人・出雲（潮岬）ハウス＝三〇人・三輪崎ハウス＝八〇人・串本ハウス＝五〇人・周参見ハウス＝四〇人・伊予（愛媛）ハウス＝四〇人・広島ハウス＝四〇人・波切（三重県志摩市大王町）ハウス＝一〇人、この他、立木さんは宇久井（東牟婁郡那智勝浦町）ハウス＝七〇人を加える。巨大な組織であり、全国的な展望もできるのだが、熊野海士の系譜をひく男達が圧倒的な勢力を持っていたことがわかる。長崎県の五島列島最北端の島、宇久島は海士の活動が盛んであるが、当地の海士は熊野からの移住だという説もある。海士をふくむ海人の海上移動は古代からのことではあるが、熊野海士の木曜島・アラフラ海での出稼ぎは、技術を持って移動するという海人の、極めて壮大にして近代的なものだったと言えよう＊3。

伊良湖の海士

恋路が浜は、岬の先端の小山と伊良湖ビューホテルのある骨山の下の断崖の間にある。太平洋に面しており、砂はやや黄み、赤みを帯びている。ここを別に「玉章の磯」とも呼んだという。「恋路が浜」という名の由来について愛知県田原市日出《ひい》町に住む小久保すゑさん（明治四十四年生まれ）は次のように語る。——昔、相思相愛の若い男女が親達にその仲を許されないのを悲観してここで海に身を投げたことからこの名がついた――。恋路が浜の前方には三ツ磯と呼ばれる岩があり、その岩を境にして伊良湖と日出の磯浜権を分けた時代があった。三ツ磯や日出石門の岩磯には胎貝《いのかい》がつく。胎貝は十センチ前後の二枚貝で、その形状が女陰に似ていると言われる。この地では若い恋人同士が恋路が浜へ身を投げてから三ツ磯や石門に胎貝がつくようになったと語り伝えている。すゑさんは、「日出の者《もん》は胎貝で子供をしとねたもんだ。」と語る。すゑさんも、自分の子供六人と親戚の子供二人の計八人を育てたのだが、子育ての期間には胎貝の収入が頼りだった。胎貝採りは六月から八月までの間で、男が褌一つで腰にアンブクロ（腰袋）をつけて海に入る。石門や、石門のそばのウラバという岩へは泳いで渡り、三ツ磯へは舟で渡った。潮の都合で二時か三時までにはあがった。女達は頃合を見てインガ（ショイコ）にカマスをつけて夫の捕った貝を受け取りに浜に赴く。貝を受け取り、福江の町に売りに行くのである。

胎貝は、水にひたし、水からそのまま茹でる。茹であがると口を開く。身をとり出して茹でた汁でゆすいで食べるのが一番うまいが、甘辛煮もよい。『延喜式』に、三河の国から胎貝のスシが献上されたとする記録があるところからすると、古くは胎貝ズシが作られていたことがわかる。柳田國男も「遊海島記」の中に、「里人海に潜きて淡菜《いのかい》を採るを生業とす」と記している*4。渥美半島・伊良湖周辺に海士が活躍していたことは明らかである。

『万葉集』二十三番歌・二十四番歌に「伊良湖の島」が登場する。「麻続王の伊勢国の伊良虞の島に流さるる時、人、哀傷びて作る歌」の詞書きの後・打ち麻を麻続王　海人なれや　伊良虞の島の玉藻刈ります（二三）の歌があり、「麻続王、これを聞きて、感傷みて和する歌の詞書きのもと・うつせみの命を惜しみ　浪にぬれ　伊良虞の島の玉藻刈りをす（二四）とある。左注に『日本書紀』をふまえ、天武天皇四年四月十八日、麻続王は因幡に流されたとある。配流地の解釈には諸説があるが、三河の伊良湖が麻続王の配流伝承を誘引し、これが折口信夫の貴種流離譚に影響し、この地に、西行・芭蕉・柳田國男などを誘う一因となったことはたしかであろう。伊良湖周辺・神島などは、まぎれもなく玉藻刈る海人の地だったのである。渥美《あつみ》から中央構造線をたどり安曇に至る。綿津見命を祭神の一柱として祭り、御船祭を行う安曇の古社穂高神社の存在、これらの文脈に魅力はあるのだが慎重でなければならない。

御前崎の海士

静岡県の御前崎市白羽・御前崎では海士が活躍した時代があった。以下は、御前崎市白羽の高塚佐右衛門さん（明治二十七年生まれ）・高塚善助さん（明治三十九年生まれ）からの聞きとりにもとづく＊5。御前崎の周辺にはオザカ暗礁・金子岩《きんす》・下岬の岩などの岩場があり、主として遠州灘に面したオザカ暗礁で牡蠣《かき》が捕れた。御前岩や下岬の岩には栄螺《さざえ》や鮑がいた。この地では伝統的に牡蠣を主要対象としてきた。牡蠣捕りの季節は三月から八月で、牡蠣捕りは男の仕事、褌一つでスカリ（獲物網）と牡蠣鉤と呼ばれる捕採具を持って海に潜る。オザカには磯の島と沖の島とがあり、干潮時には七十人ほどの牡蠣捕りが出たが、沖の島へ渡ることができるのは二・三人だった。遠州灘の海に潜り、海底を這い、帰りには十貫目の獲物が入ったスカリを持ってもどらなければならない。息と力が続かなければできない仕事である。佐右衛門さんは沖の島へ渡る海士だった。

旧暦の八日がショグチで一日ごとに潮がひき、八日目の十五日、ソコリに干潮が頂点となる。潮引きのめぐりによって部落全体の牡蠣の捕採量が異なってくる。ショグチの日には佐右衛門さんのような腕のよい者しか捕れないのだが、日ごとに捕採量が増し、ソコリの日には下手なものでもかなりの量を捕採した。佐右衛門さんの捕った牡蠣を妻のいさをさん（明治三十二年生まれ）がリヤカーで行商した。朔望月の潮動によって部落全体の牡蠣捕採量が異なるため、それに連動していさをさんの行商範囲に変化が生じた。ショグチには捕採量が少ないので御前崎周辺を歩けばよいのだが、二日潮・三日潮・四日潮と次第に部

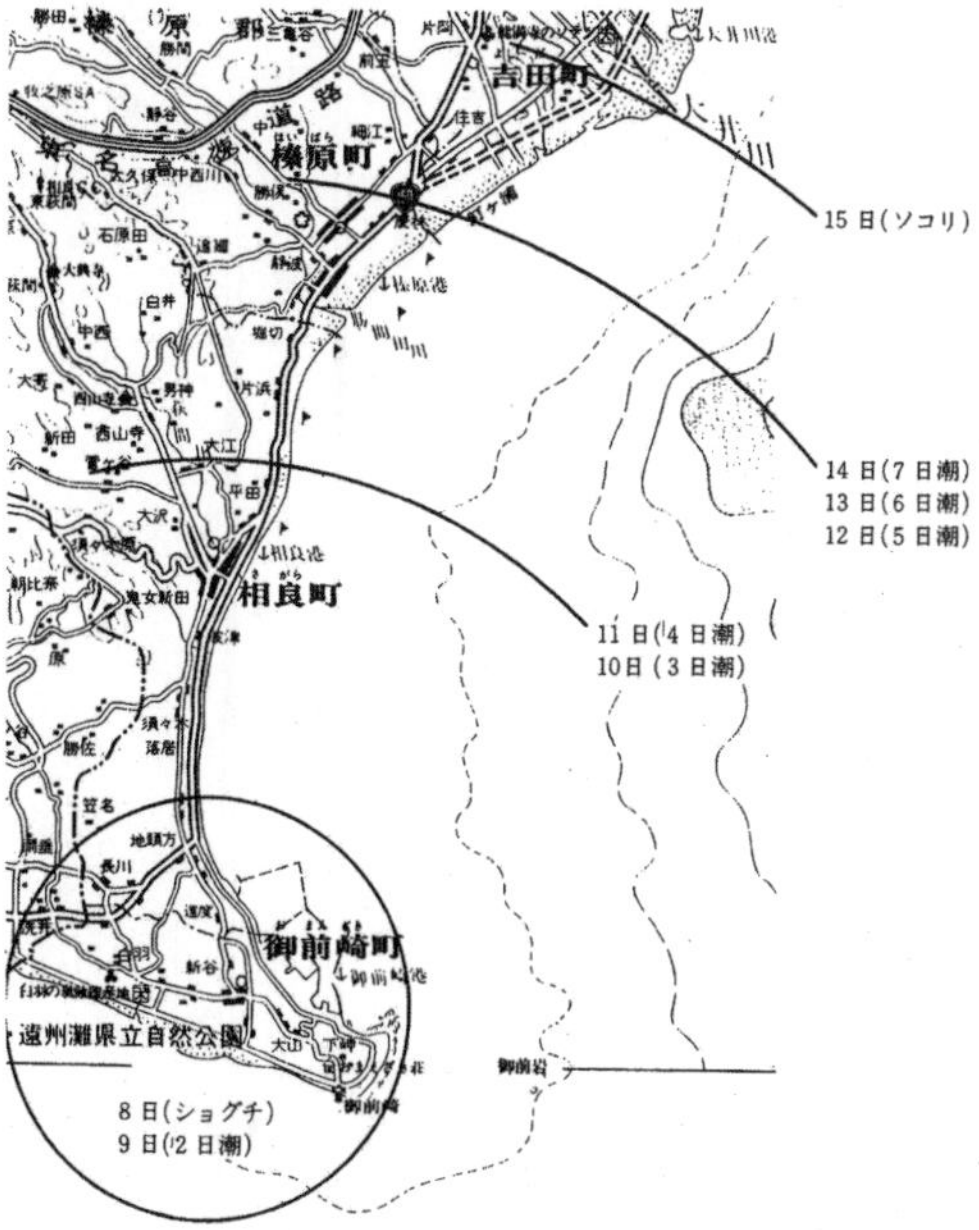

1：160,000×0.85（昭文社・大判分県地図）

図1　太陰周期といさをさんの行商範囲

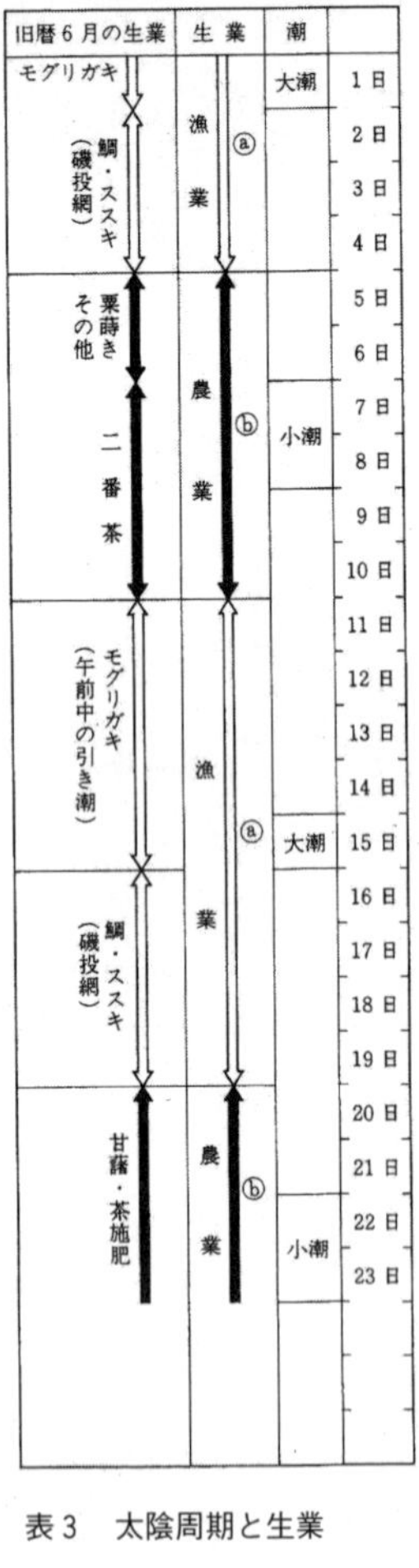

表3　太陰周期と生業

落全体の捕採量が増し、ソコリには頂点に達する。いさをさんの行商地はそれに連動して、旧相良町→旧川崎町（榛原町）と東進し、ソコリには大井川右岸の吉田まで足を伸ばさなければならなかった。図1は朔望月の潮動といさをさんの行商範囲の関係を示したもので、表3は高塚佐右衛門家の、旧暦六月の生業暦である。これらによると、生業が、いかに自然環境の影響を受けるものか、アマの活動がいかに朔望月潮動の影響下に成り立つものであるのかがよくわかる。さらに、表4に見る通り、高塚家は、牡蠣捕採、鯛・スズキ漁といった漁業とともに、甘藷・栗・茶栽培などを行っていたことがわかる。実態はさらに多岐に及び、それは表4に示す通りである。ここには生業複合の典型を見ることができる。海士の活動が生業複合の一本の柱をなしているという点では、先に紹介した「伊良湖の海士」も同様である。専業的に行われる海士・海女の活動に注目しすぎた結果、これまで、伊良湖や御前崎のような生業複合型の海士の活動を見逃してきたことは反省しなければ

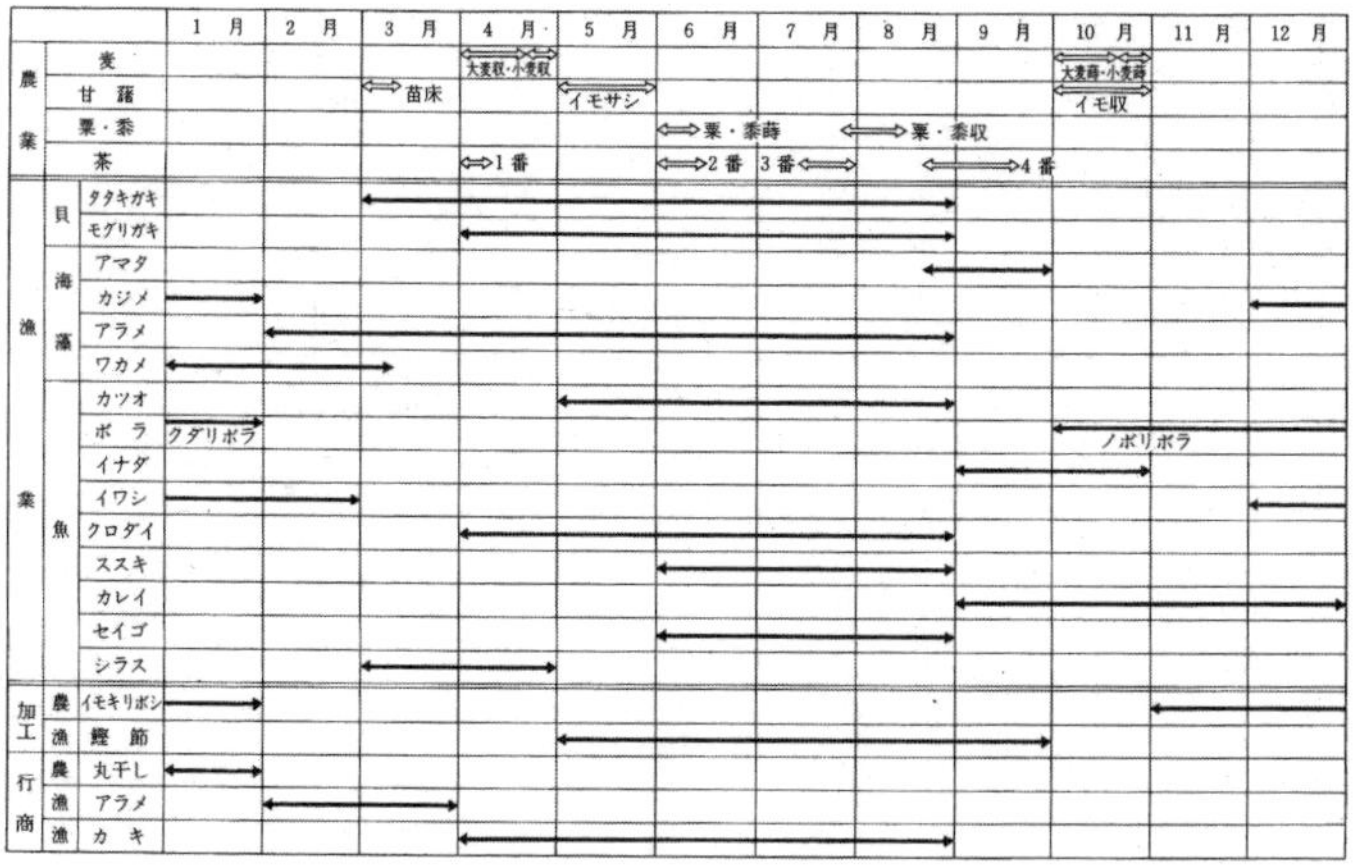

表4　高塚佐右衛門・高塚善助両家の生業暦（旧暦による）

ならない。

二　海女の環境伝承

三重県鳥羽市・志摩市は海女の実働の集中する地域であり、海女の民俗・伝承は多彩でかつ層が厚い＊6。ここでは、海女の環境伝承を中心として若干の報告をする。

「止め磯」の思想

鳥羽市国崎において、伊勢神宮御饌料の鮑捕採のための「みかづき神事」（御潜神事）が毎年旧暦六月一日に行われていた時代があった。岩田準一の記録によると、当日は、国崎はもとより、神島・答志島・菅島・石鏡・相差・安乗の六か村の海女も参加したという＊7。また、この神事については、みかづきの浜または御膳磯と呼ばれる磯を正月から五月末日まで御止め浜、すなわち禁漁区にしておいて六月一日に備えた

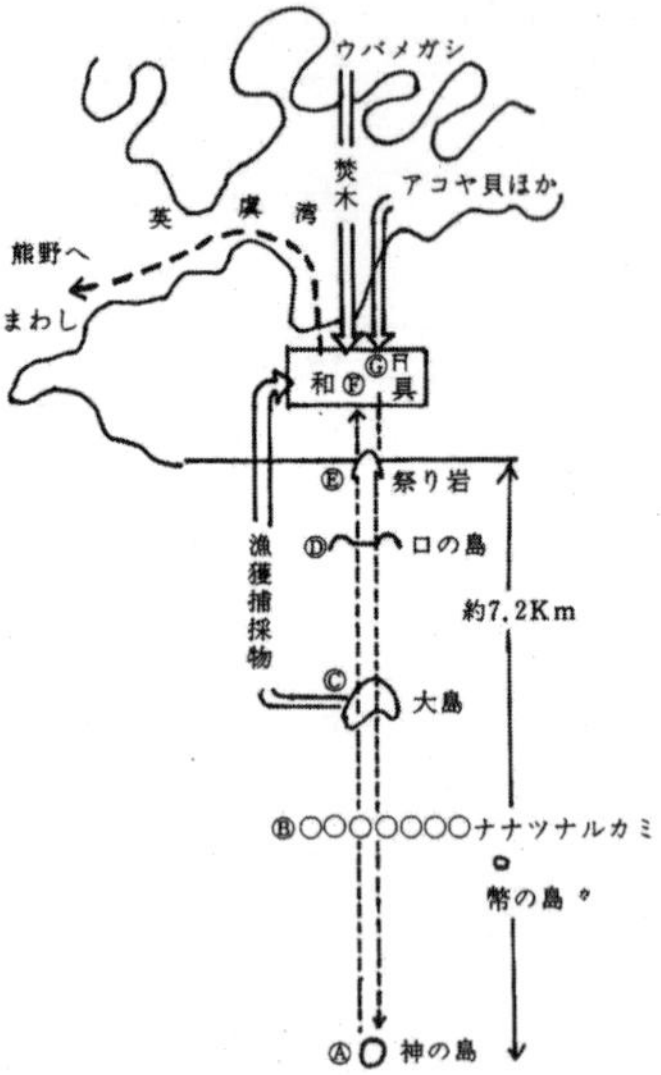

図２　和具の信仰・生業関係空間概念図

という。古態の御潜神事は廃絶したが、現在も鎧崎の南側の磯を止め磯として伊勢神宮の御贄調達のための鮑と栄螺を捕採している。平成四年九月十二日、伊勢神宮に献上するための鮑捕採の様子を望見したことがあった。

　国崎が伊勢神宮の御饌料献上のムラに指定されたことの意義は多々あるが、その第一は御饌のための鮑や栄螺を毎年滞りなく調進するために「御止め浜」すなわち禁漁区の設定を定着させたことであった。このことは、国崎の海女たちの種の保存・資源の保全の思想を抱かせる要因となった。海女たちは、「保護すれば育つ」「捕るためには守れ」「大きくするためには時間をかけて待て」という資源保全の思想を、観念としてではなく、実態として体得してきたのであった。「みかづき神事」に参加した六か村の海女たちもこの思想を伝承した。

　菅島の東北端に「シロンゴサン」と通称される白髭神社が鎮座し、その前方の渚線約二五〇メートルほどの浜を挟む両側の磯、この部分は一年中止め磯となっていた。ただし、旧暦六月十一日（現在は七月十一日）のシロンゴ祭の日だけが解禁となる。もとよりこれは神饌捕採のための決まりであったのだが、法螺貝の合図で海女達は一斉に海に入る。この磯の捕採物の収益は若者組・青年団のものとされ、一部は芝居の費用などに使われた。現役の海女である松村かつさん（昭和十年生まれ）は次のように語る。「旧暦十一日に祭りをしていた頃には、午前八時から九時に潜ると必ず潮がひいて鮑が捕りやすかった。それが新暦の七月十一日に変ってからは潜る時間が満潮に当たることもある」――神に供える鮑を捕るのには、捕り易い日、捕り易い潮時が選ばれていたのである。この日、海女たちの中で、最初に黒鮑・赤鮑の一対を捕った者は「マネキ」と呼ばれ、捕った鮑をシロンゴサンに献上した。古くは、マネキがその年の浜役を務めることになっていた。「マネキ」とは海の幸を招く者の意であろう。

鳥羽市石鏡の浜田みちこさん（大正三年生まれ）は、石鏡の上ノ島を止め磯にしたことがあったと語る。この島はシオの曲り角なので藻がたくさん生え、早い時期には鮑が捕りにくい。七月になり、藻が流れて、鮑が捕り易くなってから口明けをする。上ノ島は「神の島」で、古くは神饌調達の島であったことが推察される。鳥羽市答志島答志の前方、東北東に大築海島、その前方の小築海島が並んでいる。小築海島は三角の握り飯のような形をした島で、古くはこの島に神が祀られていたと伝える。小築海島の周辺は止め磯になっているのだが旧暦七月十一日、および、もう一日潮の良い日を選び二日間だけ磯の口を明けた。七月十一日、禰宜と、海女の代表二人が小築海島へ渡り、鮑と栄螺を供えて豊漁を祈願した。海女達はおのおの舟を出し、八幡様→大築海島→小築海島の順に、島々の前で洗米を投供し、大漁をさせて下さいと祈った。洗米は髪あげと呼ばれる頭に巻く布に包んで出かけた。潜水に際しては、ノミで、三回舷を叩き、「ツイ　ツイ　ツイ」と唱えながら海水を舟にかけた。獲物は各自のものになった。

一般的な「止め磯」という慣行の奥に、神の御饌を確保するための信仰心意があったことがわかるのであるが、実際には、止め磯は、貝類や海藻類を共同体で共同管理することでもあり、古くは磯の一部をムラの困窮時・危急時への対応として止め磯として守る形があったことを推察させる。それは、「神の島」「神の磯」として伝承される場合もあったと思われる。志摩市志摩町和具の沖あいには「神の島」と呼ばれる岩島があり、この島は貝や魚が生まれる島だと言い伝えられていた。いわば信仰上の、伝承上の禁漁区で、一帯の海底は「海底の鎮守の森」でもあった。いずれにせよ、「止め磯」という慣行の中に、人びとの資源保全の思想を読みとることは可能であろう。

鮑の増殖祈願

岩田準一は、鳥羽市国崎の「鮑ヤシネ」という注目すべき民俗行事を記録している＊8。「国崎では霜月十五日と正月十五日の磯の日待を海女の行事とする。但し霜月十五日は『鮑ヤシネ』または単に『ヤシネ』と言って鮑の多産を祈る行事がある。霜月十五日の夜十二時過ぎからソコリ（干潮）を見計らい、二艘の船にはそれぞれ女二人と男二人の四人ずつが乗り込んで、隣接した石鏡の境、相差の境へ漕ぎ分れて行って各々鮑取りをする。取った鮑は、地下から渡された一升の米と一緒に、別に持っていった二布《ふたの》のナカネ（腰巻）へすっかり包みこんで帰途もは村の浦々へ舟を寄せて浜へあがり、『こーおいで、こーおいで』と言いながら海女はそのナカネを引きずって、鮑ひと重ねに米を少しずつ添えて竜宮さんへ進ぜて来る。……これを行う海女は、鮑の多産を祈る行事であるから、子供を多く持った婦人が当ることになっている。また鮑と米とを包む二布のナカネは、之を『お伊勢さんのナカネ』と称して、常日頃は氏神に納めてある……」(国崎・橋本とら)。なお岩田は、石鏡の「鮑引き」についても記録している。前海の鏡岩に鮑の付きが悪い時には、海女と浜役が舟にのり、タイの島(神島南沖)へ、双生児を産んだ婦人のナカネを持って鮑引きに行くのだという。

さて、筆者が国崎の橋本こはやさん(大正二年生まれ)から聞いた鮑増殖祈願の体験は以下の通りである。十一月十五日は『海女納め』の日で、この日、『夜潮』という行事を行った。国崎は里谷と海間谷に分かれており、こはやさんは里谷。里谷は四十八戸で、それがさらに五つの組に分かれている。『夜潮』には、その五つの組からおのおの海女二人・男一人ずつが代表として参加した。海女の代表として子供を産む力の強い者、多産の女性が選ばれた。こはやさんは二十歳から三十六歳まで『夜潮』に参加した。こはやさんは七人の子持ちである。里谷五組の代表者達はマエの浜(ドンドの浜)から舟に乗って磯伝いに北へ進み、石鏡境のオダケに至る。代表の海女達は、スカリ・鮑籠・ノミなどを持ち、潜水のいでたちである。他に洗米・小豆・神酒を持つ。オダケに着くと、海女達は、海中のガラスメ(鮑に似た小型の貝)をノミで起こし、それを岩の上に供え、小豆を混ぜた洗米を供えて神酒を注ぐ。供えたところで、〽ツイヨ　ツイヨ　ツイヨ　竜宮さんの孫よ　行ったら下され　ホタホタと――ノミで岩を叩きながら歌った。平素にも、海に入る時にはノミでコビリ（舷）を叩きながらこの唄を歌った。「ホタ　ホタ」とは、鮑が岩に固着した状態ではなく、浮動性のある、捕り易い状態であることを示す語である。この唄を「鮑捕り唄」という。この唄で注目すべき点は、海女達が自身を、「竜宮さんの子孫」だと自認していること、「下され」と称し、捕採対象を神からいただくものだと認識していることである。帰路、さらに九か所の磯で同様の鮑豊漁祈願を行ったという。

この他、志摩・鳥羽のムラムラでは「め種蒔き」「め種蒔き神事」などと称し、米を海藻の種に見たて、海中に撒く、海藻増殖祈願の行事が行われた時代があった。若布のみならず、海藻類の増殖はそれを餌とする鮑や栄螺の増殖にもつながったのである。ここにも資源保全の民俗思想を読みとることができる。また、一月十一日、「磯の口明け」と称し、この日、餅や鮑の貝殻を鮑に見立て、ノミで起こす所作をしてその年の鮑の豊漁を予祝する行事も行われていた。

三　海への眼《まな》ざし

東海海人族の行方

三河湾の佐久島・日間賀島・篠島から御贄の海産物が献上されていたことが平城木簡から明らかになった＊9。「参河国播豆郡篠嶋海部供奉正月料御贄須々岐楚割六斤」「参河国播豆郡折嶋海部供奉四月料御贄佐米楚割六斤」「参河国芳豆郡比莫嶋海部供奉九月料御贄佐米六斤」などである。月当供奉の実態がわかり、海産物の一大供給地として三河三島の海部が力を持っていたことがわかる。

古代海人族の系譜、その生業変容を具さにたどることは不可能であるが、佐久島のナマコ漁、吉良や蒲郡市の製塩、その他島々、沿岸の多様な漁撈活動の中に海人族の命脈が潜入してきているはずである*10。

愛知県に海部郡があることは広く知られているが、他地の海部郡や海部郷に比べてやや内陸に入っていること、地形環境との関係などからその「力」「業」を鮮明に示せないでいるむきがある。平城宮出土木簡の「尾治国海部嶋里人」「海連赤麻呂米六斗」「尾張国海部郡嶋里」などは、尾張の海部郡にかかわるもので、特に「海部」とも記され「海連《あまのむらじ》」と名乗る氏がいたと解されている。そうした中で、森浩一氏の見解は示唆に富む*11。「尾張国海部郡は、陸地とはいえ、大小の水路と沼地の多いなかば水域といった土地であるため、桑名から宮へと海岸沿いの沖合を東西に往来するのに船を利用していただけでなく入海の北隅に近い不破の関方面から熱田にいたるにも、三川を中心にした舟運がかなり利用されたことであろう。だから尾張国の海部郡およびその周辺では、この特異の地形に即した専門の船人がいて、それが海部と呼ばれていたのであろう。」——森氏は、とりわけ、古代海人族の操船・海運の力に注目してきた。また、伊勢湾北部海岸平野地形と筑後川河口有明沿海の地形環境の類似性をふまえ、有明海北部にいた海部直を名乗る氏に相当するのが、尾張の海の連とみてよかろう、という見解を示している。海部直鳥は航海の技術者集団の統率者だったろうともしている。こうした見解をふまえてみると尾張海部の力がよくわかる。尾張の海部、尾張氏と大海人皇子が深いゆかりを持っていたことは壬申の乱における大海人皇子側のコースによってもわかるのであるが、東海の海人族の研究は、今後、諸学の協働によって徐々に深まることであろう。

愛知県津島市神明町鎮座の津島神社は、その古代から中世にかけての他勢環境、社地の立地や地名・社名からして「海」とのかかわりを深く示していると見てよかろう。小島廣次氏の詳細な研究*[12]、津田豊彦氏の報告*[13]、鬼頭秀明氏の報告*[14]、さらには、当シンポジウムにおける福岡猛志氏の新視点の提示*[15]や大下武氏の牛頭信仰・津島信仰の分布総点検*[16]、などによって津島信仰の実態が次第に実像を現してくるはずだ。そして、そうした研究の中に古代海人族とのかすかな脈絡も浮上してくるはずである。川祭りと通称される宵祭りが旧暦六月十四日に行われる。祭礼には二艘の船の上に車楽をのせた形の車楽船が登場する。この船祭りの中には明らかに海人文化の命脈が伝承されている。旧暦六月十四日は大潮ドキであり、河川感潮域における船の河川溯上には最適の祭りドキなのである。古代河口域の祭りが偲ばれる。厄災追流の御葭流しも、本来は大潮ドキのひき潮に合わせて行われていたはずである。津島神社摂社に居森社がある。社伝はおよそ次のように伝える。欽明天皇元年、祭神須佐之男命幸御魂がこの地に初めて来臨された折、神船を高津の湊の森に寄せ奉った。その折、蘇民将来の裔孫という老女が霊鳩の託によって森の中に居え奉ったことにより「居森社」という。居森社は本殿に向かう参道の左手にあり、楠スダジイなどに囲まれている。「神船を高津の湊に寄せた」というところに注目しておきたい。また、当社の拝殿は妻入りで異様に縦長である。それは舟小屋を思わせ、また、屋形船の構造を想起させる。今後はこうしたことを厳正に調査検討し、つむいでゆかなければならない。

臨海低地に注目した赤塚次郎氏の研究成果*17なども学ばなければならないし、東海の海人と古式捕鯨の発生との関係・脈絡の有無も検証しなければならない。また、民俗学の先行研究にも目をむける必要がある。例えば、『木曽川下流域低湿地域民俗資料調査報告2*18』の「水路」の項目には次の記述がある。「弥富町以南、旧鍋田、十四山、飛島の各村は、村内外の道路共に不完全であったが、その代り、〃村じゅう川まるけ〃と言われるほど、アクスイといわれる川（クリーク）が網の目のように流れていて隣りへ行くにも、トモ（田んぼ）へ行くにもすべて伝馬によって用を足した……。」とあり、筏川・伝馬の舟だまりの写真がある。その背後には厖大な舟の需要があり、舟大工があり、船釘屋があったことがわかる。——さらには河川感潮域の諸々の祭り、河川感潮域の漁撈、湿地・沼沢地の漁撈、湿田の農業、埋め立ての伝承などを民俗学的に調査し直してみなければならない。

鮫の両義性

鮫の伝承については谷川健一氏・矢野憲一氏・山下勝年氏・和田萃氏などの優れた研究がある*19。谷川氏は伊雑宮田植行事で歌われる。「磯部伊雑宮は龍宮様よ　八重の汐路を鮫が来る——という歌や、ヤマトヒメがアマテラスオオミカミの鎮座地を探し求めていた折、「明朝はやく七本鮫がこの沖を通るから、そのあとをついてゆけばよい宮所があるだろう」という託宣により伊雑宮にアマテラスオオミカミを祭ったという伝承などをふまえ、伊雑宮と鮫とのかかわりを説いている*20。志摩を歩いていると、たしかに鮫の話をよく耳にする。以下にその例のごく一部を示そう。
①三重県志摩市志摩町和真では旧暦六月二十五、二十六日をゴサイと称し、この日は、鮫が伊雑宮と大島の間を行き来する日だから海へ入ってはいけないと伝えた。この両日は、子供達に「鮫な（が）来るぞ。マナモンな（が）来るぞ。行くなよシアビ（潮浴び）に」と語って聞かせた。二十五日にはイソベサマ（伊雑宮）、二十六日には青峯山に参った（西川嘉栄さん・大正九年生まれ）。
②志摩市阿児町安乗では旧暦六月二十四日をゴサイと称し、海女達はこの日伊雑宮へ参って木札を求め、磯眼鏡につけて鮫除け・魔除けなどにした。なお、この日は、鮫がゴサイ参りをするからウラ（的矢湾）の海へは入るなと言い伝えた。この季節の雨降りあけのシオの温度がぬるくなった時、鮫が群をなして通ることがあった（迫間こゆきさん・大正八年生まれ）。
③志摩町布施田では旧暦六月二十五日を「行きゴサイ」、二十六日を「帰りゴサイ」と称し、鮫が伊雑宮へ行き来する日だとして両日は海に入ることを避けた。海女達は浜休みにしてイソベ様に参った。布施田には鮫島と呼ばれる岩島があり、ゴサイの日には鮫が鮫島に子をスリに来る（産卵に来る）と言い伝えている（田畑たづさん・大正十年生まれ）。

谷川氏は、「志摩の磯部」という文章の中で、「熊野灘から海上を渡ってきた海人族は、地図を開いてみれば直ちにわかるように、まず的矢湾の奥ふかい磯部の地に根をおろしただろうと思われる。」と述べている*21。志摩の海女達が鮫と行動をともにするごとくに伊雑宮に参拝するという習俗は古層のトーテミズムの残映を思わせてやまない。〈伊雑宮〉〈鮫〉〈海女＝海人〉というキーワードはたしかに古代から現代まで続いているのである。

しかし、現実には、旧暦六月二十五日前後という時期は、胎生・卵胎生の鮫が、事例③のように湾内の磯に産卵・子生みにやってくる時期で、海女にとっては極めて危険な時期であった。したがって、この時期を、浜休み、イソベ参り、物忌みに当てていたのである。先に、古代、三河の佐久島からの鮫の干物、日間賀島からは鮫肉が献上されていた例をあげた。志摩でも鮫タレと称して鮫の干物を食べる習慣があり、伊勢神宮の神饌にも乾鮫がある。ヒレはヒレ酒に利用され、脂も活用された。『日本書紀』では「鋤持神《さひもちのかみ》」と記されている。また、島根県や広島県の山中では、鮫をワニと称し、そのサシミを好んで食する風もある。鮫は、海人・海女にとっても実に複雑な存在であった＊22。

柳田國男・折口信夫の眼ざし

柳田國男は二十四歳の八月から九月にかけての一か月、伊良湖岬に滞在した。明治三十一年（一八九八）のことである。この旅の体験・見解は、明治三十五年、雑誌『太陽』に「伊勢の海」として発表され、後に、明治四十一年「遊海島記」として『文章世界』に発表された＊23。その折、柳田は、先に「伊良湖の海士」の項で紹介した「恋路が浜」を舞台として重要な記述をしている。「嵐の次の日に行きしに、椰子の実一つ漂ひ寄りたり。打破って見れば、梢を離れて久しからざるにや、白く生々としたるに、坐に南の島恋しくなりぬ。」――この椰子の実との邂逅については『海上の道』[24]『故郷七十年拾遺』[25]でもふれられており、この話に感動した島崎藤村が「椰子の実」という詩に叙情的な思いをこめたことは広く知られている。柳田國男自身、生涯その感動と刺激を温め続け、そこから得た主題に資料づけと分析を重ね続けて最晩年『海上の道』として結実させたのであった。海上はるか南に向けられた柳田の眼にはじつに多くのものが映っていたのである。

折口信夫は、大正元年（一九一二）二十五歳の八月十三日から二十五日まで大阪府立今宮中学校生徒伊勢清志・上道清一をつれて志摩・熊野を旅した。その時、海に真向った深い思いは折口の学問形成の核になったと言ってもよかろう。「妣が国へ・常世へ——異郷意識の起伏」の中に次の記述がある[26]。「十年前、熊野に旅して、光充つ真昼の海に突き出た大王ヶ崎の尽端に立った時、遥かな波路の果に、わが魂のふるさとのある様な気がしてならなかった。此をはかない詩人気どりの感傷と卑下する気には、今以てなれない。此は是、曽ては祖々の胸を煽り立てた懐郷心（のすたるぢい）に、間歇遺伝（あたゐずむ）として、現れたものではなかろうか。」——大王ヶ崎とは三重県志摩市大王町の大王崎である。自筆歌集『安乗帖』[27]の中に、右の文と照応するような次の歌がある。

「青海にまかがやく日の　とほとほし母が国べへ　船かへるらし」

柳田は伊良湖岬、折口は大王崎で、若き日、ともに海の彼方に原郷を直覚し、それを終生温めて学問形成につなげたという共通性には驚かされる。そして、その海は太平洋、二つの岬はじつに近い距離にある。海彼、南の海への思いは、柳田においては椰子の実だったのだが、折口は、その後、クスノキ科の常緑高木のタブ（椨）にこだわる。『古代研究・国文学篇』、『古代研究・民俗学篇1』、

『古代研究・民俗学2』の口絵写真に、能登半島のものと思われるタブの森やタブの葉の写真が八点収載されている*28。タブは、折口にとって海彼、南への思いをかきたてる植物だったのだ。折口の、大王崎における感懐は、折口学の中核をなす「まれびと」「常世」に深く潜入している。そこには「海」も深くかかわっていた。もとより、「まれびと論」の形成には、沖縄県八重山地方のアカマタ・クロマタ・アンガマ・マヤンガナシーや、参・信・遠国境山地に伝承された民俗芸能群も深くかかわった。

家ごとの「まれひと」

森浩一氏は、神日本磐余彦《かむやまといはれびこ》の東征の物語の骨組が、架空のことか、考古学的な現象に何らかの関係があるのかは真剣に取り組むべき問題であるとしてこれを追った。中で、森氏は、東征の物語に現れた丹敷浦の、複数の伝承地を比較し、以下の理由から三重県度会郡大紀町錦が有力だとしている*29。「錦からは、いずれも明治時代の出土ではあるが、古墳時代の銅鏡が四面、それぞれ別個の古墳から出土していて、その一面は三角縁神獣鏡であり、四世紀末の各地の有力な古墳で出土している類例の多い鏡である。このほか奈良時代ごろの海獣葡萄鏡が二面、さらに南宋の湖州鏡一面も出土しており、奈良時代から鎌倉時代にも海の拠点として注目されれいた土地とみてよかろう。」と述べ、同地が胃袋形をした自然の湾を利用した良港であること、古墳が土地柄からみて海人の長と推定されるなどとしている。神武東征の物語も、海上の道をたどって展開される壮大な物語である。

さて、大紀町錦には「ギッチョウ」（吉兆）と呼ばれる、神武天皇上陸復演の神事儀礼が伝えられている。この祭りの中核をなすのが七タカラの中心となるオタカラまたはタマと呼ばれる丸石である。一月七日零時、宿の当主が、誰にも見られないようにして、神武天皇が上陸したという浜の渚から丸石を左手で拾って、それを見ないで和紙に包む、七日、オタカラを懐に入れた神武天皇役が供まわりをつれて巡幸し、後に、オタカラは、浦人・漁民の代表たる船主に授けられる。常世の波に洗われた滑らかなタマが、毎年、神武役、タマ採り役によって浦人に授けられる様は、いかにも、まれびとから、常世の幸いを授かるといった印象を与える＊30。

ギッチョウの調査のために錦を訪れた折、さらに注目すべき「まれびと」の話を耳にした。その後も、いわゆる三重熊野を中心に、同様のまれびと伝承の探索を続けている。以下はその聞きとり資料の一部である。ここに示す「まれびと」は「アマの文化」そのものとは称し難いが、「海」にかかわる民俗の一つとして紹介する。

①節分の日、「鬼の目」と称して、波うち際の小石を笊《ざる》に入れて持ち帰る。それをイママメ（ウバメガシ）の枝とともに門口に飾り、イマメの枝で豆を炒る。家の主が大豆に鬼の目を混ぜ、屋根に向かって「福は内」と三回唱えながら投げる。この時雨戸は閉められている。投げ終えて主人が家に入る時、「モロモウ」と言う。妻は「ドウレ」と応じて雨戸を開ける。主人は、家の中から外に向かって「鬼は外」と三回唱えながら鬼の目と豆を撒く（三重県度会群大紀町錦・坂口由良夫さ

ん・昭和八年生まれ)。

②節分には柊かイマメのどちらかに鰯の頭を刺し、戸袋に挿す。大豆はイマメの木で炒る。この日、丹生津浜へ行き、小石をつかみ持ち帰って大豆に混ぜる。この日は雨戸を閉めておく。主人は、浜の小石と大豆を混ぜたものを持ち、一旦外に出る。玄関に立って「モロモウ」と叫ぶ。それに対して、妻が家の中で「ドウレ　モロモロ」と応じて戸を開ける。そこで主は、「鬼は外」「福は内」と三回唱えながら家の中に向かって大豆と小石の混ざったものを撒く(三重県尾鷲市須賀利町・世古鉄夫さん・大正十一年生まれ)。

③若水を汲む井戸は二十戸の共同井戸で、十二時過ぎ、桶にお供えひとかさねを入れて主が若水を汲みにゆく。雨戸は閉められている。家にもどった主は「モロモウ」と叫ぶ。家の中で妻が「ドウレ　モロモロ」と応じて戸を開ける。雨戸は、浜の小石・大豆・米を混ぜたものを戸外に撒き、撒き終えてから開けた(同・亀田みよしさん・大正九年生まれ)。

④元旦には主人が大西の共同井戸へなるべく早く若水を汲みに行った。もどると、玄関で「モロモウ」と唱えた。妻は、「ドウレ」と応じて戸を開け、「ヒトメ」と称する寄りつきの部屋に正座して迎える。次いで、主が「明けましておめでとう。」と挨拶し、妻が「明けましておめでとうございます。」と応じた。若水は雑煮に使う。屋敷は大晦日に潮水を撒いて浄めた(三重県北牟婁郡紀北町紀伊長島町古里・大西九女子さん・昭和七年生まれ)。

右で見る通り、三重熊野地方の海岸部には、節分または元旦に夫が「まれびと役」として外から「モロモウ」（もの申す）と来訪の挨拶をし、妻が、それに応じて「ドウレ」「ドウレ　モロモロ」などと唱えて戸を開けて迎える、始原の芸能とも言うべき儀礼が伝承されていたことがわかる。節分の場合、まれびとたる主人は、常世の波に洗われた、浄祓力の強い小石を持ち来り、家や家族に付着する邪悪なるものを追放し、福をもたらすのである。元旦には、まれびとを演ずる主が若水とその年の福をもたらす形になっている。事例③では浜の小石で屋敷を浄め、④では湖水で浄めている。「雨戸を閉める」という形は忌みごもりを意味している。

家の主が来訪神を演じ、その家と家族を祝福するという、「家ごとのまれびと」は、折口の「まれびと論」とも、先に引いた「ギッチョウ」のごとき神事儀礼とも深くかかわって重要であり、民俗儀礼として見逃すことはできない。特に、潮に洗われた浜の小石を豆と混ぜて呪術儀礼を行う「節分のまれびと」は海とのかかわりにおいて注目すべきである。

海の復権

「白砂青松」と讃えられたこの国の海辺の風景は激変した。相次ぐダム建設によって河川が砂を吐き出さなくなり、浜辺の砂は減少の一途をたどっている。その対応として消波ブロックの列が出現し、景観を異様にした。かつて、この国の人びとは浜辺で様々な寄り神を迎えた。そして柳田は浜辺で椰子の実と邂逅したのだった。そのような砂浜も、今ではプラスチック・発泡スチロール・

廃油などが漂着し、汚されている。柳田や折口が岬に立ち、海の彼方に向けた遥かにして深い眼ざしは過去のものとなった。「玫瑰《はまなす》や今も沖には未来あり」という中村草田男の句、戦後の流行歌「憧れのハワイ航路」などに見られる通り、外つ国に渡る手段が船であった時代、海の彼方には光があった。この国の人びとは好んで海辺に佇み、海を眺めた。ところが、渡航手段が航空機に転じてから、海は忘れられつつある。ここにも一種の悪循環が生じている。地球温暖化現象は海水温の上昇を招き、北海道の昆布の生育を阻害し始めた。それは水質汚染と相俟って昆布以外の海藻類・サンゴ類の生育にも悪影響をもたらしている。海草類の消滅は、食物連鎖の上から貝類を死滅させる。五島列島北端の島、宇久島の海士、古賀力さん（昭和五年生まれ）から、ヒジキ・アラメその他の海藻が平成十二年からなくなり、その結果、鮑・栄螺が激減したのでやむなくイカ漁に転換したとの嘆きを聞いた。海を再生させ、海を復権させる方途を真剣に探らなければならない。

【註】

1　宮本常一「海人ものがたり」初出一九七八（谷川健一編・日本民俗文化資料集成4『海女と海士』三一書房・一九九〇）
2　宮本常一　前掲1に同じ。
3　野本寛一『熊野山海民俗考』（人文書院・一九九〇）・同「紀州びとの渡海―潜水出稼ぎと海外移住―」（森浩一・谷川健一ほか編・海と列島文化8『伊勢と熊野の海』小学館・一九九二）

4　柳田國男　『遊海島記』初出一九〇二（『定本柳田國男集』第一巻・筑摩書房・一九六二）

5　野本寛一　『生態民俗学序説』（白水社・一九八七）

6　野本寛一　『海岸環境民俗論』（白水社・一九九五）

7　岩田準一　『志摩の海女』（鳥羽水族館内中村幸昭・一九七一）、初版は『志摩の海女』（アチック・ミュージアム・一九三九）

8　岩田準一　前掲7に同じ。

9　森浩一　「海人文化の舞台」（森浩一・谷川健一ほか編・海と列島文化8『伊勢と熊野の海』小学館・一九九二）で指摘。

10　愛知県史編さん委員会「海の生業」（『愛知県史・別編民俗3三河』愛知県・二〇〇五）

11　森浩一　前掲9に同じ。森浩一「日本文化にとっての海人」（森浩一編・第一四回春日井シンポジウム『海人たちの世界―東海の海の役割』中日出版社・二〇〇八年）

12　小島廣次　「津島とお天王さま」（森浩一・谷川健一ほか編・海と列島文化8『伊勢と熊野の海』小学館・一九九二）

13　津田豊彦　「津島神社」（谷川健一編『日本の神々・神社と聖地』10東海・白水社・一九八六）

14　鬼頭秀明　「山車と造り物風流」（愛知県史編さん委員会『愛知県史・別編民俗2尾張』愛知県・二〇〇八）

15　福岡猛志　「津島神社の信仰」（二〇〇八・当シンポジウム講演予定）

16　大下武　当シンポジウム資料集収載予定

17　赤塚次郎　「海部郡と三河湾の考古学」（森浩一・谷川健一ほか編・海と列島文化8『伊勢と熊野の海』小学館・一九九二）

18　堀田喜慶ほか　『木曽川下流域低湿地域民俗資料調査報告2』（愛知県教育委員会・一九七三）

19　谷川健一　「海神の娘（鮫）」初出一九七四（『谷川健一著作集』第一巻・三一書房・一九八〇）・矢野憲一『鮫』ものと人間の文化史36（法政大学出版局・一九七九）・山下勝年「サメを捕った人々」（春日井シンポジウム実行委員会『第一

五回春日井シンポジウム資料集』二〇〇七）・和田萃「大王と海民」（森浩一編・第一四回春日井シンポジウム『海人たちの世界ー東海の海の役割』中日出版社・二〇〇八年）
20 谷川健一　前掲19に同じ。
21 谷川健一「志摩の磯部」初出一九七四（『谷川健一著作集』第四巻・三一書房・一九八一）
22 野本寛一『生態と民俗・人と動植物の相渉譜』（講談社学術文庫・二〇〇八）
23 柳田國男　前掲4に同じ。
24 柳田國男『海上の道』初出一九六一（『定本柳田國男集』第一巻・筑摩書房・一九六三）
25 柳田國男『故郷七十年拾遺』（『定本柳田國男集』別巻第三・筑摩書房・一九六四）
26 折口信夫『妣が国へ・常世へー異郷意識の起伏』初出一九二〇（折口信夫全集第二巻『古代研究・民俗学篇1』中央公論社・一九五五）
27 折口信夫『安乗帖』自筆歌集（折口信夫全集第廿二巻・中央公論社・一九六七）
28 折口信夫『古代研究・国文学篇』は一九二九、『古代研究・民俗学篇2』は一九三〇。ともに中央公論社の『折口信夫全集』に所収。
29 森浩一　前掲9に同じ。
30 野本寛一『熊野山海民俗考』（人文書院・一九九〇）

東海学のおさらい
―環探検家松浦武四郎のことほか―

森　浩一

一

日本文化の特色のひとつは、各地域にそれなりの文化と歴史、さらに生産力を主とした力があることである。ここでいう各地域とは出雲、吉備、越《こし》（日本海沿岸の東部）のような歴史的地名ともいえる面積が広く、歴史を描きやすい地域のことである。

面積はそれほど広大でなくとも壱岐や対馬（津島）なども典型的な地域である。三世紀の『魏志』東夷伝倭人条（俗にいう倭人伝）の冒頭の部分はこの二島の紀行文風の記述から始まり、対馬国では六十四字、壱（一）支（岐の減筆）国では五十七字を費やしている。なんでもないことだが四十五字からなる邪馬台（臺）国よりも字数は多い。前にこの事実をある市が主催する講演で指摘したら、邪馬台国問題でヤマト説の立場で発言している某博物館の館長さん（考古学者）があとの討論でぼくが話した事実を初めて知ったといって驚いていて、ぼくのほうが驚いたことがある。考古学からみた邪馬台国論といっても、問題の出発点は『魏志』倭人伝の記述であり、それを読んでおくのは当然のことであり、それすらなかなか実行されていないことの実例をぼくはその時いやというほど知らされた。

『魏志』では対馬国と一支国とを国扱いしているが、律令体制下ではすぐに国扱いになったわけではなく、国に準じた「嶋」とされ国分寺のことを嶋分寺とよんでいた（九州という場合には対馬と壱岐は含まない）。

対馬島や壱岐島と同じく北西日本にある五島列島も同じで、貞観一八年（八七六）に大宰権帥の在原朝臣行平が五島や平戸の重要性を奏上して壱岐島や対馬島と同じように値嘉島として肥前国とは別に扱うことを提案した。行平の提案は実現しなかったが、平戸や五島列島の重要性に早く気付いた人がいたのである。

五島列島は古代や中世には中国との交渉上きわめて重要で、明時代に中国で刊行された日本の案内書（例えば『日本考』）では、九州島全体の地図と五島の地図とがほぼ同じ大きさで図示されている。これは五島の交通上の重要性を反映したものである。

五島列島に奈（那）留島がある。鳴島と書いてあることもある。長崎県の出身者でも奈留島といってすぐに分かる人は多くはないだろう。この島に奈留浦という港があって、平安時代に山城出身の恵運という僧が入唐するさいには、この島で唐の商人と力をあわせて船を建造し直してから唐へ渡っている。五島は船の材料となる舟木がとれるだけでなく、造船の技術者もいたのである。さらに驚いたことに恵運は帰りにまた奈留浦に寄っている。これは恵運だけではなく、そのあとで入唐した讃岐生まれの僧円珍の渡航にさいしても奈留浦を使っている。室町時代の日明貿易でも奈留浦はしばしば使われている。このように奈留島は小さな島だが、中国との海上交通上の重要拠点だったのである。

この例から分かるように地域学の範囲は西北九州全体でもよいし五島列島を一単位としてもよい。場合によっては奈留島に焦点をあてることも可能である。

いずれにしても日本歴史の勉強といえば大和や京都だけの歴史であったり、そこを中心にしすぎての歴史であったり、また天皇や公卿の勉強だけですむと考えていたのでは本当の日本歴史は輪郭さえも掴めないのである。といって地域とは気が遠くなるほど多くあるといってたじろいでいては人生が尽きる。どの地域からでもよい、切り込んでみること。すると他地域との関連がわかってきたりしてすぐに研究領域はひろがる。

そういう意味ではこの数年間、政治家たちからも〝地方の時代〟に代わって〝地域の重要性〟がよく聞かれるようになったのは考古学や歴史学での地域史掘りおこしが影響したのであろう。さらに大学の講座にもそれぞれの地域学を開講しだしたところもかなりある。その風潮は歓迎すべきとみている。この場合よほど講義の担当者の側にその地域についての実践的研究があればよいけれども、その逆の場合はみじめな結果に終る。

ぼくが地域の大切さを知りだしたのはかなり遡る。手前味噌にはなるがぼくが同志社大学にいたとき総合科目として「京都の自然と歴史」を中世史の中村研さんたちとでやりだしたのは昭和五〇年ごろだった。南山城に田辺校地ができると「南山城の古代」をぼくは停年までやりつづけ、いずれもが地域学としての京都学の前史の役割を果たしてきた。以上二つの実践は今回『京都の歴史を足元からさぐる』（学生社刊）の五冊シリーズの執筆に大いに役立っている。

二

ぼくの地域学の取り組みをふり返ると東海学は決して早いほうではない。一九九三年六月に春日井市は市制五〇周年の記念行事として「春日井シンポジウム」が企画されぼくがお手伝いするようになった。そのときのテーマは「継体天皇と尾張の目子媛」であった。継体天皇は水野祐先生が新王朝の始祖王といわれてから学界で注目されているが、越の地域史にとっても山背（城）や河内の地域史にとっても主要研究テーマである。それとともに尾張の目子媛は尾張の豪族（尾張連草香）の娘として近畿入りまえの継体大王の妃になり、安閑天皇や宣化天皇の母でもある。つまり東海学の重要テーマであるとともに越とも近畿中枢部とも関係してくる。さらに最近では継体王朝が近畿入りをするにさいして尾張勢力の軍事的支援もあったとぼくは推定するようになり東海の潜在的な力が垣間見えてくる。第一回めのテーマはそれから十数年をへた現在、もう一度取りあげても充分新鮮なテーマであるとおもう。

ぼくは毎年の春日井シンポジウムに参加するうちに、東海学の輪郭が頭に浮ぶようになってきた。第十回めのシンポジウムが終ったあと中日新聞社から「東海学事始め—東海の歴史を歩く」の週一回の連載を文化欄に執筆してはどうかとのお誘いをうけ、よい機会と考えて引きうけた。まず二〇〇三年六月四日にぼくと「東海地域との出会い」から書きだした。そういえば戦後すぐに関東の学界が主となって始めた静岡市の登呂遺跡の発掘にも、関西から手弁当で参加しているし、敗戦の直後に伯父の家が大垣にあったのでそこを拠点として各地の古墳を踏査するなどから書き始めた。このように東海でのぼくと遺跡のかかわりはぼくの十代後半に始まっていたのである。

「東海学事始め」の連載は翌年の七月二十一日の「ええじゃないか（牟呂八幡社）」までの六〇回で終った。このころ発病していた腎臓病が重くなってきて、毎回のように遺跡や寺社の現地を再度訪れてみることが次第に困難になってきたことも連載を終えた原因である。遺跡や寺社の再訪でもっともきつかったのは岐阜県と長野県境に横たわる神坂峠行きだった。でもこの難路を伝説上の日本武尊や天台の僧最澄も歩いて通ったことをおもうと耐えることができた。

「東海学事始め」は学生社から出版された。東海学に関心のある研究者なら得意分野だけでなく、〝ここに取りあげられた六十個所ばかりの遺跡や寺社は見たことがあります〟を努力目標にしていただくとよいと考えている。これは前に『関東学をひらく』（朝日新聞社）を刊行したころ、せめて関東で見ておいてほしい遺跡や寺社を五〇とりあげて解説をつけて『朝日グラフ』の特集「関東学発見」に掲載したことがある。そののちある講演会が終ったとき〝五〇のうち私はやっと一七行けました〟とぼくより年長のご婦人がいってくれ、一般人の熱心さに感心したことがある。関東学の講義を担当している人が果たしてこの五〇のうち何個所を知っているのか、今もあの婦人の生き生きとした顔付きをおもいだすとともにそんなことをふと思う。

三

「東海学事始め」の最終回に「ええじゃないか（牟呂八幡社）」にしたのは一つの考えがあってのことである。三河国の穂の地域は東三河で、古代には穂国とよばれたことがある。二字表記では宝飯とも宝飫とも書く。平城宮の木簡に「宝飯郡豊川郷」の墨書があって、穂の地域は宝の字でも豊の字でもあらわせる土地で、要するに生産力の豊かな土地とみられた。

豊橋市の海岸に縄文時代以来の大西貝塚をはじめとする大貝塚が列状に存在している。大量のハマグリの貝殻の堆積する貝塚で、貝塚の大きさの割には土器や石器片、それに動物や魚の骨など要するに付近に生活者のいた気配を感じさせない大貝塚である。遺物の数が極端に少ないので貧乏貝塚とよばれたこともある。

ところがこの貝塚に学術調査のメスが入るとそれはハマグリを大量に捕って土器で熱湯を沸かして貝の殻をあけ、剥いた貝の身を天日に晒して干し貝を大量に作っていたことが判明しだした。日常生活の場ではなく生産の一大拠点だったのである。このような貝塚は東京都北区の中里貝塚でも知られていて、縄文の社会が従来想像されていたよりはるかに進んでいたことが分かりだした。さらに大西貝塚では干し貝作りだけでなく製塩もしており、東海を含め西日本での最初の塩作りのおこなわれた土地であることも明らかとなってきた。

ぼくは何度も現地を訪れるうちにこれらの大貝塚が列状に分布する土地が近世や近代には牟呂とよばれた土地であることを知り、貝塚群の全体を牟呂貝塚群とよぶことを提案し幸いそれを使う人が増えだした。

どうやら「穂」とか「宝」とか「豊」の字であらわすこの地域の生産力とは、米つまり穂で象徴できるような農業の生産力だけではなかったのである。

これらの貝塚のなかにはその後の時代にも干し貝生産をおこなっていた個所もあり、(貝塚が形成されつづけ、より大きな貝塚になっていった）近世の吉田藩でもこの地の干し貝を特産物にしていた。

江戸時代を終らせた民衆運動に慶応三年（一八六七）から翌年までつづいた「ええじゃないか」運動のあることはよく知られている。徳川幕府の武力的倒壊には薩摩と長州の力が大きかったけれども、それを支えた民衆から湧きおこった熱狂的大運動に「ええじゃないか」のあったこともよく知られている。

ぼくも長い間漠然と西日本でおこった運動とみていたが、研究が進むとその始動の地は三河であり、それも東三河であり、さらにつきつめると豊橋の牟呂八幡社であることを知り、牟呂の地の潜在的な力の大きさを改めて痛感した。

江戸時代の倒壊にさいして大藩の名古屋藩（尾張藩）が目立った働きをしたことは知らないが、三河の民衆が幕府倒壊の源動力になったことは見逃してはいけない。幕末の牟呂には、よほど政治の先が読め、かつ実行力をもった智者がいたのは間違いなかろう。なお江戸時代の歩く民俗学者としての菅江真澄は三河生れであることは知られている。ぼくの希望をこめた勘では牟呂地区の生まれではないか。この研究はさらに誰かに託さねばならない。

四

「東海学事始め」を書いたときまだ一項目にはしなかったことがある。ぼくは地理学で「東京湾」とか「伊勢湾」が使われていることに問題を感じだした。いわゆる「東京湾」は古代の国名では安房、上総、下総、武蔵、相模の国々に及んでいるので、安房はもと上総だったとして「総武相の内海」として東京の過大な扱いにぼくなりにブレーキをかけた。同じことは「伊勢湾」でもいえるので三河、尾張、伊勢にまたがるとして「三尾勢の内海」の使用を提唱し伊勢神宮のある伊勢を強調しすぎないようにしたことがある。

実は三尾勢の内海のなかでもとくに三河湾が中世や近世に捕鯨が盛んだったことがわかりだし、以下そのことについて少し述べる。

八百富神社所蔵の絵馬（寄託管理：蒲郡市博物館）

鯨捕りは縄文時代から盛んで、六世紀の西北九州の三個所の古墳壁画に数艘の舟（おそらく丸木舟）で鯨とみられる大魚を取囲んでいる図柄がある。縄文時代や弥生時代には身体の弱った鯨が海岸に寄ってくるのをわずかに捕っていただけではなく、積極的な一つの漁獲法ができあがっていたのである。

鯨は中国の後漢時代に「海の大魚なり」という考えが示されてから日本でもその考えを踏襲し、魚の王者といういい方もあったし土佐の「よさこい節」でも大きな魚という意識はつづいている。魚の仲間という意識にもとづき、鯨の肉という場合、ぼくは鯨の身という言葉を使うことにする。

古代にはクジラのことを鯨鯢とも書いた。雄を鯨、雌を鯢と分けて書くことは後漢以来の中国での用法であり、奈良時代から日本でも伝統としてその用法を使った。雄のクジラをあらわす鯨の旁にある京は巨大なという意味、雌のクジラは捕ってみると子（児）を胎児としてお腹に宿していることがあるし出産後にも児クジラが寄り添うように泳いでいるのでついた言葉である。

古代に東海で鯨捕りをおこなっていた史料はまだ見出せない（もっとも熊野の有馬村では長元八年（一〇三五）に大魚が上がって三百樽の油を得た記録はある）。室町時代になると都の史料に東海からもたらされたとみられる鯨（荒巻など）の記事がしきりとのこされている。これらの史料については織田信長が都に入った永禄一一年（一五六八）以降に増加する傾向はあるが、それ以前にもかなりの関係史料がある。

松江重頼が撰した『毛吹草』は成立は一七世紀ながらそれ以前の世情をも反映していたとみられ、巻四の「諸国の名物」のなかに「伊勢の鯨」があり、これに対応するように一五世紀から一六世紀前半の史料に伊勢湾の鯨の荒巻が天皇、将軍、公卿の間での献上品や下賜品となったことを示す史料は多い。これらの鯨は鯨汁として食べられていた。

鯨汁の材料となったのは荒巻として運ばれてきたきつい塩をしたクジラの身（おそらく塊）であり、それを切って塩抜きをしてから汁に料理し多くの人が舌鼓をうったとみられる。

信長は自分が都入りをする前から、都での上層階級が東海産のクジラの身を珍重していたことを知っていて、禁裏（天皇）にも献上しているし有力な大名を饗応するときにもクジラ料理を加えていた。例えば上京した翌々年（永禄一三年）の正月には禁裏へ献上した鯨が公卿に分与されたことが山科言継の『言継卿記』にでている。

永禄一三年（四月に元亀元年となる）の段階では信長はまだ伊勢全域は掌握できておらず、これらの鯨は尾張の知多半島を基地とした三尾勢の内海（とくに三河湾）で捕ったのではないかと推定している（もっとも中世は交易網が発達していたから、商人がもたらしたことは考えられる）。

三河湾の捕鯨についてぼくの目を開かせたのは昨年（二〇〇七年）の「春日井シンポジウム」（『日本の食文化に歴史を読む―東海の食の特色を探る』）に誌上参加で「サメを捕った人々」を執筆された知多在住の山下勝年氏が、享保九年（一七二四）の墨書のある鯨捕りの絵馬が蒲郡市の八百富神社にあることを教示されたことである。

八百富神社へはぼくは一九九四年に岡崎での講演の前日に行ったことはある。しかしその時は絵馬のあることを知らなかった。蒲郡の海岸から約四〇〇メートルの橋で渡れる竹島に鎮座する神社で竹島弁財天ともいわれ、市杵島姫を祠っている。島全体が魚付保安林に指定されている。

この絵馬は三隻の舟で鯨を取囲んでいて、その構図は西北九州に三個所で確認されている線刻壁画での鯨捕りの情景と共通している。古くからの伝統漁法によっているとみてよかろう。

この絵馬は縦四一・五センチ、横五三・五センチだが鯨や漁師の描写はなかなか上手である。今は蒲郡市博物館に寄託されていて、ぼくは二〇〇八年一〇月二六日に実見できた。そのさい蒲郡とは三河湾をへだてた田原市波瀬《はぜ》に、慶応二年（一八六六）に漂着した体長一五メートルの鯨の油を売ってその金で願照寺を建立したことのあることを知り、いよいよ三河湾の捕鯨について深められそうだと感じた。このときの鯨の骨は願照寺に保存されているとも聞く。なお蒲郡と波瀬は直線距離で約一〇キロである。

ぼくは捕鯨を縄文時代以来の日本の深層文化に数えるべきだと考えだし、その面でも東海は一つの役割を果たしてきたのであった。

五

松浦武四郎は東海の伊勢の出身者である。東海生れの先人のうちでぼくがもっとも敬愛する人である。武四郎がどういう点で敬愛できるのかについては順次述べる。作家の司馬遼太郎さんも「北海道、志の場所」と題する短文で武四郎を激賞しておられる。まずその個所を引用しよう。

「松浦武四郎は、日本史が輩出した探検家の中で一番意志力が強く、科学的で、文章力のほかに絵画描写力もありました。北海道に生涯を入れあげた大旅行家です。蝦夷地は当時、道路といえる道路がない。山野を跋渉していくうちに、アイヌに同情していく。そこが松浦武四郎の非常に魅力的なところです。江戸期のヒューマニズムを知ろうと思ったら、松浦武四郎を知れば何となくわかってくる。キリスト教によらないヒューマニズムです」（『司馬遼太郎が考えたこと』12、新潮文庫）。

これだけの武四郎評をぼくは読んだことはない。さすがに司馬さんだ。この短文の初出は昭和五八年六月五日の『週刊朝日』の増刊号でぼくはそれを知らなかった。偶然にも『司馬遼太郎が考えたこと』の巻末に以前に書いた「司馬遼太郎さんの倜儻不羈《てきとうふき》の人」のぼくの短文が再録されることになり、そのご縁で本を頂きまっ先に見つけたのが武四郎評である。

ところで司馬さんの文章のなかの「アイヌに同情していく」という個所は「同情」より「理解を深めていく」のほうがより事実にふさわしいかと考える。

武四郎は伊勢の一志郡須川村小野江で文政元年（一八一八）に生まれた。須川村はのち三雲村となり三雲町をへて現在は松阪市になっている。ぼくは武四郎が生れ育った小野江という土地が武四郎の人間形成にとって一つの役割を果したとみている。

小野江は海岸に近く、地名に江がつくように船の出入のできる潟地形が近くに点在していたとみられる。『日本書紀』の雄略一七年の記事に土師連の祖吾笥《あけ》が私の民部《かきべ》を献上した藤形（潟か）も北方至近の地にあり、中世の三津の一つの安濃津（略して津）もあったしその周辺には伊勢平氏の拠点（その一つが木造荘）もあった。

小野江には甚目という字があって、隣接してある西肥留遺跡からは古墳時代後期の準構造船の船材を転用した井戸も発掘されている。この甚目からは尾張の海部郡の甚目寺で出土する蓮華文の丸瓦に酷似した瓦の出土する奈良時代の寺跡があって、尾張の海部と伊勢のどちらにも甚目氏の海上交通の拠点のあったことが知られる。

このように武四郎が生れ育った小野江とその周辺は、伊勢きっての海上交通の拠点に近く、遠隔地から往来してくる人びとのもたらす情報が、若き日の武四郎の知識欲をかきたてたことは容易に推測できる。

六

先ほど引いた司馬さんの武四郎評のなかに、武四郎は「北海道に生涯を入れあげた大旅行家」という一説がある。この部分は二つの点で修正をしたい。

一つは武四郎が北海道に入れあげたことは間違いないが武四郎は九州や四国、とくに辺境の島々の見聞においても稀有な旅行者だったという点である。武四郎は一六歳から旅をはじめていて江戸へ行った帰りに信濃の善光寺に詣っている。天保四年のことだった。

翌年の一七歳では京都と大坂、さらに播州、備前、讃岐、阿波などを巡っている。天保六年の一八歳には河内、大和、山城、摂津、丹波、丹後、若狭、越前、加賀、飛騨、美濃、三河、甲斐、下野、陸奥の一部などの大旅行をし、その翌年の天保七年には阿波、土佐、伊予、因幡、出雲、安芸などを廻っている。

二〇歳になると九州の各地を巡り、薩摩では離島といってよい甑島にも足をのばし、翌年は長崎に滞在、さらにその翌年の天保一〇年には平戸と五島を廻り、平戸ではある寺の住職になっている。天保一三年にはイカ釣舟に便乗して壱岐へ渡りさらに対馬へも行って対岸の朝鮮半島を眺めている。このように一〇歳代から二〇歳代には西日本、とくに九州や四国、さらに壱岐、対馬、五島などの辺境の地に強い関心をもち、『四国遍路道中雑誌』や『西海雑誌』などを著していて、北海道だけに関心があったわけではない。

二〇歳後半から関東への旅が増え、二八歳で商人になって初めて蝦夷地に渡り、翌年には蝦夷地から樺太へも渡っている。このころロシアやアメリカの船も蝦夷地をうかがい始め、幕府も武四郎の才能を認めて蝦夷地御用に任命した。といって公人となっても武四郎の蝦夷地巡りはいっそう細かくなり、安政五年には『近世蝦夷人物誌』の大冊を書きあげた。ぼくは武四郎の著作物のなかでも最も注目している。

明治政府が成立すると武四郎は、開拓使の判官となって、まず北海道という地域名の選定をおこなった。『天塩日記』によると北蝦夷のアイノ（武四郎の表記）が「カイとはこの国に産れし者の事」、男をカイナー、女をカイナチーとよんでいることを知り、海にはカイの国の意味をこめて北海道という地域名にしたとみられる。なお天塩は北海道の北東部にある。

イギリス人の宣教師ジョン・バチェラーが一九二五年に刊行した『アイヌ英和辞典』（家蔵本の第三刷の日付）には「カイヌ」を男児として収録している。バチエラーは北海道南部の有珠を活躍の地にしていたので、武四郎が感動したほどには「カイ」という語には留意していない。武四郎は山深い土地にまで足をふみいれその地のアイヌから言葉を学んだ。

このようにアイヌ人にも深い理解を示した武四郎だから、開拓使のアイヌ政策に同調することはできず、明治三年には早くも武四郎は開拓史の判官を辞している。武四郎五三歳のときでそれ以後は再び北海道を訪れることはなかった。司馬さんが武四郎は「北海道に生涯いれあげた」と書いている点は事実ではない。

七

武四郎ほど日本の国境線上の土地に関心をもった人は少ない。ぼくは前にも紹介したことはある(『ぼくの考古古代学』の「尖閣諸島と竹島の問題」の項、NHK出版)のだが、武四郎が嘉永七年(一八五四、一一月に安政元年と改める)に書き始め知人に贈り、明治四年に刊行された『他計甚麼(竹島)雑誌』(一般には『竹島雑誌』でよかろう。武四郎も明治三年刊行本の凡例では『竹島雑誌』と記している)である。地図入りで竹島の産物などにもふれ、日本人でこの島に関心をもつ者の少ないことを憂えている。武四郎は竹島には渡っていない。これは山陰の人たちからえた見聞をまとめた著作である。そのため記述には竹島だけでなく、その北方に位置する欝陵島《うつりょうとう》のことも混ぜていて、近世の山陰人の行動範囲の広さがわかる。

この島は戦後になって韓国軍に占拠されつづけ、最近も教科書の記載をめぐって韓国人が熱狂的な運動をおこなっているが、韓国の政治家や近代史の学者が武四郎の著作を知っているのかぼくは疑問におもう。まず日本の政治家や近世史の学者がこの本を読んでおくべきであろう。教科書にも、武四郎が竹島の本を著したという事実で教えれば、文句のつけようはないだろう。ぼくは日本人側の怠慢にもうんざりしている。

武四郎は市井の人となってからの明治七年に北海道と千島の地図を描いた大きな「北方地図鏡」を北野天満宮に奉納した。このことについては講演で解説する予定である。

付記　武四郎について、吉田武三編『松浦武四郎紀行集』上・中・下(冨山房刊)を参照した。

講演

歴史研究の総合的視野

考えてみますと、日本の歴史を研究する場合の材料というのは、ほかのいろいろな国と比較しましても豊富です。おびただしい考古学の資料があります。民俗学の資料もどっさりあります。外国人、とくに中国人が書いてくれた日本の歴史も残っています。日本人自身が書いた『古事記』『日本書紀』『万葉集』もあります。この四つの種類の材料が共存しています。木簡を例にとってもお隣の朝鮮半島から出た木簡（木の札に墨で字を書いたもの）の百倍、あるいはもっとたくさんの木簡が日本にはあります。歴史を研究するための材料の豊富さが、お隣の朝鮮半島とはかなり違います。

その四種類の歴史の材料を、どのようにひとつにまとめあげるかということになりますと、戦後六十数年たつのにあまりうまく行われていないというのが、実情のように思います。私もぼつぼつそういう材料を総合したときに何が見えてくるかに挑戦してみなければいけないという気がしております。

たとえば、『古事記』や『日本書紀』というのは実によくできた歴史書ですが、いちばん書きたかったのは、ヤマトの天皇家の先祖がヤマト以外の土地にいたという大前提が一つあります。「高天原」

という謎の土地にいました。日向かもしれないし、日本列島以外かもしれません。高天原という土地に天皇家の先祖たちがいて、どこか移住するのにふさわしい土地はないかということで偵察隊を出します。偵察隊が見てくるのは出雲です。出雲という土地が非常に住みやすそうだと。そこには「あわだ」と「まめだ」がありました。面白いことにその土地に植わっていた農作物は米ではなかったのです。粟と豆でした。なんと読んでいたのかはわかりませんが、ひょっとしたら、「あわふ」「あめふ」だったかもしれませんが、古代の発音はともかく粟と豆でした。出雲を見に行った人が帰ってきて、武力を背景に国譲りをさせるわけですが、ここでまた非常に面白いのは、『古事記』や『日本書紀』では、そのあこがれの的であったはずの出雲に見向きもしません。瀬戸内海を東へ東へと行って、大阪湾で地元の人たちと大きな戦争をして、そこで敗れて、紀伊半島の海側を回り、三重県側の熊野から山越えをして、ヤマトへ入ってきます。そういうストーリーになっています。そして神武天皇がヤマトで、橿原というところに都をつくって、それ以後ずっと続いているというのが、『古事記』『日本書紀』のいちばん大きな骨組です。

ところが、中国側の歴史では、三世紀の魏という国の歴史書がほぼ同時代のことを同時代に歴史書にまとめあげたということで、非常に重要です。たとえば弥生時代の終わりに相当する後漢の歴史書「後漢書」が成立するのは（後漢という国は古く、魏よりも前の時代ですが）日本でいいますと巨大な前方後円墳ができている五世紀になってからです。「後漢書」というものも、元の「魏志」をかなり下敷きにして書いています。ただし、下敷きにはしていますが「後漢書」ができるのは五世紀ですから、その当時の日本の状況がところどころに交じってくるわけです。そういう意味で「魏志倭人伝」というものが非常に重要な材料なのです。「魏志倭人伝」がどのように成立したかというと、朝鮮半島の西海岸に帯方郡という中国（といって中国から独立した公孫氏の勢力）の出先機関がありました。朝鮮半島や日本を司る役所です。その帯方郡の役人が倭国にやって来ます。そのときの見聞録が重要な材料になっています。あとで述べますが、日本からも魏の都に使いが行っていますから、その人たちが持って行った情報も加味されていると思います。要するに帯方郡の役人の目を通した見聞録というのがいちばん重要な材料になっているわけです。

面白いのは「魏志東夷伝」といいまして東アジアを書いていますが、朝鮮半島は割合大ざっぱに書かれています。高句麗というのはどういう国だとか、扶余というのはどういう国だとか、ひとまとまりです。それが倭国に来たとたんに地域単位の記述になります。これは非常に大きな特徴です。「東夷伝」のなかで、どうして倭国だけは地域単位で書いたのか。その地域というのはどういう単位かといいますと、朝鮮半島の南から船に乗って海を渡りますと、まず対馬という国があります。対馬という単位を書きあげます。六十四文字です。「倭人伝」の中で二番目に多くの字数を費やしています。対馬というのは、現在でも一対二対の「対」に「馬」と書きます。それから、また海を渡ると今度は壱岐という国にいたります。壱岐もかなりの字数を費やして丁寧に書かれています。もう一つ海を渡ると唐津のあたりに行きます。末盧つまり松浦です。今日の話の松浦武四郎の松浦です。その唐津の周辺のことも書いています。それから九州を東へ行きまして、伊都国。伊都国というのは現在の福岡県前原市と同じくらいの範囲です。それほど大きくはありません。福岡県全体の十分の一くらいでしょう。その伊都国のことをていねいに書いています。百十三字と「倭人伝」ではいちばん多くの字数を費やしています。ところがやっかいなことに、伊都国を過ぎますと、見聞録の「見た」という知識が実際に反映したかがあやしくなってきます。聞録、倭人から聞いた情報を中心に書かれ始めます。現在の福岡市あたりの奴国までは国が推定できますが、そこから先はわかりにくくなります。

「魏志倭人伝」というのは西暦三世紀にできあがった倭国の歴史書ではありますが、おそらく中国からの使いが実際に体験した範囲は、現在の九州の北部くらいだろうということになります。そこから先は倭人から聞いたことが書かれているようです。問題の邪馬台国のことがいつまでたってもよくわからないというのは、そういうところに原因があるわけです。

そういう問題はさておきまして、「魏志」が倭国のことを書くに際して、対馬とか壱岐とか末盧とか伊都という一つの地域、律令時代の単位でいいますと、郡、一つの郡を少し大きくした程度の範囲で書いているということは、非常に重要なことです。やはり、日本列島というのはそういう単位で書かなくてはいけない何かがあったのだと思います。つまり、そういう地域単位の歴史というものが非常に強く出ていて、中国の使いも「倭国」とミックスジュースのようにして書くわけにはいかなかったと考えられます。

最近、私は「卑弥呼」とか「邪馬台国」とあまりいわなくなりました。なぜかといいますと、「邪馬台国」が「倭人伝」の中に出てくるのは一度だけだからです。たとえば、女王国という国は六回ほど出てきますが、「邪馬台国」は一度だけです。しかもやっかいなことに、「女王が都するところ」と書いてあるだけなのです。「女王が都する所」というのも、日本人が勝手にそう読んでいるだけです。中国の文章は非常にやっかいで、「都した所」なのか「都する所」なのかが、漢字の配列からはわかりにくいのです。その点、『古事記』や『日本書紀』を読むのとは分けて考えないといけません。中国の場合は、現在何について語ろうとしているのかという前提があります。いちいち主語は何かということは書きません。「倭人伝」全体で読んでいきますと、卑弥呼という人がある段階で死ぬわけです。「以て死す」などというやっかいな書き方をしています。「以て死す」と書いてありますから、ひと昔前は「すでに死す」と訳されていました。「三国志」全体の中で「以て死す」という用法は数十例あるわけですが、全部あたってみると「変死」、変な死に方をした人の場合にしか使われていないことがわかります。

ひと昔前は「倭人伝」しか読まなかったのですが、「魏志倭人伝」というのは、あくまでも中国人が書いた文章ですから、「三国志」全体でどういう字の使われ方がしているかが重要だということになってきました。いち早くこのことに気づかれたのは松本清張さんです。清張さんは「以て死す」という用法は非常に奇妙で、変死しているということを見抜きました。現在は「三国志」の用例が丁寧にチェックされ、病気で自然に死んだ人の場合には使わないことがわかっています。殺されたか、自殺したか、ともかく変死した人の場合に使います。

「倭人伝」には、「卑弥呼が死んで、大いに冢を作る」、おおげさなお葬式をしたということが書いてあります。「魏志倭人伝」の中では、女王・卑弥呼は死んだ人なのです。もし邪馬台国に卑弥呼が都したのであれば、「女王が都した所」と過去形で書かなければいけませんが、やっかいなことに「倭人伝」ではその卑弥呼のあとに男の王様が立ちます。ところが国が安定しないで、大きな戦争が起こって殺し合いをします。そこで、卑弥呼の一族の女の壱（臺）与という少女が女王になります。「倭人伝」では女王が二人いるわけです。壱与（いよ）あるいは「とよ」とも読ませますが、彼女の場合は、魏という国が次の晋という国になった翌年に、大きな使節団を派遣しているのです。「魏志倭人伝」は実はそこまで書いているのです。

魏の歴史なのに、次の晋王朝ができて、倭から壱与または臺が大きな使節団を出したことまで書いています。なぜ出したのかといいますと、卑弥呼から壱与にいたる時代は女王国の南側にある狗奴国（くなこく）（これも発音はわかりません、「くぬこく」かもしれませんが）の男の王様が支配する強大な国と戦争をしていました。女王国側はなかなか勝てませんでした。そのために、中国が帯方郡の役人を派遣していました。一種の軍事顧問団のようなものです。その中に張政という役人がいました。どこに滞在したのかはわかりませんが、たぶん北九州の伊都国だろうと思います。卑弥呼が死んで、次の壱与という女王が国を安定させるのを見守りました。倭国は晋王朝ができた翌年に建国をお祝いした使節団を送ったのです。このときに、長らく日本に滞在していました張政を連れ帰るわけです。「魏志倭人伝」は張政らの軍事顧問団を送り届けたという文章が最後になっています。「三国志」の中では異例なこととして、魏の時代で終わるべきところを晋の時代まで書いています。

「倭人伝」に中国側がなぜこんなに細かく倭国の状況を書いたのかといいますと、九州の島の北部と中部で二つの国が対立していましたが、それが中国での魏と呉の対立に関係があるだろうという特殊事情があったからなのだと思います。

魏の歴史書に書かれていることと『古事記』『日本書紀』とが、どこで接点がもてるだろうか、と考えてみます。『古事記』『日本書紀』を通じて考えられることは、天皇家の先祖は九州にいた、日向の国にいたと書いてあります。それは現在の宮崎県かもしれないし、当時の日向は鹿児島県（薩摩、大隅）をふくんでいますから、場合によっては鹿児島県かもしれません。要するに南九州のどこかに天皇家の先祖はいました。そして、あるとき、『古事記』『日本書紀』に何度も出てくる、遠隔地のことをよく知っている塩土老翁（しおつちのおぢ）という老人に、どこかに移住先となるようないい国はないかと聞きます。すると、東の方にいい国があるということで、神武天皇の武装船団による東進、東への移動になります。九州島の東海岸を通り、瀬戸内海に入って、広島、岡山で数年ずつを経過してから、いよいよ大阪湾に入ります。大阪湾まで来たときに、そこにはナガスネビコというヤマトの豪族と、神武の軍隊よりも一足早く九州からヤマトに入ったという言い伝えをもつニギハヤヒがいました。その勢力が神武の軍隊と戦争をするわけです。そのときに神武の軍隊が、ひょっとしたらニギハヤヒとわれわれは同族ではないか、遠い先祖は一緒ではないか、何か証拠になる品物はないかと、戦争を一時中断して道具などを見せ合います。そのときに「ゆき」という矢を入れる道具、鏃の形をよく見せていたと思うのですが、それがまるでそっくりでした。そこでやはり、ニギハヤヒがひと昔前に九州からヤマトに入り、それから今回神武の軍隊が入ったことになりました。元は同族だったとわかったのですが、すでに戦争が始まっていたので、やむをえず戦争を続け、神武の軍隊が負けました。神武の兄・五瀬命（イッセノミコト）が死にます。

それから熊野へ迂回し、山から入ってヤマトを平定する物語になります。そのニギハヤヒの子孫が後の物部になるわけです。物部氏（うじ）というのは、ヤマト朝廷の時代に朝廷の軍事集団として重きをなしますが、同時にある意味ではもともと勝てなかった相手という負い目があったのでしょうか。そういうわけで、聖徳太子のときに物部の本家が滅ぼされますが、そのときにやっと九州から東に上って来た神武の軍隊の子孫が、一足先にヤマトに入っていたニギハヤヒの勢力をやっつけたのです。あの戦争にはそんな意味があるのです。

『古事記』『日本書紀』の細かい所に何が書いてあるのかではなくて、大筋でどういうことをいっているのか、それから「魏志倭人伝」でどういうことをいおうとしているのか、それをいかにうまく総合できるかを、もうそろそろやらないといけません。いずれにしましても、日本というのは地域という単位が重視されている国だということです。

東海におけるクジラ文化の重要性

二つ目に話をしようと思ったのは、130、131ページ（前回の資料集のページ数）あたりのことです。「東海学」の背骨のようなものができないかということで、この「春日井シンポジウム」を始めたわけです。始めたころは全く気がつかなかったことが一つあります。最近、体の都合で遠方への旅行ができなくなりました。やむを得ず、京都のことを書き始めました。京都の歴史を足もとから探るということを始めました。これはぜひ一度やりたかったことですから、幸い時間が与えられたということでもあります。

京都の歴史を足もとから探りだして、室町時代のお公家さんの日記などを読んでみますと、意外とクジラがよく食べられているのです。あれ、おかしいなと思い始めました。クジラといえば和歌山であるとか、千葉県の安房であるとか、山口県の青海島、五島列島などだという頭があったのですが、室町時代の天皇家、お公家さん、将軍、ときには禅宗のお坊さんも、クジラを食べています。信長が京都に入ってから、クジラを献上したのかと思っていましたが、お公家さんの日記を見ますと、信長が京都に入る前からかなりクジラが食べられているのです。今回、この絵馬をお借りできまして、市役所の上で展覧しています。実に写実的な捕鯨の絵です。享保九年のものです。

昨年のシンポジウムが終わりましてから蒲郡の博物館へ行きまして、この絵馬を見せてもらいました。渥美半島側のお寺でもクジラが流れ着いて、そのクジラの油を売って本堂を建てたりしたことを知りました。だんだんクジラのことがわかってきたわけです。そうこうするうちに、ある女の人が手紙をくれました。なんとその手紙でクジラの実物をこしらえて、それをお祭りのときに大勢の人で差し上げている絵があることもわかってきました。それは猿猴庵《えんこうあん》という絵描きさんが描いたものです。この人は名古屋の高力種信《こうりきたねのぶ》という名前の武士ですが、絵が非常に上手です。名古屋市博物館がクジラの絵を印刷したレターペーパーを作っていました。それで東京の女の人が私に手紙をくれたのです。さっそく名古屋市博物館に行って、この図録を手に入れることができました。

そうこうしているうちに、名古屋のお侍で絵の上手な内藤東甫という人がいて、その人が書いた「張州雑誌」という百冊もあるような膨大な絵の中に、知多半島の先端の師崎の捕鯨の状況を詳しく描いた部分があることがわかってきたわけです。去年（二〇〇七年）のシンポジウムの記録の本の表紙にこの一枚を使いました。こういう非常に克明な絵があることもわかってきました。

最初にいいましたように、三河湾の捕鯨というのはまったく頭の中にありませんでした。京都の歴史を足もとから探ることを始めてから、京都の天皇、お公家さん、将軍、お坊さんが、なぜ頻繁にクジラを食べているのかということから、三河湾のクジラ捕りについてのいろいろな資料がわかってきたわけです。江戸時代にも三河湾ではかなり大規模なクジラ捕りをしていました。

さらにもう一つ申しますと、松平家忠という徳川家康の家来がいます。この人はちょうど蒲郡と岡崎の中間くらいのところを領地に持っていました。日記が残っていまして、元和年間、毎年のようにお正月のところに「初クジラ」という言葉が出てきます。日は一定していません。年によって一月の二十何日のときもありますし、二十日のときもありますが、要するに三年続いて「初クジラ」が出てきます。元和年間にも三河湾ではクジラがかなり捕れたのではないかと、何日とは約束できないが、一月中には一回くらいクジラが手に入るわけです。松平家は家康の旗本衆で、その当時の石高に直すと数千石くらいのお侍です。後に大名になります。この松平家の子孫は江戸時代には島原半島の島原城の殿様になる家柄です。家康の時代は万石とりというほどの人ではありませんが、その日記にもさかんにクジラの話が出てきます。

三河湾のクジラが「東海学」にとっても一つの大きなテーマになると考え始めました。三河湾のクジラ捕りというのは、どうも船でクジラを追いまわして弱らせて、それをモリで突いて殺すというやり方をとったようです。縄文時代以来の古い伝統的なやり方をしているのではないかと思います。

八百屋富神社の絵馬ですが、誌上参加されました山下勝年さんは、知多半島先端の師崎の漁師がクジラを捕ったときに一致するから、師崎の漁師が奉納した絵馬ではないかと書いておられます。そうかもしれません。あるいは別の海岸の漁師が捕って奉納したのかもしれません。これはまだ一つの謎として残ります。いずれにしましても、三河湾のクジラというのは俄然大きな研究テーマとなったわけです。楽しいことであります。

松浦武四郎のこと

本日最後の私のテーマ、松浦武四郎のことに入ります。松浦武四郎は伊勢の出の人ですが、有名な学者について勉強したとか、有名な塾に入って勉強したという経歴のまったくない独学の人です。しかし、業績にはきわめて大きなものがあります。作家の司馬遼太郎さんも松浦武四郎のことを激賞しております。

「松浦武四郎は、日本史が輩出した探検家の中で一番意志力が強く、科学的で、文章力のほかに絵画描写力もありました。北海道に生涯を入れあげた大旅行家です。蝦夷地は当時、道路といえる道路がない。山野を跋渉していくうちに、アイヌに同情していく。そこが松浦武四郎の非常に魅力的なところです。江戸期のヒューマニズムを知ろうと思ったら、松浦武四郎を知れば何となくわかってくる。キリスト教によらないヒューマニズムです」(『司馬遼太郎が考えたこと』12　新潮文庫)。

武四郎という人は、十代で日本列島の大旅行を考えつきました。十六歳のときに江戸へ出て、帰りは信濃、善光寺を回りました。彼の最初の旅行です。翌年、十七歳のときは、京都、播州、岡山、そして四国へ渡り、紀州も旅しています。そして、十八歳のときがいちばんすごいのですが、この年は和歌山から始まって、大和、丹波、丹後、能登、三河、武蔵、仙台まで、一年中旅行し続けていました。どのような路銀を持っていたのか少し不思議です。とにかく十八歳のときは、一年間一度も家に帰らないで旅行しているわけです。そして、だんだん九州への関心が高まっていきます。長崎へ行ったり、島原や平戸へ行ったりします。平戸ではお寺の住職をして数年間を過ごしています。二十五歳のときには、イカ釣り舟に便乗して、壱岐、対馬に行き、対馬から朝鮮半島を眺めています。朝鮮半島に行こうという計画も持ったようです。さらにその翌年、二十六歳のときには長崎で、異国の船が現在の北海道あたりに圧力をかけてきたということを聞いて、それから北のほうへ関心が向くわけです。

武四郎という人は、司馬さんが書いているような北海道だけの専門家ではありません。若いころには西日本をよく歩いているわけです。そして、二十八、二十九、三十歳くらいのときは、もっぱら蝦夷地、後の北海道をくまなく歩いています。武四郎は、行った先の紀行文を本にして次々に出すので、それも多少路銀の足しにはなったかと思うのですが、著作物は非常に多いわけです。武四郎以前の探検家、近藤重蔵とか間宮林蔵などは海岸伝いに移動していました。しかし、武四郎は、先ほどの司馬さんの言葉にも出ていましたように、川伝いにずっと山奥まで入っていきます。大変な苦労をしながら蝦夷地の奥地まで入っていくわけです。そして、そういうところでアイヌの人たちと接触します。「同情していく」という司馬さんの書き方はちょっとまずいわけで、アイヌへの理解を深めていくわけです。

そのもっとも大きな業績として、安政五年には『近世蝦夷人物誌』を書き上げました。数十人のアイヌの人たちのことを細かく書いています。倭人がアイヌの人たちの生活の細部を書いた唯一の記録です。幕府も松浦武四郎という蝦夷地に詳しい人がいることがわかりまして、幕末のお雇い（臨時職員）にしました。慶長四年に幕府が滅んで明治政府が成立するわけですが、同時に明治政府

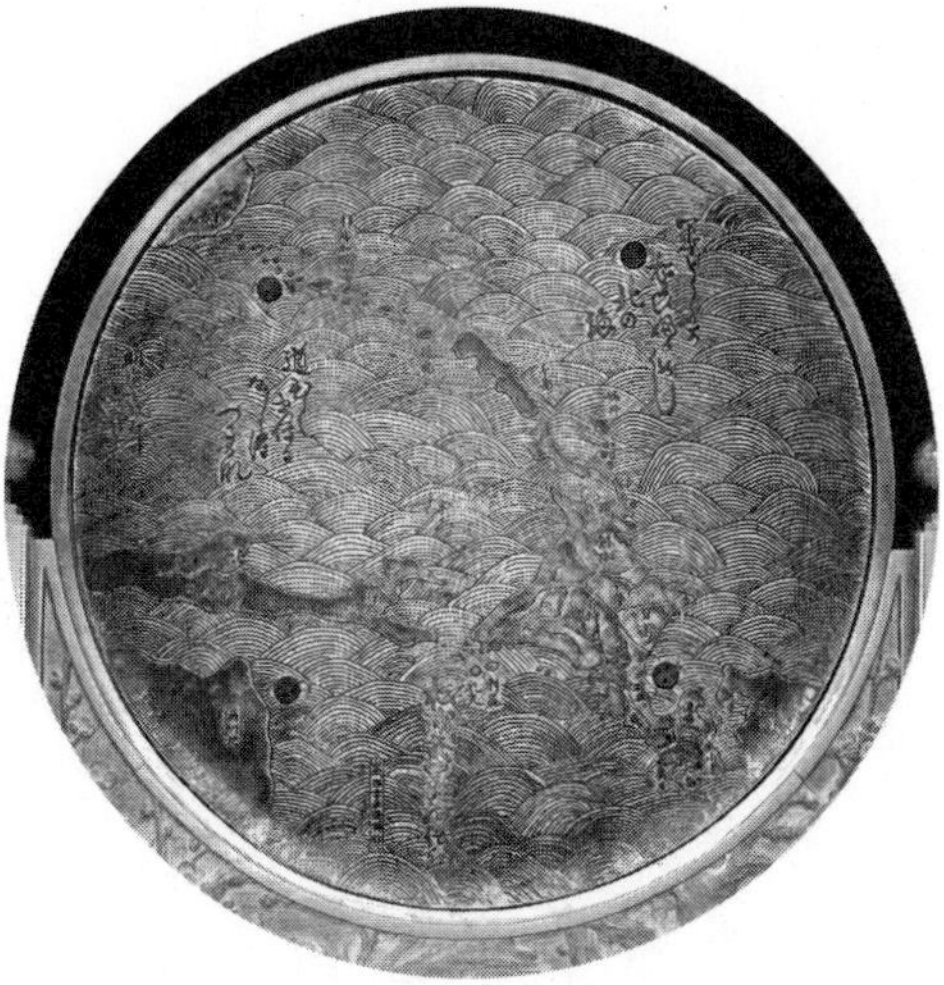

松浦武四郎奉納の「北方地図鏡」（北野天満宮　所蔵）
（実物写真から地図のラインをより鮮明に画像処理したもの）

上図をトレースした図

も武四郎を蝦夷地の役人として任命しています。明治の新政府はその点、非常にスピーディでした。松浦武四郎に何をさせたかといいますと、まず蝦夷地をなんという地名にするかを考えさせました。武四郎が考えたのが、「北海道」なのです。北海道という言葉は明治元年ないしは二年にはできるわけですが、これは南海道、西海道に対応する北の海の道というだけではありません。アイヌの言葉で「カイ」というのは勇ましい男子という意味があります。アイヌにはご承知のとおり文字はありませんから、どういう字で書くかは別です。武四郎はそのことを充分知っていて、北の海の土地という意味と同時に、北にいる勇ましい人たちの国という意味でも「北海道」と付けたわけです。武四郎の知恵というものを明治政府は上手に生かしているわけです。徳川幕府といい、明治の新政府といい、人物の使い方はなかなか巧みだったと思います。

ただし、武四郎はアイヌに対する新政府の政策とはまったく相いれませんでした。早くも明治二年に明治政府からもらった判官という役職を辞職しています。武四郎が北海道の政府で力をふるったのは、わずか二年弱のことです。その間にこれだけ大きな業績を残したわけです。北海道だけではなくて、北海道内の日高とか後志《しりべし》などいろいろな地名をすべて付けたのです。

武四郎は五十二歳で役人を辞めて自由人になります。自由人になってからは主に東京に住みますが、いろいろなことをします。一つ注目しましたのは、鏡です。直径九六センチもあり、古墳時代の鏡に比べるとものすごく大きいわけです。この鏡と同寸の鏡を加藤清正が奉納しています。加藤清正は日本列島の地図をそこに書いていますが、北海道は省かれています。南のほうでは、奄美大島などの島々も省かれています。武四郎は、日本列島の地図としてはきわめて不十分とみたのでしょう。まったく同じ大きさの鏡で、北海道、樺太、千島の三つを克明に表した鏡（「北方地図鏡」）を作り、北野天満宮に奉納しました。これは北野天満宮の宝物館で見ることができます。その地図を見ていただきますとわかりますように、今、問題になっています国後とか色丹（「醜丹」と字が違いますが）などの島々をすべて書いています。こういう極めて重要なことをしました。北野天満宮だけではなく、ほかの神社にもこれに似た鏡を奉納しています。武四郎は北海道の役人を辞めたあとも、日本の北辺に関心をもつことがいかに重要かを力説したわけです。

武四郎が足を踏み入れなかったのは、小笠原諸島と島根県の隠岐島だけだといわれていますが、出雲へ行ったときに竹島のことを細かく聞いて、幕末に「竹島雑誌」という本を作っています。このときはまだ何人かの知人に見せただけなのですが、明治四年にはそれが一冊の本として世に出ています。

竹島をめぐっては、日韓両国で領土問題が起きています。現在は韓国軍が占領してしまっていますが、どこの領土であったという事実よりも、江戸時代の終わりにすでに松浦武四郎という人が、「竹島雑誌」という絵や地図の入った細かい記録を残していたというのが歴然たる事実です。ただし彼は竹島には渡っていませんので、島根県の人から聞いたことを総合して書いていますから、一部、より北の鬱陵島《うつりょう》を混同して書いているところもあります。どこの領土であるかというようなことよりも、日本人も韓国の人も季節的に利用しに来ていた島なのです。日本の中学や高校の教科書では、江戸時代の終わりに松浦武四郎が「竹島雑誌」という書物を作ったという事実を大いに力説していいのではないかと思います。

日本の近世史を専門にしている学者はたくさんいますが、「竹島雑誌」についてふれた人は見たことがありません。そういう意味で、近世史はまだまだ江戸中心、京都中心の学問になっているのではないかと思います。『松浦武四郎紀行集』（冨山房刊）には「竹島雑誌」も入っていますから、参考にしてみてください。

座談会

考古学・民俗学になにができるか

座長　考古学者　森　浩一
近畿大学名誉教授　野本寛一
京都教育大学名誉教授　和田　萃
奈良県立橿原考古学研究所　寺沢　薫

長野で発掘された銅鐸と銅戈

森　昨年、長野県で銅鐸《どうたく》と銅戈《か》が見つかったという考古学上では実に面白いニュースがありました。戈というのは相手の頚動脈を引っかける武器です。寺沢さんの発表で触れる予定でしたが、時間の関係でカットされました。長野の銅鐸と銅戈の出土の問題について少し説明していただけますか。

寺沢　講演では全く触れられなかったので、簡単にご紹介したいと思います。場所は長野県の中野市です。長野市の北、もう少し行くと新潟県に入る所に位置しています。隣接する木島平では、何年か前に大きな墳丘墓の調査が行われ、朝鮮半島の伽耶《かや》地方にあるものとそっくりな渦巻付きの鉄剣が発見されました。弥生時代のものです。ご紹介のとおり、柳沢遺跡では銅戈が七本と銅鐸が一つ見つかったという報道が去年ありました。私もすぐに行きたかったのですが、雪で調査が終わってしまいまして、一カ月前にやっと行くことができました。すでに公表されているようですが、銅鐸の数は結局四つになりました。工事で一部壊されていた所の土を全部さらって、金属探知器を使いながら破片を探していたようです。どうも四個体で確定しつつあるとのことです。（なお、このシンポジウム以降に、最終的に銅鐸は五個、銅矛は八本となったとの報道がなされた）

あんな所と言ってはなんですが、今までの銅鐸圏、青銅器が分布する本当に北の端で、四つの銅鐸と七本の銅戈が埋納され、しかもその銅鐸は非常に古い段階の外縁付鈕《がいえんつきちゅう》一式でした。今日、私が話した銅鐸の次の段階のものです。銅戈では、大阪湾型銅戈という近畿地方で作ったと言われているものが六本（最終的に七本）、残りの一本は九州型銅戈でした。九州で作られた銅戈が長野に来ているのは大変なニュースでした。

どういう形でもたらされたのかが、今問題になっているわけですが、結論を言いますと長野県でそういうものが出てくる兆候はすでにありました。善光寺平の箭塚《やづか》遺跡では、細形の銅剣を加工したものが出ていますし、長野県大町市の海ノ口にある上諏訪神社には大阪湾型の銅戈が伝わっています。これは松本平の北の端で、そのままずっとぬけると新潟に到るという場所です。松本平にいきますと、銅鐸が二つ見つかっています。塩崎という所の善光寺平でも剣か戈かはわかりませんが、武器の破片が見つかっています。名古屋では、上志段味《かみしだみ》という所で箭塚の細型銅剣と同じような加工品が出ています。このことを考え合わせますと、東海のほうからのルートで松本平を経て北上したのではないかと思っています。

ただ九州型の銅戈が入っているということで、北からのルートもやはり捨てがたいです。最近、新潟県の上越市で吹上遺跡という非常に大きな弥生時代の集落が見つかり、銅戈を土で真似た土製品が出てきたということで見せていただきました。戈というものは、血を流すための樋《ひ》が細く彫ってありますが、大阪湾型銅戈は複合鋸歯文《きょしもん》という鋸歯文を丁寧に入れていくのが特徴です。それを克明に土製品に写しこんでいるところを見ますと、明らかに新潟の上越にいた集落の人は銅戈を見て作っているとしか思えないのです。銅鐸型の土製品も出ています。日本海ルートについてもまだ可能性はあると思います。

日本海ルートを主張する考え方は、ちょうど弥生中期の終わりごろに栗林式という土器が長野県の北部と新潟県の南部一体で作られていたことが根拠になっています。銅鐸が伝わるのはその直前の時期かと思いますので、同じ土器様式を使っているからと言って北から入ってきたという考え方にはなりません。南から入ったものが土器様式とともにさらに北へ伝わったという考え方もできるからです。どちらかわからないのですが、私はやはり東海の青銅器生産が波及の原点となり、松本平から北上し、上越市まで伝わったという考えが今のところは強いです。

森　長野県は非常に特異な所で、確か大和の天皇家の先祖が「出雲を譲れ」と言った時に最後まで武力で反対した建御名方神《たけみなかたのかみ》が追放されて、信濃の諏訪神社の御祭神となりました。日本神話の中にも日本海を通じての出雲と信濃の関係が出てきます。戦後すぐに塩尻では銅鐸が出ました。寺沢説では、後の東山道沿いから松本平に入り、さらに北上したという見方のようです。

寺沢　一つ言い忘れました。東海との関係を考えているもう一つの理由は、まだこれから柳沢遺跡の銅鐸は細かく研究していかなければならないので、今このような発言をするのはよくないのかもしれませんが、柳沢遺跡で一番初めに見つかった銅鐸が外縁付鈕一式では非常に珍しく流水文が入っていました。普通は袈裟襷文《けさだすきもん》と言って四区画になっていますが、流水文の入っている銅鐸は日本でも数例しかなく、特に小さな銅鐸というのは一宮市にある八王子遺跡で出ているぐらいです。銅鐸の大きさは、柳沢が推定二二センチ、八王子が二一・六センチですので、もしかすると兄弟に近い可能性があるかもしれません。

森　佐賀県の吉野ヶ里でも銅鐸が一つ出ました。発掘にはパワーショベルが使われ、そのツメに引っかかって銅鐸がすっぽり上がったそうです。九州の吉野ヶ里で出た銅鐸というのは、実は出土状況がわからないのです。同様に柳沢の場合も工事で出ているのですね。

寺沢　調査中ですが、すでに壊された水路があったために、その水路を機械で全部先に上げていました。その時にたまたま引っかかって見つかったそうです。ただ幸いなことに、埋納した穴まで出てきていますので、出土状態と場所ははっきりしています。

森　吉野ヶ里の銅鐸といい、長野の柳沢の銅鐸や銅戈類といい、最近の大遺跡周辺の発掘は僕からするとちょっと粗くなっているように思います。せっかくの機会に出土状況が確認できなかったというのは少し残念です。やはり大きな遺跡の周辺を掘る場合は、慎重に手掘りでやらなくてはいけないという警告を二つの遺跡は発していると思います。最近はそういう面で油断が出ているのではないでしょうか。引き締めが肝要です。

「魏志倭人伝」の〈国〉をめぐって

森　先ほど、「魏志倭人伝」の話をしました。九州の場合は対馬、壱岐、末盧など後の郡ぐらいの単位で書かれていると言いました。魏志倭人伝の冒頭には、「倭人は山がちの島の地形で、国邑《こくゆう》をなす」とあります。国邑という言葉ですが、ひと昔前までは「魏志倭人伝」を読むときに国と邑を二つに分けて読んでいました。しかし、中国の「三国志」では国の中の一番重要な小都市という意味で国邑という言葉が使われていることがわかり、最近では国と邑は分けなくなりました。これは唐津のシンポジウムの一つの成果です。

壱岐という島には原《はる》の辻という実に大きな弥生の大集落があります。奈良県の唐古・鍵、東海の朝日遺跡と比較しても引けを取らないほど立派な遺跡です。これが倭人伝にも書いてありました。壱岐の国邑、極端な言い方をしますと壱岐の国の都や小都市だろうと言われています。そういう追いかけ方をしますと、九州はよく描くことができます。女王国から見てその他の某国が二十いくつあると書いてありますが、その一つに彌奴国《みな》があります。吉野ヶ里は彌奴国に当たるのではないかと言われています。これは何も僕らが言い出したのではなく、江戸時代に新井白石があの辺りに彌奴国があるのではと見抜いています。先ほど野本さんのお話の中にもちらっと出てきましたが、アマの集団がいました肥前国には三根という地名も残っています。「倭人伝」にはいろいろな国の名前が出てきますが、唐古・鍵や朝日などの遺跡がどれかの都という見方は方法論的には可能でしょうか。

寺沢　すごく難しい問題をいただいたのですが、地域の中でどのような分布をしているかをきちんと整理していく必要があります。見通しだけを言わせていただければ、今日の小さな共同体・大きな共同体の話の中で、私は郡くらいの規模の大きな共同体をカタカナで「クニ」と書くようにしていると言いました。そして、漢字で書く「国」は、いくつかの郡が集まったぐらいの大きさを考えています。先ほど森先生がおっしゃられた範囲で言うと、壱岐国など「倭人伝」に出てくる「国」は、私の考えている弥生時代の「国」とほぼ領域的には同じことではないかと思っています。

朝日遺跡が大きな共同体の中心であれば、それを国邑と呼ぶのはなんなのですが、朝日遺跡周辺を含めて、もし「倭人伝」で中国の人が考えているもう一つ大きな国というのが濃尾平野にあったとすれば、原の辻遺跡や平塚川添遺跡などは当然ですが、集落の規模からすると朝日遺跡は漢字で書く「国」の国邑というものに相当してもいいのではないでしょうか。漢字で書く「国」がどれくらいの広さなのか。今後この濃尾平野の中で範囲基準も含め、研究していく必要があります。

大和の場合、唐古遺跡は磯城《しき》郡の範囲の中心地ですが、おそらく磯城郡や山辺郡など、周辺のいくつかの郡を集めても、その中心に匹敵するぐらいの遺跡です。おそらく朝日遺跡と同じぐらいの規模はあるでしょう。〝ヤマト〟と呼ばれる地域が邪馬台国だと言うと、森先生に怒られてしまうかもしれませんが、例えば、漢字で書く〝ヤマト〟の「国」が磯城郡や山辺郡のある東南部の範囲にあったとすれば、その国邑は唐古遺跡ではないかなという気がしています。

森　和田さん、その辺りについて何か意見はありますか。

和田　あまり発言できる資格はありませんが、今の寺沢さんのご意見に関連して。大和という地名や山辺の道の名前のいわれをいろいろと突き詰めていきますと、大和の「ヤマ」も山辺の道の「ヤマ」も、三輪山を具体的に指しているようであり、三輪山の麓という意味で「ヤマト」という使い方をしているのではと考えています。

森　先ほど「魏志倭人伝」では、対馬や壱岐を国という単位で扱っていると言いました。しかし、律令時代の制度では対馬も壱岐も国にはなっておらず、それぞれは島という特殊な行政単位になっていました。そのため、対馬や壱岐では国分寺とは言わず、島分寺《とうぶんじ》として延喜式などにも記されています。九州という場合の九の国には、壱岐と対馬は入っていません。「魏志倭人伝」を作成した人々が考えた国の単位と、日本の律令時代の国の単位は異なっていて、対馬などは国に順ずる地域とされていました。

平安時代に五島列島が非常に注目され、ある有能なお役人が「五島列島も対馬や壱岐のように国に準ずる行政区域としてほしい」とお願いをしたそうです。ところが、政府は申し出を採用しませんでした。五島というのは日明貿易やそれ以前の貿易で中国との間を行きかう船が必ず寄港する所ですから、重要な場所として一部の役人は非常に重視していました。魏の人々が的確に捉えた対馬や壱岐などの扱い方をよく勉強して、「魏志倭人伝」には直接は及んでいない地域にも応用していく必要があるでしょう。

東海が生んだ学者・知識人の系譜

森　東海が生んだ重要な学者・知識人と言いますと、賀茂真淵、本居宣長、菅江真澄、それから意外と重視されていないのですが幕末の蓑虫山人など、いろいろな人がいます。しかし、やはり『古事記伝』を著したということで宣長はものすごく大きな存在です。今日の和田さんのお話を聞いていると、宣長は意外と大酒飲みで、たばこ吸いだということがわかりまして、宣長のイメージが僕の中でだいぶ変わりました。松坂に引きこもって塾を作ってからも大酒飲みであり、たばこのみだったのですか。

和田　松坂へ戻ってからは、酒を飲んだということはあまりなさそうです。ただ、たばこはしょっちゅう吸っていたようです。鈴屋で講義をするときも吸っていたようですが、それが安物のたばこだったらしく、聴講していた人たちは臭いが嫌で困ったという記録が残っています。

森　宣長は「古事記」などを研究した人で、考古学者の藤貞幹とえらい論争をしたというのは研究史では有名な話です。藤貞幹は、埴輪などから日本の古代のことを論じたのに対して、宣長はそういうことは言えないと批判をするなど、お互い書物を出して論争しています。

藤貞幹のことを最近よく読み直してみると、彼は単なる考古学者というよりはちょっと偽物めいたもの、自分の論拠に有利なものを若干作っていた気配があります。昔、「考古学ゼミナール」という大学のテキストで評価をしたことがありますが、その時よりも藤貞幹の評価は悪くなっています。やはり宣長のほうが正しいと思います。宣長が藤貞幹を沈黙させるために書いたのはものすごい本です。確か、気の狂った人を、首枷を付けてうなずかせるという意味の『鉗狂人』という題名の本です。宣長と藤貞幹の論争を、和田さんはどう考えていますか。

和田　宣長は『古事記伝』を著して国学思想に達するわけですが、そのころになると宣長の視野も少し狭くなっているような気がします。それ以前には、四三歳ごろに『菅笠日記』の旅をしていますが、飛鳥の部分をよく読んでみますと、安倍文殊院近くのカラト古墳（艸墓《くさはか》古墳）に入ったり、寺院も克明に見ていることがわかります。現在からみると考古学者に近い観察眼を持っていました。石舞台古墳、安倍文殊院西古墳、そのすぐ北のカラト古墳などにも行っています。カラト古墳は今も内部に入ることができます。横穴式石室内の石棺に盗掘口があって、宣長はその奥まで見ています。考古学的な関心も非常に強かった。今、於美阿志《おみあし》神社のある所に、当時、ささやかな寺がありました。しかし、寺の僧は、寺の名が「ドウコウジ」ということを知っていましたが、漢字でどのように書くのかを知らなかった。それで宣長は烈火のごとく怒るくだりがあります。

『菅笠日記』では古代の遺物、特に酒船石については克明に書いています。酒船石はご承知のとおり、長楕円や半円の窪みがあり、溝で結ばれているわけですが、そうした状況を文章で表現するのはなかなか難しいことです。幕末の嘉永元年に刊行された『西国三十三所名所図会』で、浦川公左が酒船石の図を描いています。それと『菅笠日記』を併せて読むと、宣長の文章は本当に的確に書いてあることがわかります。我々のような者では、とうてい文章で酒船石の模様を表現することは難しいでしょう。遺物に限らず資料でもそうですが、宣長の観察眼、分析力、それを図化する能力はやはり卓越していたと思います。

ところが、『古事記伝』の出版が進捗するにつれて、少し状況が変わってきました。宣長の場合はさほど政治的イデオロギーはなかったようです。例えば、門人で尾張藩の七百石取りの大身であった横井千秋は、宣長の『古事記伝』を政治イデオロギー化して、『白真弓』などを書き、国学によって藩論を統一しようとしました。宣長の晩年は少しイデオロギー的側面を帯びていたようで、視野が狭くなったのではないでしょうか。僕の思い過ごしかもしれませんが、そんな印象を持ちます。

森　たとえば前方後円墳とは何かというのは考古学では永遠の謎です。宣長は畝傍山の麓にあった古い天皇陵を見た時の記録で、前方後円という言葉を使っています。僕も非常に気になりましたので、一度松坂にある宣長の資料館へ行き、原典を見せてもらいコピーしてきたことがあります。宣長は前方を方形（四角形）ではなく、後ろに埋葬施設があり、前の方にもずっと墳丘が続いていると考えていました。『古事記伝』を著した国学者ですので、こういう古墳の観察もきっちりやっているなと驚いたものです。東京の斉藤忠先生は、宣長は前方後円墳を唱えた古い論者だと書いています。僕の考えとは違っていますが、関心を持っていたのは間違いないでしょう。僕が子どものころに抱いていた宣長のイメージよりも、かなり遺跡や遺物などにも関心を持っていた人だというのが最近の考えです。

伊勢のもう一人の考古学者、谷川士清《ことすが》としばしば書物を交換しています。当時は自分の持っている蔵書だけでは足らず、知人との間で書物の交換を頻繁にやっております。

和田　江戸時代の学問、学芸の世界では、自分の持っている書物は貴重なものであれ、どんどん人に貸し与えて、また自分も人から借りて写して、ということをやっています。代表的なのは浪華の木村蒹葭堂《けんかどう》で、自分の家に図書館のようなものを作り、誰にでも所蔵の書籍を貸し出しました。また、自分でも人から書物を借り、筆写し、蔵書を増やしています。全国的にみても、国学者同士、あるいは漢学者同士で惜しみなく資料を交換していました。今とはだいぶ違うところです。

森　野本さん、宣長について何かありますか。

野本　宣長とは限りませんが、このシンポジウムで感じたことを申し上げます。「東海学」の膨みを考えますと、賀茂真淵、本居宣長、菅江真澄、それから森先生ご提言の松浦武四郎。こういう方々をどのように扱うのかということが課題になってくると思います。

たとえば、菅江真澄は三河の出身で、国学を勉強していたことはどなたもご存知かと思います。賀茂真淵については、私は深く調査をしたわけではありませんが、次のような説があります。浜松の岡部正家の孫が真淵で、吉田の植田家にも岡部正家の孫に当たる将良という人がいました。これは植田家の初代ですが、賀茂真淵といとこだという説があります。植田家では三代目の植田義方《よしえ》が晩年の賀茂真淵の国学の弟子になっています。植田義方のもとへは菅江真澄が東北から度々手紙を送っています。この件については、柳田先生もご調査に入っておられます。賀茂真淵が直筆した『国風俗』（クニノテブリ）は、宣長の実子である春庭が書写し、尾張の国学者の田中道麿がまた書写をし、それを菅江真澄が書写したものが植田家にあるということです。菅江真澄は秋田に住み、東北地方を巡り北海道まで行ったわけですが、菅江真澄と国学との関係、賀茂真淵や宣長との関係、それからこのシンポジウムで重要なのは森先生から出ました松浦武四郎です。これから我々は、こうした先学の業績をどのように継承していくのかが問題です。

森先生はかなり前から、また、『ぼくの考古古代学』という書物の中でも、松浦武四郎のことを盛んにおっしゃっています。武四郎が日本を隅々まで歩いて、いろいろ見て、観察して考えてきたことを高く評価しておられます。では、我々は何をしたらいいのか。菅江真澄については秋田に菅江真澄研究会がありますし、東北芸術工科大学は「真澄学」という雑誌を出しています。

松浦武四郎は三重県の出身ですが、全集を読んでみますとこのようなものがあります。大層絵がうまいのですが、『ムルクタウシカモイの式』という絵と説明です。ムルクタウシは糠塚、つまり粉糠、米でいうと米糠です。アイヌの雑穀ですからアワ、ヒエの糠をみなここへ、つまり糠塚へ捨て、それを粗末にしないように木幣（イナヲ）を立てて置くということです。「本邦人もしこれに不浄をなさば償いをとらる」と書いてあります。アイヌの糠塚を汚せば罰金を取られるということです。なぜ糠を祭るのか。表面的に見ると、イヨマンテを単純な熊祭りだと解釈してしまいます。熊は神様の世界から肉を付けてやってきて、肉を人に与えてくれるのだから肉と皮はもらうが魂は祭り返す。武四郎の記録を見ると、アワやヒエの糠にもアイヌの深い思いがこめられていることかわかります。これはすごいことです。

こういうことを、我々民俗学を学ぶ者は武四郎の成果の中から学ばなければなりません。「東海学」をどうするのかもこのような機会が、考古、歴史、民俗、国学も含めてさらに広い視野で東海地方が持っていた力や役割、今後の発信力というものを問いかけていく契機になればと思っています。

松浦武四郎から宮本常一へ

森　いろいろな提案をしていただきましたが、松浦武四郎について和田さんから何か感想はありますか。

和田　僕はそれほど充分な知識はありませんが、松浦武四郎というと奈良県では大台ヶ原をずいぶん踏査した人ですし、また全国各地を丹念に歩いています。ちょうど幕末の時期は、今から考えると、間宮林蔵・近藤重蔵など、世界的なスケールの探検家がたくさん出ています。その背景、実際にはどのような見聞を深めていたのかを、我々はもっと知る必要があるし、意義についても考えなければならないと思っています。

森　奈良の大台ヶ原に僕はまだ行ったことがないのですが、晩年の武四郎は大台ヶ原を開墾しようということでかなり思いを込めてやっていますね。ただし、成功はしなかったらしい。なぜ大台ヶ原にあんなにこだわったかは僕にはちょっとわかりません。古い時代でいえば、藤原道長が大峰山に自ら上がっています。大台ヶ原と大峰山は付近ではありますが、少し場所が違います。

和田　なぜ大台ヶ原に関心を持ったのかはよくわかりませんが、宣長についていえば、宣長は山に登ることがわりと好きだったようで、若い頃に富士山に登っています。民俗学者の宮本常一さんは祖父から教えられたいくつかの教訓の中で、「どこか見知らぬ所へ行ったなら、まず近くの山へ登れ、そして地形を見よ」と教えられたというのは有名なことです。宣長は江戸に行って、家の財産を処分した時か、何かのついでに富士山へ登っています。我々のイメージとは少し違うところもありますが、高い山に登るのを宣長はわりと好んでいます。高い所から俯瞰して見るのも何かの知恵だったのかもしれませんね。

武四郎の場合は大台ヶ原に関心をもち、和歌山藩の畔田《くろだ》翠山は吉野の山奥を探検し、いろいろな植物を採集しています。まだあまり知られていない未開の地ということで、かなり関心が集まっていたのではないでしょうか。

森　先ほどから民俗学者の宮本常一先生の話が出ていますが、私は昭和二五年に初めて対馬へ行き、その帰りに壱岐へ寄りました。当時はお金がありませんでしたので、名前を知っている研究者の家を訪ねて一晩泊めてもらいました。壱岐の島では民俗学でも有名な郷土史家の山口麻太郎さんの屋敷に泊めていただきました。

すると、夜の一〇時過ぎに最終の船で宮本先生がやってきました。僕と宮本先生は初対面です。なんとその時、夜遅かったにもかかわらず近所の農民が五、六人集まり、宮本先生に最新の農薬の知識を聞いておりました。作物の害を取り払うには今は何がよいのかと。すると、宮本先生は農業技術の伝授者として一時間ほど農民の応対をされていたのです。それが済んでから、ぼつぼつとお正月のお餅は何を食べますかなど、自分の民俗学の話を聞いておられました。昭和二五年当時の民俗学者は、一方では最新の農業技術の伝播者という意味を持っていらっしゃるのかと面白く思ったことがあります。それから二十年後ぐらいにある会合で宮本先生とお会いし、思い出話をしたことがあります。

お金を持たずに全国を旅行して回るためには、何かそれに見合う知識を持っていたのではないか。武四郎は、十五、六歳で九州を一年中歩いていますが、タダで泊めてもらうための代償として何を出したのか。僕は不思議でかないません。まだよくわからないのです。中年の武四郎は字は上手だし、絵も達筆ですが、若い時から字や絵が上手だったというのはちょっとあり得ないことです。十代で九州方面を旅行した武四郎はどういうお金で歩いたのか、まだ見当がつきません。武四郎が書いたものを読んでいても回答が出てきません。

高山彦九郎が江戸時代に東北を歩いた時には琥珀の玉を若干持って、宿屋代を払ったそうです。ある宿屋では、「琥珀の玉では受け取らない」と言われ、彦九郎がぼやいている場面が日記に書いてありました。遠距離、長期間の旅行の旅金というのは何だったのか、もう一つよくわからないのです。

野本　私は不勉強でよくわかりませんが、宮本先生は特別に農業の勉強をされ、農の指導者であるという自覚を持って村に入られたようです。ですから、森先生とお会いした時も宮本先生の実践のひとこまであったのではないでしょうか。

経世済民など現実に通じるものがあるのが民俗学だとも言われますが、実際はかなり観念の世界にとどまっている面もあります。森先生はかつてから「考古学は地域に勇気をあたえる学問である」と提言されていますが、民俗学こそそうだろうと思うのです。ところが、現在の日本の状況を見ますと、民俗学というものが社会をどれだけ変革し得るかと問われることがあります。私はいつもこう思います。では、経世済民という目標に対して即効性をもつ学問はあるだろうかと。

例えば、凶悪な事件があったときには犯罪心理学者が必ずテレビに出てきますが、心理学で扱えるのはほんの一面です。「複合」が重要だと思います。日本をよくするためには、いろいろな角度からいろいろな学問が協力し、その力を糾合しなければなりません。例えば宮本常一や武四郎がやってきたことをもう一度見直し、受け継いで皆でなんとかしない限りは、日本はかなりまずいのではないかと思います。

和田　学問にはいろいろなジャンルがあります。最近、ノーベル賞をもらわれた益川・小林両先生の基礎的な科学理論というのも学問の一つですし、また一方では社会の役に立つような学問もあります。「春日井シンポジウム」では、考古学から歴史学、民俗学など、いろいろなジャンルの先生方がお見えになります。学問の成果を市民の方々にわかっていただけるような、知識を満たせるような学問になればいいな、と思っています。象牙の塔に立てこもって自分の専門分野だけをやって生涯を終えるのも一つの道ですが、僕はあまり好みません。もっといろいろな所に頭を突っ込んで、楽しく学問研究をし、また市民の方々と一緒に研究やボランティア活動をしたいと考えています。

東海の不思議を解明するために

森　寺沢さんは僕から見れば極めて若い方ですが、実年代でいうと五〇代。決して若いことはありません。寺沢さんの決意はいかがですか。

寺沢　野本先生が言われたお言葉はズシンときました。私は森先生の弟子で、世代としてはまさに学園紛争の時期でした。何のために学問をするのか、考古学というのは何のためにするのかを問われていて、今までずっと尾を引いています。たまたま私は弥生時代の研究をしていますが、そこで私が研究し学んだものが現代の二十一世紀とどのようにつながって、どういうふうに語ったらいいのかを探しているところです。

今回も最後に森先生が、ただ竹島や北方諸島の領土がどうだということではなく、歴史をやる人間として先人がどう捉えてきたのかを的確に正しく発信してこなかったのは非常に怠慢だと思います。同じように、私は弥生時代をテーマにしていますが、弥生時代は日本で農業が始まった時期となっています。ならば、なぜ今の農業問題に対して発言をしないのかなど、たくさん問題はあるでしょう。亡くなられた佐原真先生は、戦争のことをだいぶ発言していた時期がありました。今であれば、野本先生がおっしゃられた民俗学と環境周辺の問題は、やはり重視される部分だと思います。考古学でも事実を解明しながらいろいろな分野と手を組んで食料問題や環境問題に発信していくことを真剣に考えなくてはなりません。手法もきちんと探さないといけない。民俗、文献、考古がタッグを組んで当たって行くことが私は必要だと思っています。まだ何もできないでいるという歯がゆさがあるわけですが。

森　僕らが考古学をやり始めたころの概説書を読んでいますと、例えば、九州の古墳について書いた現在もご存命の有名な学者は、九州の年代は近畿より五十年ないし一〇〇年下げて考えなくてはいけないと書いておられました。それで九州の古墳の年代を割り出していました。本当かな、日本文化における九州の役割を考えたら、逆に九州のほうが早いこともあるのではないだろうか、と思いました。

ちょうど同じ頃、昭和三〇年に徳島へ行き、古墳の調査をしてきました。新聞記者が来ていましたので、発掘報告をしようとしたところ、発表間際に県庁のお役人が僕を木の陰に呼びました。そして、「近畿地方で考えている年代より一〇〇年下げて言ってください。徳島はそのくらい遅れているのです」と言われたのです。僕はその時、いつの間にか人びとに大変な偏見を持たせているなと感じました。文化の伝播の時間差みたいなものはそれほど日本にはないのです。僕が盛んに地域を言い出した一つのきっかけでもあります。日本人が持っているいわれなき劣等感をいかに取り去っていくか。一つの目標としてだいぶやってきました。

もう一つは弥生人というと、ふんどしをして走り回っている人たちだと考える方もいますが、銅鐸一つを取り上げても、二ミリほどの厚さの銅鐸は現在の鋳造技術ではできません。技術者たちはやろうと思えばいつでもできると言いますが、実際に作れた人は一人もいません。模造銅鐸は分厚いため、みな重いです。今から二千年ほど前の人たちがどのような技術を持っていたのか。おそらくマンガンやニッケルなどの鉱物一つずつの知識はなかったでしょう、しかし経験的には非常に高い技術を持っていました。縄文人、弥生人が持っていた技術の到達点を我々は真面目にたどってみて感心する。現在の足らなさを大いに力説することが重要ではないでしょうか。

この東海地方というのは不思議な所です。継体天皇が新王朝を作る時にも、おそらく大きな力の支えになったのは東海だと思います。壬申の乱では、東海の人たちの役割、特に尾張、美濃、伊勢の一部の地域の役割は新しい天武王朝を作る上で大きな存在であったのでしょう。それから、信長や秀吉が出てきて、家康が江戸に入って全国を統一したこと。明治元年には、明治天皇が敵のお城に入って新たに日本の首都にするわけです。東海地方の役割は、日本歴史を説明する上でまだ十分解けていないように思います。おいおい回答が出るようにしたいです。

天武天皇の妃に持統天皇という人がいます。天武天皇が亡くなった後で自ら女帝になった人ですが、この持統天皇が非常に執着したのが三河行幸です。持統天皇が亡くなる数カ月前、急に伊勢から伊良湖を経て三河へ入りました。なぜ三河に入るのか。おそらく、夫の天武天皇が当時の国際情勢を見て、大和の都だけでは危ないということで、信濃の国へ都を遷《うつ》そうと積極的に検討していました。日本書紀には信濃の国の都候補の地図を作らせた話も出ています。天武天皇の死後、後の文武天皇の時代になんとか実現させようということで、持統天皇は死の直前に三河行幸し、信濃行幸の基礎を固めました。長野県での都の候補地はおそらく信濃南部の伊那だったと思います。面白い問題で、まだまだ解きたいことがたくさんあります。

以前、豊川市で発掘をした際、一般的な国分寺や国分尼寺にしては立派過ぎる遺構がありました。おそらく、持統天皇が信濃に都を遷す拠点として三河を選んでいたからでしょう。その後、少したってから国分寺や国分尼寺にしたのではないかということが発掘の成果でも言われています。これから解きたい問題がたくさんあり、頑張らないかんなと思っています。

だいたい時間になりました。今回はどうも体調の悪いときでうまくいかなかったのですが、またそのうちに頑張ります。ありがとうございました。

第Ⅲ部

誌上参加

天武天皇と白鳳寺院

―美濃の川原寺式軒瓦を考える―

八賀　晋

一　古代寺院の造営

古代における仏教寺院の建立は、全国的に見てもその数は多く、五〇〇ヶ寺を降らない寺院跡の存在が知られている。東海地域をみても、愛知県で四七ヶ寺、三重県で四〇ヶ寺、岐阜県でも四〇ヶ寺ほどの存在が確認されている。東海に接した近江でもほぼ同様であったが、東海の東北に位置した信濃では十ヶ寺にも満たない寺院建立数であったという。

ここで言う古代とは七世紀、八世紀を中心とした時期に建立された寺を指すが、九世紀以降に建立されたと考えられる寺院も若干存在する。ただ、九世紀以降、飛騨など極度な厳冬期を背景とする地域では、瓦屋根の凍結欠損から、桧皮葺など屋根構造の対応変化によって、寺院建立の痕跡や建立時期を明らかにし得ない場合もあり、古代の寺院はさらにその数は増大することは当然である。

古代全般にみる仏教と仏教寺院の姿は、初期の仏教観念と仏教国家への理念、さらに、仏教教義に心した一般大衆への仏教帰依などにより、その数、規模、構造に変化を伴って展開するのは地方の場合でも充分考えられることであろう。

本格的な寺院建立は、蘇我馬子による石川の宅に仏殿をつくる（敏達一二年＝五八三）ことから、大野丘の北に塔を建立（五八五）にはじまり、崇峻元年（五八八）の飛鳥寺の造営に至っている。推古天皇による仏教興隆の政策は、天皇側近の多くの臣・連たちに寺院建立を促進させた。臣・連たちの寺造営の背景には、自身の為に造作するのでなく、天皇に奉事する為に造寺したと『書紀』は伝えている。中央の有力氏族が政治中枢内での地歩の確立に造寺を進めたにしろ、造寺者自身とその地域では、ステータス的な意識が根強く働いたことは想像に難くない。

中央有力氏族たちの造寺が活発になった七世紀前半頃にややおくれ、地方の有力豪族の間にも造寺の気運が進んだ。地方での造寺の意識的背景は、中央政権下で直接的に権勢の地歩を築こうとする中央有力氏族の意識とは幾分異なったものと思われる。地方有力豪族の地歩の確立は、地域の生産力とその技術の獲得と恒常性に裏付けられた結果の象徴でもある。生産力獲得の萌芽はすでに弥生時代後期には、その位置付けを確かなものとした分野もあろうが、特に科学的技術を基本とする生産力、例えば鋳造・冶金など技術系の生産力は、古墳時代の四世紀・五世紀に生産確立の体制が整いつつあったと考えられよう。大和政権の地方進出の背景は、地域の生産力と技術の掌握と支配にあった。中央政権と地方との政治的秩序の整備が進展するなか、地域で実権を掌握した地方豪族は、時には国県制下では国造等の位置付けを与えられ、貢納と奉仕の責務を負いながら中央政権下の一翼に組み込まれて行った。こうした地方豪族の地方での権勢は、中央の範にならい造墓に、さらに時の趨勢によって寺院造営にまで展開したと考えられる。

二　地方寺院建造技術の広がり

中央・地方を問わず、寺院建立の実務に関して検討しなければならない点がいくつかある。一つは建築技術と技術者であり、二つはとくに瓦当文様のデザイン採用の点である。七世紀代、全国で五〇〇ヶ寺を降らない寺々が建立された。この莫大な数の造営に携わった技術者・工人の数は量り知れない人数であろう。七世紀前半の建立になる畿内を中心とする寺院の数はそれほど多くないし、七世紀後半頃から始まる地方寺院の建立は、例えば美濃地域では三ヶ寺、伊勢地域でも三例前後で、地域を区分するが如く、点在する様相をみせている。しかし、全国的にみれば、初期寺院はおそらく五〇ヶ寺以下の存在は想像に難くない。

『日本書紀』によれば、敏達六年（五七七）百済から経論、律師等のほか造寺工が贈られているし、崇峻元年（五八八）飛鳥寺造営に際し、百済から仏舎利が献ぜられ、同時に僧、寺工、鑪盤博士、瓦博士、画工が贈られている。掘立柱、板葺を主体とする古来の日本建築様式は、この時代、宮殿・居館等に汎用されてきたが、礎石、瓦屋根、多様な組物、基壇等の構成内容をもつ寺院建築様式は、これまでの日本建築様式とは全く異なる建築である。この寺院建築技術は飛鳥寺造営に象徴されるように、百済の技術者と工人のみの手に委ねられたのであろうか。七世紀後葉代の爆発的な地方寺院の造営者は、はたしてどのような工人及び工人集団が携わったのか、極めて重要な課題が存する。

平成一九年度、春日井シンポジウムの課題である「日本の食文化に歴史を読む」において、私は「棗を食す国」として、飛騨の棗を食す文化の背景に、渡来系の人々の食文化の飛騨への定着を考えてみた。飛騨国は律令体制下で匠の貢進を義務付けられている。国を指定し、特定の職能を指定し貢進させた国は飛騨国のほか存しない。この形態は突如として法律化されたものでなく、その前史は古く五世紀代の大和政権の飛騨侵攻と支配に発し、その因は飛　の豊富な木材資源を基に発展した建築技術いわゆる匠技術の掌握と支配にあったと考えている。以後、この技術は政権下の宮殿・官衙造営に携わったのである。

飛騨の古代を象徴するものに数多くの七世紀後葉代の寺院がある。十数ヶ寺にのぼる寺々のうち、朱鳥元年（六八六）、大津皇子謀反に連座して、政府高官であった新羅沙門行心が配流された「飛騨伽藍」が飛騨と中央の関係の深さを示唆することとして注目できる。まず、飛騨に中央政府で認識された寺院が存在する点と、何故飛騨に集中的に多くの寺院の建立が可能であったかの点である。

中央と飛騨との関係は、飛騨匠に象徴される建築技術の貢進形態の定着にほかならない。また、寺院の多さについては、寺院建築技術の素地がこの地で確立されたことによろう。

天長一〇年（八三三）八月、飛騨国から松の実が御贄として貢がれている（『続日本後紀』）。松実は棗と同様、仙薬としての効用をもっている。松実・棗ともに古くから飛　で常食されてきたもので、その源流は朝鮮半島の食文化の直接的な影響を反映するものである。おそらく、この習俗の将来者は百済・新羅等の渡来人であると思われる。飛騨への渡来人の移入の背景には、それまでに確立された飛騨匠の日本建築技術に加え、新たに寺院建築技術の修得の必要性が高まり、その指導に百済・新羅人の技術指導が飛騨で成されたものと考えられる。「官営技術工房」の開設が急がれたのである。

仏教興隆政策を主点にした政治方策の推移のなかで、国家仏教の推進の原点となった百済大寺の造立（六三九）と関連して技術工人の育成が急がれたのではないか。律令国家成立に際し、まず計画された都城建設と宮造営にあたり、大極殿を中核とする朝堂院の建造に、寺院建築様式を採用する方策に、匠技術に寺院建築技法の修得が当然のように付加され実行されたのであろう。「飛騨国人（匠）は言語容貌とも他国と異なる」という、飛騨匠捜捕に関する太政官符の文言は、宮殿造営に徴発された飛騨匠の発する用語に、官人達が聞きなれない寺院建築用語が多数発せられた結果でもあった。この用語発音は源流であった百済等朝鮮半島に起因するものと理解される。

中央政府による直轄的な宮殿・居館・寺院造営事業は、飛騨匠の貢進形態のなかで営繕が可能であろうが、七世紀後葉に造営が全国的に活発となる寺院造営に、直接的に渡来人の技術労働や飛匠が当ったとは考えられない。各国の地方有力豪族のなかに、規模の差こそあれ、建築技術工人集団の保有と育成が積極的にはかられ、地域周辺の地方寺院建立に関わったと考えられる。

舒明一一年（六三九）、百済川畔に大宮（百済宮）と大寺（百済寺）の造営に際し、書直県を大匠に置き、西の民は宮を造り、東の民は寺を造るという労務の徴発があった。皇極元年（六四二）、百済大寺の造営でも近江と越の丁が徴発されたこと、また、宮室（飛鳥板蓋宮）の造営でも、労務に携わる丁の徴発も遠江から安芸に及ぶ広い範囲であった。この丁の徴発は、単なる労働のみの丁と考えるより、定められた建造物の完成を全うしうる能力を有した工人集団と理解すべきで、七世紀代には地域で独立した技術集団が存していたと思われる。ただ、寺院建築技術の修得には、その後の時間が必要であり、この工人集団の技術に加えて、新技術が付加され、地方寺院の建立が積極的

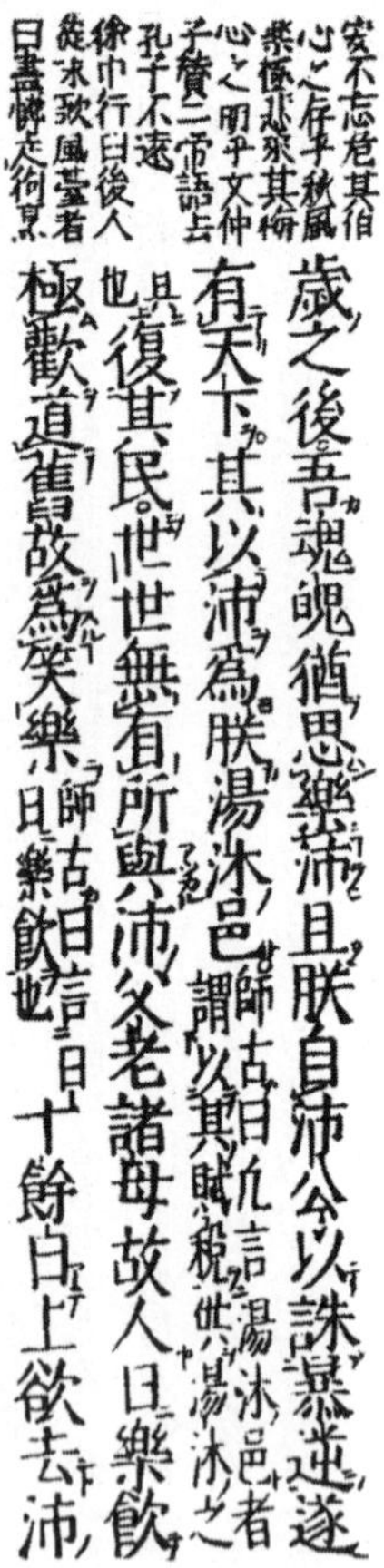
歳之後吾魂魄猶思樂沛且朕自沛公以誅暴逆遂有天下其以沛爲朕湯沐邑師古曰凡言湯沐邑者謂以其賦稅供湯沐之具也復其民世世無有所與沛父老諸母故人日樂飲極歡道舊故爲笑樂師古曰言日日樂飲也十餘日上欲去沛

「湯沐邑」（『漢書』、巻一下、高帝紀第一下、十二年冬十月条）

（『漢書評林』より）

に進んだと思われる。

飛騨国の場合は、早くから技術の蓄積があり、中央政権下の官営工房的な組織に組み込まれ、日本建築技術にプラスして七世紀代後半には寺院建築技術を加えた匠集団に姿を変えていったもので、全国各地域の工人集団の範となっていたものである。先述の七世紀代の官宮造営では、匠は大匠の下で技術面で中核的な実務に当たったものである。また、官寺の造営の開始を契機に寺院造営技術者の育成の必要にせまられていったと考えられる。

三　瓦当文様のデザイン性

次に古代寺院における瓦当文様の採用についての問題である。

飛鳥寺の瓦当文様は百済の瓦工人の手になるもので、当然、百済様式である単弁蓮華文軒丸瓦が採用され、引き続き造営された難波の四天王寺にも用いられた。日本古代の初期寺院に用いられた軒丸瓦の瓦当文様の様式には、百済様式、高句麗様式、複弁を主体とする新唐様式、新羅様式などが顕著である。造寺工を韓半島に委ねなければならなかった初期の寺院造営は、建築様式や構造、瓦文様に至るまで彼地の技法によったのは当然である。

畿内を中心とする中央有力氏族によって、七世紀前半造寺が活発化する。初期の各寺院に用いられる瓦当文様の採用には、どのような背景が考え得るのであろうか。同笵軒瓦を採用した寺も存するし、同系統でありながら新しい文様型式を採用する寺も存する。現在では同系統の軒瓦を持つ寺として系列化はされるが、その背後にある造寺者間の人的なつながり、瓦工人の動向も視野に検討を要するものである。

七世紀中葉、飛鳥・山田寺の造営に用いられた重弁単弁蓮華文軒丸瓦と重弧文軒平瓦の組合せの軒瓦は、その後に採用された複弁蓮華文軒丸瓦と重弧文軒平瓦の型式である飛鳥・川原寺式とともに、中央はもとより初期地方寺院の軒瓦として広く採用されている。

東海地域の場合においても、伊勢では山田寺式の軒瓦の採用が最初の寺院に採用されていると考えられるし、美濃の場合では山田寺式軒瓦の例は存せず、単弁蓮華文軒瓦が採用されている。尾張の場合、文様の主体は単弁蓮華文軒丸瓦で、一部山田寺式が採用された寺も存する。

川原寺式軒丸瓦についても、本格的な川原寺式軒瓦は美濃西部に多数集中するが、伊勢では伊勢北部式、尾張では美濃に隣接する地域など三ヶ寺程度であり、地域によって造営時の軒瓦文様の採用に、特徴的な差がみられる。

こうした軒瓦の採用にあたり、造寺者がそのデザインなり型式をいかなる理由で採用したのか、どのような意図なり背景があったのか、地方古代寺院の研究の上で、さらに究明しなければならない課題がある。

七世紀後葉、尾張元興寺には弁にパルメット文様をデザインした特異な軒丸瓦が存する。パルメット文様の軒丸瓦は斑鳩・法隆寺に源をもとうが、元興寺の軒丸瓦は遠く河内・野中寺のパルメット文様の軒丸瓦と同笵と考えられている。また、同型式のものは飛騨・寿楽寺跡でも確認されており、三ヶ寺が深い関わりのなかで同型の軒瓦を採用していると考えられる。河内と尾張のつながりは何であったのか興味が深い（図1）。尾張と飛騨の関係は、『国造本紀』によれば、飛騨国造に定められた大八埼命は尾張連を祖とした人物であるとされる。史料の信憑性はともかく、尾張と飛騨の結びつきを瓦が語るものかも知れない。

また、高蔵寺瓦窯（春日井市）で焼成された、飛鳥・藤原宮式の軒瓦である複弁八弁蓮華文軒丸瓦と偏行唐草文軒平瓦の軒瓦が、勝川廃寺（春日井市）と大山廃寺（小牧市）、及び薬師堂廃寺（岩倉市）に存する。藤原宮所用の軒瓦が、何故、尾張の限られた地で焼成され供給されたのか、律令国家初期の中央と地方の政治的な動向や、瓦当文様のもつ意匠権と工人の関係も考えなければならない問題である。

地方寺院で所用される軒瓦デザインを細かく系別化することによって、地域ごとに特定のデザインの系譜を明らかにし、さらにその系列にみえる歴史的動向も察知が可能となると考える。

四　再び川原寺式軒瓦について

先述したように、地方寺院所用の軒瓦の系譜が、中央なり海外なりどの氏族の寺院と結びつくのか、その結びつきが直接的なのか、間接的なのか、地方寺院建立にとっては極めて重要な点である。地方寺院の施主が建立のすべての技術を掌握可能か否かにかかっているからである。即ち、地方寺院の建立に際し、中央等からの特定工人の派遣につながっていたのか等の問題があるからである。

ただ単に寺院所用の軒瓦デザインを含めて、寺院造営の全技術が、地方寺院建立者の周辺で確保が可能であるとすると、地域地域で地方寺院建立に充分対処できる寺院造営工人組織が地域に確立していたと思われるからである。

東海地域の初期寺院造営では、美濃では弁の中央に突線の鎬をもつ単弁八弁蓮華文軒丸瓦が占める。尾張では坂田式の単弁八弁蓮華文軒丸瓦と弁に鎬をもつ百済様式が目立つ。また、伊勢では山田寺式が中心となる。こうした初期の寺々は各地域に点在する形で分布する。美濃の場合、西濃・中濃・東濃と各三地域に一ヶ所ずつ建立されるのは、七世紀中葉頃の地域の有力豪族の姿と重なるものと理解できる。

東海地域の古代寺院のなかで、美濃という地域を中心に一挙に寺院建立が進んだ時期がある。採用された軒瓦は飛鳥・川原寺式瓦である。面違い鋸歯文を同縁にめぐらした新唐様式の複弁八弁蓮華文軒丸瓦と重弧文軒平瓦の軒瓦である。

川原寺式軒瓦の分布範囲は、美濃中・西部を中心に、伊勢北部に、尾張では元興寺が占拠する熱田台地と美濃に隣接する尾張西部に集中する（図2）。地域に集中して同型式の軒瓦を用いて寺々が建立される例は全国的にも希なことでもある。こうした建立のされかたには、建立に特異な経緯があったと考えられ、その背景に美濃西部を舞台にして始められた壬申の乱であると考えている。

壬申の乱は天智天皇の後継をめぐって、皇太弟である大海人皇子と皇子大友皇子の間で六七二年に争われた皇位継承の戦いである。『日本書紀』天武天皇即位前紀には争いの経緯がつぶさに記述さ

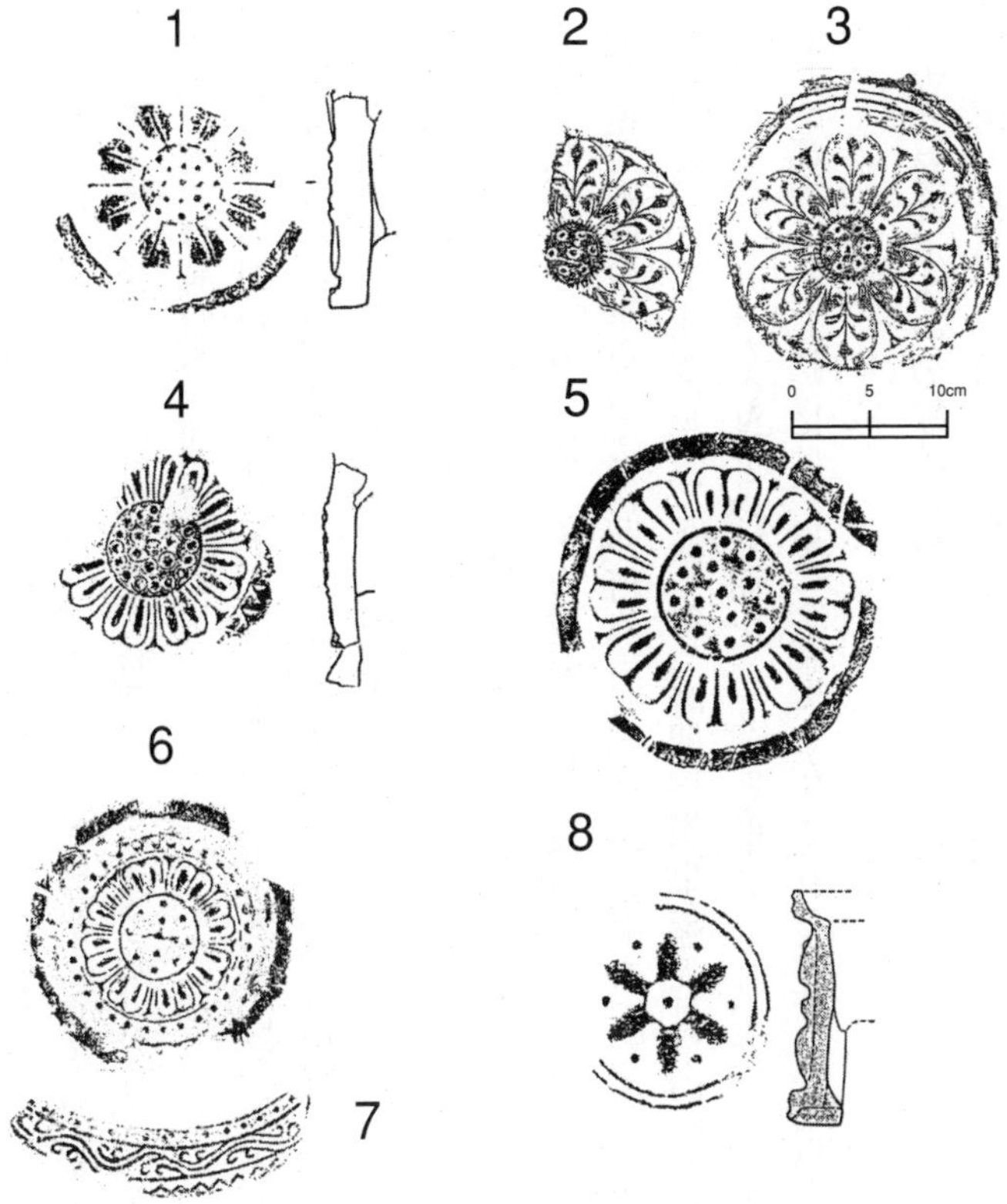

図1　特徴のある軒瓦

1．花弁に鎬をもつ軒丸瓦（稲沢市・東畑廃寺）
2．パルメット文様（羽曳野市・野中寺）
3．パルメット文様（名古屋市・尾張元興寺）
4．川原寺式軒丸瓦（一宮市・黒岩廃寺）
5．複弁蓮華文軒丸瓦（春日井市・高蔵寺瓦窯）
6．藤原宮式軒丸瓦（岩倉市・川井薬師堂廃寺）
7．藤原宮式軒丸瓦（春日井市・高蔵寺瓦窯）
8．高句麗式軒丸瓦（安城市・別郷廃寺）

れている。ここで重要なのは大海人皇子と美濃国との関係である。大海人は挙兵に先だち、美濃国出身の三人の舎人、すなわち村国連男依・和珥部臣君手・身毛君広を美濃国に往かせ、美濃国安八磨郡の湯沐邑に挙兵を告げ、先ず安八磨郡の兵を出陣させ、同時に国司等に命じて関係の兵を発し、不破道を塞ぐ作戦行動を命じている。

大海人皇子の初動に見られるように、挙兵の軍事力を湯沐邑が置かれた安八磨郡に委ね、ついで美濃国等の各郡の兵力を差し向けている。学説的には湯沐は中宮・東宮に支給される食封の一種で、美濃国安八磨郡の湯沐は大海人皇子の軍事的行動に示されるように、東宮大海人皇子の軍事的・経済的基盤であるとされる。

『書紀』が記すように、戦乱の地は美濃・近江・大和と広範囲な地域を巻き込み、戦いに参加した人々も政府高官、有力氏族、地方の有力豪族、農氏層にまで及んでいる。

大規模な戦闘の軍事的な拠点が何故美濃国安八磨郡であったのか。その郡内に存した湯沐邑とは何であったのか。軍事的拠点と成り得た時期は東宮大海人皇子の時からなのか。湯沐が中宮や東宮の経済的基盤となったのはどの時期からで、何故安八磨郡が選ばれたのか。大海人皇子に象徴される安八磨郡湯沐邑の背景には、単に文献史料から知れる湯沐の性格以上に大きな問題が存する。

五　安八磨郡湯沐邑の故地と鉄生産

美濃国安八磨郡の故地は、現在でも岐阜県安八郡が行政区画として存するように、濃尾平野の最

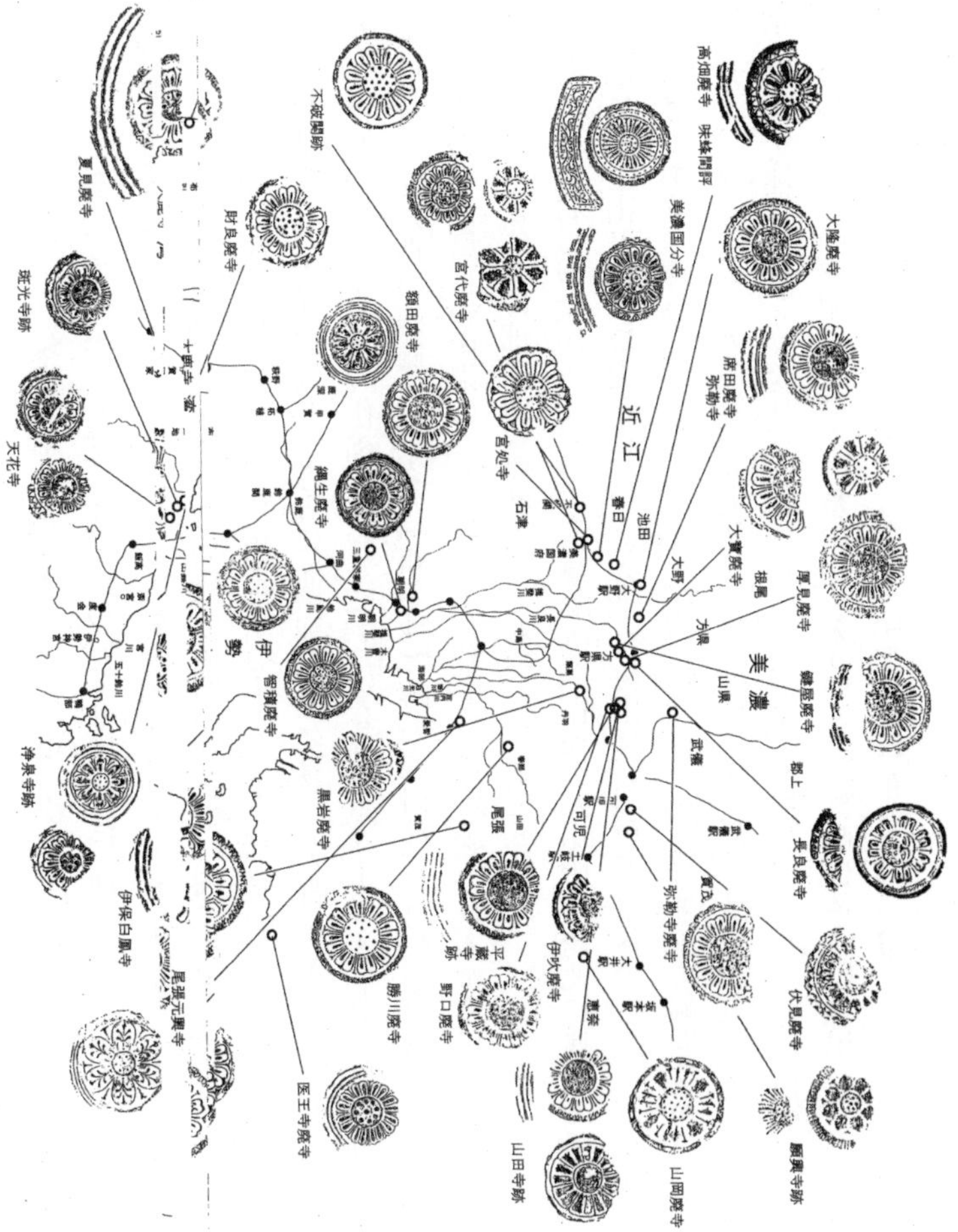

図2　伊勢・美濃・尾張・三河の川原寺式系軒瓦の寺々

西部の一画を占めている。現安八郡の北に接する大垣市、墨俣《すのまた》町（現大垣市）、神戸町なども旧安八郡に含まれている。古代の安八磨郡の範囲については、明確に地域を表示できないが、推定できる若干の史料が存する。大宝二年（七〇二）の御野国味蜂間郡春部里戸籍にみえる春部里は、現在、揖斐郡春日村が存した地域と比定されている。山間の地域で村内に粕川が流下している。『和名抄』によれば、美濃国に池田郡がみえる。池田郡は明治二九年に郡を廃し、揖斐郡に合併され現在に至るが、池田郡は安八郡の西に接し、さらに池田郡の西に接して春日村が位置する。『和名抄』に記す池田郡内には額田郷、壬生郷、伊福郷などとともに春日郷が存する。壬申の乱時の安八磨郡（味蜂間）の郡域は、安八郡の西側に接する『和名抄』時の池田郡を含んだ範域であったと考えられる（図3）。古代の安八磨郡の南端は、現在、輪中地帯としても知られる揖斐川、長良川、木曽川の三川の河口地帯で、古代では郡の南は伊勢湾岸であったと想定される。

安八磨郡の西端には伊吹山の支脈である標高九二四mの池田山が南北に連なっている。この池田山の南端部に金生山と称する山が存している。金生山は石灰岩が主体の山で、古くから大理石の産地として著名である。標高二〇〇余mの金生山の南端に、山を横断して幅四〇m、高さ八m、長さ二〇〇m以上に及ぶ赤鉄鉱の大鉱脈が石灰岩の間に露頭する形で存在する。金生山の大理石産業は、良質の大理石が採掘出来なくなり、現在は石灰の産業に転換している。赤鉄鉱は石灰産業には不純物として扱われ、この露頭鉱脈はこの数年来姿を消した。鉱脈は伊吹山を中心とする石灰岩堆積層内の各所に埋没していると想定でき、『続日本紀』大宝三年紀及び天平一四年紀に記されるように、

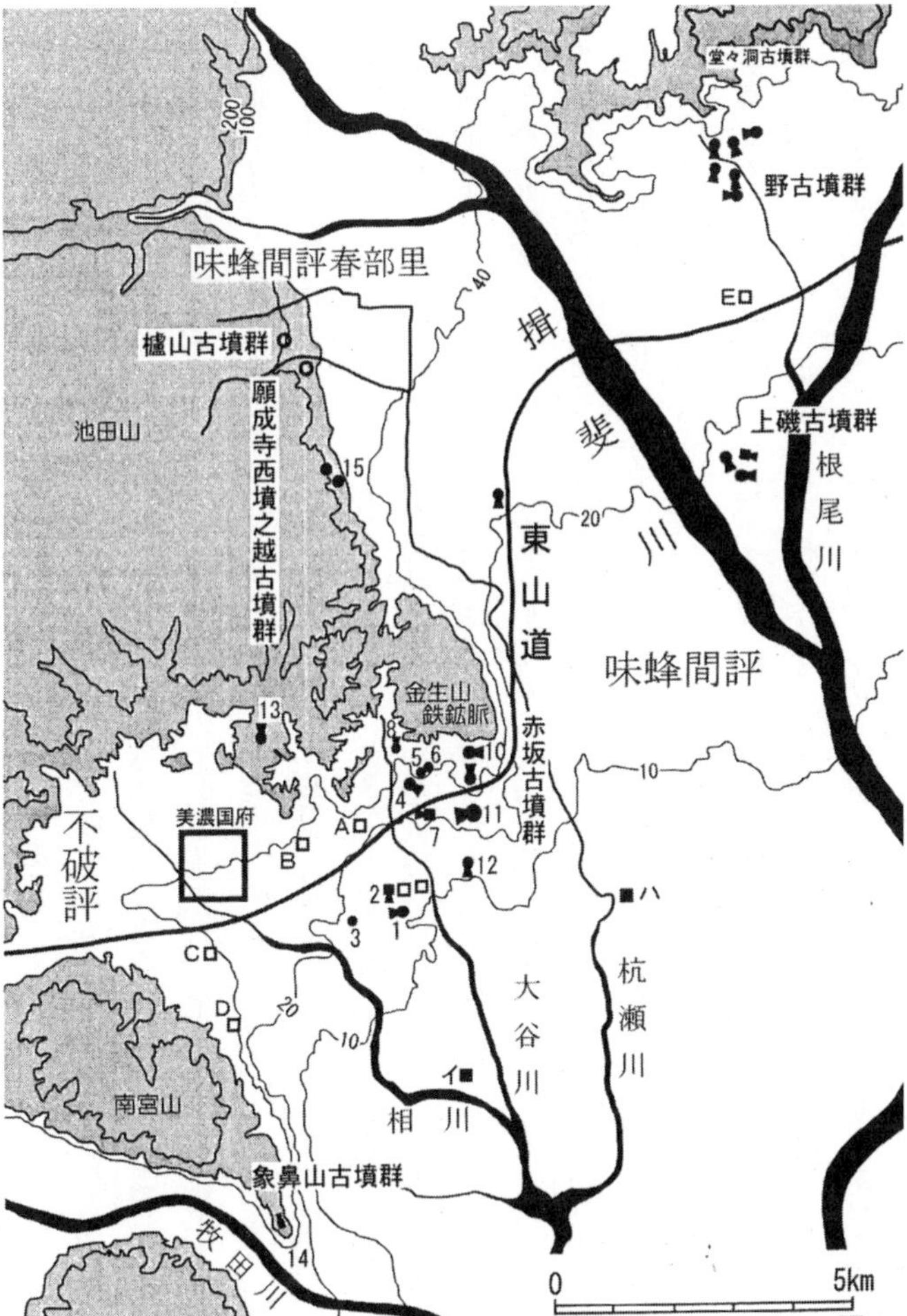

図3 味蜂間評周辺の遺跡
イ 十六遺跡 ロ 矢道A遺跡 ハ 南一色遺跡
1 長塚古墳 2 高塚古墳 3 綾戸古墳 4 遊塚古墳 5 遊塚中央円墳 6 遊塚東円墳
7 粉糠山古墳 8 東中道古墳 9 花岡山古墳 10 花岡山山頂古墳 11 昼飯大塚古墳
12 荒尾1号墳 13 親ヶ谷古墳 14 象鼻山1号墳 15 雨乞塚古墳群
A 美濃国分寺 B 美濃国分尼寺 C 宮処廃寺 D 宮代廃寺 E 大隆廃寺

近江国に鉄穴の採掘があった事と連動しているものである。

金生山の赤鉄鉱は極めて品位が良く、総鉄分が六四％にも達している。材質定量分析では酸化第二鉄（Fe_2O_3）すなわちベンガラの値は九〇％を越す数値である。金生山の山麓には東山道が通るが、江戸時代の宿場は山麓の赤坂に存する。赤坂の地名は雨の日、金生山から流下する赤鉄鉱の流土で町の地表が赤く染まったことに由来するものである。

金生山の鉄鉱の理化学的な容量分析で特長的な点は、鉄分の多さとともに、砒素（As）と銅（Cu）の量の多さである（八賀晋「古代の鉄生産について」『学叢』第21号　京都国立博物館）。

金生山の赤鉄鉱が古代の装飾や製品に使用された痕跡が存在する。大垣市・東町田遺跡から出土する弥生時代後期の赤彩土器の顔料であるベンガラから砒素が検出されている。また、同遺跡から出土する六世紀代の製錬用具である碗形用具からも砒素が検出される。愛知県・朝日遺跡等出土の弥生後期の土器に塗布された顔料からも砒素・銅が検出されている。金生山周辺の後期古墳出土の鉄製品からも砒素の検出が際立つ。砒素を含む顔料や鉄素材が直ちに金生山の赤鉄鉱とは断じ得ないが、限りなく可能性が大きい。

鉄鉱石から鉄を造る過程では、素材から鉄を溶解させる第一次の製錬がある。製錬過程では炭素・硅酸・リン・硫黄銅などの不純物が多く含まれ、従って不純物を高熱等を加え不純物を除去する精錬過程をへて純度の高い鉄とする。しかし砒素は精錬の過程でも原料素材から抜けない特性をもつ。金生山の赤鉄鉱には砒素が〇・二％前後含まれ、鉄製品中等にも〇・二～〇・四％前後も含有する場合がある。金生山の鉱石が利用された可能性が高い理由でもある。

六　王権による鉄支配

(一) 東宮と鉄

令の規定によれば、中宮・東宮・皇親、官位を有する人々には、令の食封条に従って、封祿・季祿を給せられている（表1・2・3）。このうち中宮湯沐・東宮一年雑用料・皇親時服料のうち、東宮は一年間の生活費に布施などに加えて鍬一千口、鉄五〇〇廷を給せられている。鉄を給せられたのは皇親の秋の祿の四廷で、他の位階の人の封祿には存しない。東宮の鉄の支給は極めて特異である。

鉄五〇〇廷は、鉄一廷が一〇斤にあたり、一斤の重さは現在の重さに換算すれば約六七〇グラムに相当する。鉄五〇〇廷は重さ約三・三五トンにもなる。『令集解』祿令給季祿穴記によれば、鉄二廷は鍬五口と代えることが出来るとされる。東宮に給せられる鍬一〇〇〇口は鉄一〇〇廷にあたり、鉄に換算すれば、現在の六七〇キロに相当する。

また、官位に支給される季祿でも鍬が給される。正従一位が一四〇口から少初位の五口まで、春と夏二季支給で総計一六三〇口に達する。

東宮が相当な量の鉄を何故支給されるに至ったのであろうか。東宮と鉄の支給。東宮大海人皇子の安八磨郡の支配。安八磨郡湯沐邑に存する鉄鉱。この三者は令制以前からの東宮の特定生産物の

表1　中宮・東宮・皇親等の禄

	戸	絁(疋)	綿(屯)	糸(絇)	布(端)	鍬(口)	鉄(廷)
中宮湯沐	2,000						
東宮一年雑用料		300	500	500	1,000	1,000	500
皇親　春		2		2	4	10	
(年13以上) 秋		2	2		6		4
乳母		4		8	12		
妃　春・夏		20		40	60		
夫人　春・夏		18		36	54		
嬪　春・夏		12		24	36		

表2　位階・官の食封

	戸	絁(疋)	綿(屯)	布(端)	庸布(常)
一品	800				
二品	600				
三品	400				
四品	300(内親王減半)				
太政大臣	3,000				
左右大臣	2,000				
大納言	800(若以理解官。及致仕者減半)				
正一位	300				
従一位	260				
正二位	200				
従二位	170				
正三位	130				
従三位	100				
其五位以上。不在食封之例					
正四位		10	10	50	360
従四位		8	8	43	300
正五位		6	6	36	240
従五位		4	4	29	180(女減半)

表3　官位の禄

	絁(疋)	綿(屯)	布(端)	鍬(口)
正従一位	30	30	100	140
正従二位	20	20	60	100
正三位	14	14	42	80
従三位	12	12	36	60
正四位	8	8	22	40
従四位	7	7	18	30
正五位	5	5	12	20
従五位	4	4	10	20
正六位	3	3	5	15
従六位	3	3	4	15
正七位	2	2	4	15
従七位	2	2	3	15
正八位	1	1	3	15
従八位	1	1	3	10
大初位	1	1	2	10
少初位	1	1	2	5

表1、2、3　食封・季禄

支配権と深く関わったと考えられないであろうか。

金生山鉄鉱をとりまく周辺遺跡、とりわけ古墳群の消長と合せて考えてみたい。

（二）青墓古墳群と美濃国造たち

金生山の南山麓及び続く台地・低地上には弥生中期から古墳時代中頃までの遺跡群がおびただしい数で分布する。荒尾南遺跡では銅鐸、銅鏡、鉄生産に関係する遺物、方形周溝墓群、住居跡群など大集落跡が現在検出されている。とくに墓群の造成は顕著で、三世紀後葉から五世紀初めにかけての前方後円墳及び前方後方墳の造営が計十数基集中し際立っている。四世紀末に造営された昼飯大塚古墳は墳長一五〇ｍに及び、この時期濃尾平野最大の前方後円墳である。墳丘に配置された埴輪群は、その器種と形態がきわめて畿内的で、古墳被葬者と大和王権の関わりの深さを暗示する。本古墳群の特長の一つとして、三世紀代に始まった大形の前方後円墳群が、突如として五世紀前半代に終わってしまう点である。古墳に象徴される地域支配の体制に変化があったことを示す。

五世紀から六世紀代にかけ、大和政権の地方支配の形である国造制がある。美濃の国造は、『日本書紀・古事記・先代旧事本紀・上宮記逸文』等にその名がみえる。美濃国造（本巣国造＝三野前国造）、牟義都国造、額田国造、美濃後国造の四国造の存在が知れる。このうち額田国造は『和名抄』池田郡に額田郷がみえ、かつては美濃国造等とともに、濃尾平野西端一帯を行政支配した国造で、のちの安八磨郡も額田国造の支配下にあったと思われる。

額田氏の性格は不明な点が多いようであるが、学説的には額田部は壬生部とともに皇子養育のために設置された皇室部民で、養育の経済基盤であったとされる。『和名抄』等の郷名記載などから、額田は九州から関東まで一郡一三郷一駅の名が知れる。東海域には三河国額田郡、伊勢国朝明郡額田、同桑名郡額田、美濃国池田郡額田がみえる。文献上で考察される皇室部民の性格に至る前段階、美濃の安八磨郡域では、莫大な量の鉄鉱脈とそれを製錬する生産技術を額田を称する後の国造が掌握していたと考える。金生山西南域に広がる不破郡は、郡大領である不破・宮氏が渡来人系の姓である勝姓であることからも、鉄生産に伴う渡来系技術集団の後裔とみても誤りないものであろう。この美濃国一宮である南宮大社が近くに鎮座するが、祭神は仲山金山彦命である点も注目できる。この考察は拙考（「安八磨郡湯沐邑と額田」『愛知県史研究』第一一号　二〇〇八年）に述べている。

安八磨郡湯沐邑は、古く弥生時代後半期から赤鉄鉱を主体に顔料採集から第一次鉄製錬、さらに鉄精錬へと生産技術を高め、四世紀から五世紀にかけ額田国造を中心に支配権を掌握してきた。恐らく五世紀代にはこの生産力が王権に掌握され、以後その支配管理が東宮に委ねられたと推定される。令制の東宮の鉄支給は古くからの東宮の持つ特権遺制が、奈良時代に制度として残ったと考えられる。

（三）美濃と東宮との結びつき

美濃国安八磨郡湯沐邑が壬申の乱時、皇太弟大海人皇子の挙兵の軍事拠点であり得たのは、鉄生産の場として古墳時代から東宮が支配管理する伝統にもとづいて、大海人が引きついで支配に及んだ結果である。

壬申の乱時の挙兵に応じた兵力は、美濃出身の大海人皇子の舎人であった、村国連男依、和珥部臣君手、身毛君広をはじめ、美濃国内の豪族、農民に至る迄の兵力、尾張から関東に至る広い範囲の兵が参加した。

壬申の乱の中核の地である「美濃国安八磨郡湯沐邑」の湯沐邑の名は、『漢書』巻一下、高帝紀第一下、十二年冬十月条にみえる。漢の高祖が淮南王黥布の反を鎮圧した際に、沛郡に立寄り、沛を湯沐邑とし沛の人民の力役を免除した。漢代に天子が湯沐邑と称した私有地の例はこの一例のみで、沛は高祖が秦への戦いの最初の拠点でもあった。『漢書』巻二十八上、地理志によると、沛には鉄官が置かれ、国家経営による鉄山があった。高祖の沛の湯沐邑が鉄の産地であり、鉄を鍛造して武器の製作に及び、この武器を原動力に秦に戦いを挑み勝利したと考えられている。恐らく大海人皇子は漢書に記される鉄と武器生産の地である沛の湯沐邑を拠点に挙兵した高祖の故事を熟知し、大海人皇子の管理化にある安八磨郡の鉄と武器生産地を「湯沐邑」と称したと考えられよう。

安八磨郡湯沐邑の鉄生産はいつまで律令体制下で維持されたか明らかにし得ないが、少なくとも七世紀代には皇室直轄の生産地として機能していたのではないか。和銅二年（七〇九）の「弘福寺田畠流記帳」には、味蜂間郡に田十二町、多芸郡に田七町が川原寺の田となっている。この時点でかつての東宮の所管地であった湯沐邑が解体された可能性がある。これは律令制の整備のなかで、吉備等の地での鉄製品の貢納が調として円滑に機能したことによるもので、旧前の如く、鉄生産を王権で所管する必要が失せたことによると考える。

壬申の乱の功臣たちへの贈位や功賞は厚く、孫の代にまで及んだし、天武を継いだ皇后持統朝にまで続いた。

美濃を中心に顕著にみられる、川原寺式軒瓦とその系譜を持続した軒瓦を所用する地方豪族の造寺は、乱の功績の証しとして、力強く地域に威厳を与えたものである。東宮大海人と安八磨郡の生産との根深い関わりを見ると、美濃国と東宮との関わりは極めて強固であり、美濃出身の三人の舎人は、その関わりの大きさを象徴しているものでもある。

歴史資料と地域を考えるとき、旧前の資料解釈を根底から再考し、その意義をさらに吟味、歴史を再構築する姿勢が必要である。

南知多の捕鯨

山下　勝年

はじめに

私が師崎小学校に二度目の勤務をしていた頃であるから、平成一二年か一三年のことであったと思う。伊勢湾にゴンドウクジラの群れが入り込み、この水域の漁業に大きな被害を及ぼしたことがあった。困った篠島や師崎の漁師たちは協力し、ゴンドウクジラの群れを漁船で追うと共に一部を銛等で捕獲した。もちろんクジラの捕獲が目的ではなく、漁業に害をなす対象を湾外へ追出すための措置であった。新聞やテレビも連日のようにそれを報道したが、どちらかというと野生動物保護の立場から、ゴンドウクジラの駆除には疑問を示す論調もあり、自然保護団体の意見もさかんに紹介された。

そんなおり、私の勤務する師崎小学校に、千葉県銚子の漁業組合長さんから電話をいただいた。用件は次のような内容であった。

「ゴンドウクジラの食害については、私たち千葉県の漁師もよく承知しています。伊勢湾の漁師の皆さんが行っている行為は漁業と生活を守るためには当然のことです。師崎小学校には漁師の子弟も大勢いることでしょう。報道機関は、まるで漁師の皆さんが自然保護に反することを行っているかのように伝えていますが、とんでもない。校長先生は子供たちに、君たちのお父さんは家族を守るために立派なことを勇敢に行っていると話してやって下さい。」

私は朝礼で子供たちに、千葉県の漁業組合長さんからのお話を分かりやすく話した。そして私たちの師崎小学校が、かつては養鯨学校《ようげいがっこう》の名で呼ばれていたことや、校歌の歌詞にもクジラが登場することも確認させた。

養鯨学校については、明治政府の学制発布によって、この地にいち早く作られた学校で、明治五年から始まる師崎小学校の沿革史の冒頭にその名が見える。養鯨学校の命名者であり初代の校長を勤めた野口所左エ門（一八三五～一九一〇）は、尾張藩御船奉行千賀氏の最後の家老を勤めた人物である。千賀氏は名古屋納屋橋の役宅の他に給知の師崎にも屋敷を持っていた。野口家は代々師崎にあって千賀氏のの実務を補佐した。

また師崎小学校校歌の作詞者である山岡藤市氏（一九一〇～二〇〇六）は、元南知多町長にして名誉町民であったが、師崎の鯨船の羽指（銛打）の子孫としても知られていた。歌詞には養鯨すなわち鯨のように大きくてはつらつとした子供を養うという創建当時の理想が盛り込まれている。師崎小学校は、私の母校であった。そして郷里でもある師崎の地は、このゴンドウクジラの一件以前から、歴史的に鯨にかかわりの深い土地であった。

一　師崎の捕鯨

師崎ではすでに近世初期の十七世紀初めころ、ここを基地として鯨漁が行われていた。師崎における捕鯨についての確かな記録は、以下のものが最も古い。

・元和八年壬戌年（一六二二）正月二日
　鯨突　壱本　金八両壱分
・同　正月廿日　壱本鯨突
　六両弐分六匁壱ト
・同　二月廿三日　鯨突　五両壱拾匁
　右は師崎ニ而突留申候

（『硯山日記』）

この頃には紀州の浦へ鯨漁に出ていた者もあったという。しかし『慶長見聞集』によれば、これ以前の文禄のころ（一五九二～五）のこととして「間瀬助兵衛と云て、尾州にて鯨突きの名人、相模の三浦に来たりしが、東海に鯨多く有るを見て、願う所の幸ひ哉と、もり綱を用意し鯨を突く。

此助兵衛が鯨つくを見しより、関東諸浦の海士まで、もり綱を仕度し鯨をつく云云」とある。千賀氏は徳川家康の関東お国替えに従って天正十八年（一五九〇）から慶長五年（一六〇〇）までの十年間師崎を離れ、相模国三崎において船奉行を勤めたが、間瀬助兵衛は千賀氏と共に相模に移った鯨突き名人だったのであろう。間瀬は師崎にも多い姓である。

師崎の鯨漁の先進性を物語る所伝であるが、師崎の捕鯨はそれ以降千賀氏の専権となり、江戸時代を通して続けられた。しかし、鯨の捕獲記録が多く残るのは江戸時代前半の享保年間（一七一五〜一七三四）ころまでであり、江戸時代後半にはその記録もあまり残らなくなる。

この地域で行われた鯨漁は、銛で仕留めるのみの方法であったようである。これに対して紀州太地や四国・九州の各地では、鯨を網に追い込んだ後に銛で仕留める鯨漁が広がり、それが捕鯨の主流となっていった。この方法は太地の和田覚右衛門頼治が、延宝三年（一六七五）頃に、セミがクモの網にかかって捕らえられるのを見て思いついたと伝えられる。網取り漁は、鯨を逃がさずに捕獲する確率を高めると共に、大きな鯨も捕らえることができる有利な漁法であった。

伊勢湾・三河湾では網使用の記録も網用の大量の苧《お》（麻）の購入記録もほとんどない。郷土研究者で、この地域の捕鯨にも詳しい山下清氏は、網による漁法の有利さを知りながら千賀氏がこれを取り入れなかった理由として次の諸点が考えられるとしている。

○湾内漁場では、鯨に逃げられる心配は少ない。

○湾内では大型のナガスクジラ・セミクジラは少なく小型の鯨が多い。
○漁師の間で、手馴れた漁法を守り続ける習慣が強かった。
○鯨突き捕り漁は、船も乗員も少なくてすみ経済的であった。

確かに水深一〇m以下の沿岸部分が多い湾内では、鯨を浅場に追い込むことが主で網の必要は少ない。また小型の鯨が多かったことも事実である。しかし網取り漁を行わなかった理由の一つは漁師の保守的な習慣ではなく、スポンサーであった千賀氏の都合であったと思われる。例えば最盛期の太地浦では、一回の鯨漁に最低必要なのは十五人乗りの勢子舟が十四艘、十三人乗りの網船が八艘、十五人乗りの持双舟が四艘、八人乗りの樽舟が一艘の合計三百八十二人の人員であったという。この他に浜には鯨解体のサバキ衆、桶屋、鍛治屋・舟大工などの職人集団が常備されていた。鯨の回遊路である黒潮に近い紀伊半島の南端と、伊勢、三河の湾内では鯨の捕獲量と産業としての規模が全く違っていたのである。

千賀氏は、師崎・豊浜・篠島・日間賀島などの知行地の漁業を手厚く保護すると共に、指導管理を行った。師崎にあってその任に当たった千賀氏の家臣、川合家の文書には、尾張藩の御用鯛の記録や、鰯漁、海鼠《なまこ》漁などの記録と共に鯨漁の記録が残るが、鯨漁が臨時の現金収入では勝るものの、常にこの地域の漁業の首座を占めていたわけではない。逆に千賀家五代当主である千賀信賢（一七七六没）が、川合氏に送った書状に、

一、鯨之儀、突取候節者助成ニも罷成候え共突申儀不定成ニ候へハ、おもひ切り鯨舟を止め、鯨舟之替ニいさば舟を壱艘作り、商船之通りニ乗廻させ候而ハと存付候、尤、鯨を突候節ハよく候え共、不突年は仕込の本手（資本）だけ損失之様ニ被存候、（以下略）

と記された資料もある。千賀氏が鯨舟の代わりに小型廻船であるいさば船を作ろうと思い立ったのは、鯨漁の業績が落ち込んでいたことを物語る。川合家文書には鯨の不漁の実情を訴える文書や、鯨組に必要な諸経費をあげた文書もあることから、千賀氏がこの地に網取り漁のための多大な設備投資を行なわなかったのは、むしろ当然であったといえよう。

一方、こうした業績面での不振にもかかわらず、師崎地域の捕鯨は幕末まで続けられ、鯨舟も維持された。これは尾張藩御船奉行である千賀氏の役職に関わる措置ではなかったかと考えられる。すなわち千賀氏の私船と有能な水主の維持である。天保十四年（一八四三）に十二代藩主斉荘《なりたか》が、知多半島巡視のおりに千賀邸で一泊したときに、捕鯨状況を実演して見せた様子が「知多御道の記」に記されている。また幕末の異国船に対する海防対策の折にも鯨舟が登場する。これは尾張藩のお文庫「蓬左文庫」にあるもので、砲台、烽火台、そして伊勢湾における尾張藩の軍船配備などといった海防に対する収録の中に見られる。伊勢湾の軍船配備は当然ながら船奉行である千賀与八郎信立らによる計画で、百十隻を超える船を並べているが、内容は戦国時代の水軍と変わるところはない。鯨舟は四つの戦闘集団に分かれた船団の中にそれぞれ一〜二隻が配置され、見分役、筆談役、医師などを乗せた庶務船や鉄砲玉薬の運搬船及びその担当者の乗船が計画されていた。幸いなことにこの船団が実戦配備される事態は起こっていない。なお関連して師崎にも設置された異国船の遠見番所は、かつて伊勢湾・三河湾を見張り、高所で鯨や魚群を探すための魚見番所と機能的には同じものであった。しかしこの地に必ず存在したであろう魚見番所の位置はまだ確認できていない。

外国船は十九世紀初頭頃から頻繁に日本近海に出没しており、開国や貿易を要求する国もあったが、その要求の裏には外国の捕鯨事情もあった。当時、日本近海に多くの鯨がいることを知った諸外国の船は、彼らのいう日本漁場に争って進出し多大な成果を収めていた。一八四〇年代〜五〇年代の最盛期には約七百隻の船が捕鯨のために日本近海に来ていたと言われ、その約三分の二はアメリカ船であった。彼らは主にマッコウクジラを狙って油を採取したが、アメリカではマッコウクジラの油は、灯油や潤滑油として需要が高かったのである。日本に開国をせまって砲艦外交を行ったペリーの目的は、太平洋航路の開設によって、中国貿易で有利な立場に立つことと、北太平洋で操業していた捕鯨船の保護であったことはよく知られている。

二　記録にみる捕鯨の実態

千賀氏が屋敷を置き、古くから漁業と海運の村として知られた師崎は、伊勢湾、三河湾周辺で唯一の組織的な捕鯨の基地でもあった。捕鯨は千賀氏の専権であったが、これは実利を生むだけでなく、足の速い船と操船に優れた水主の維持という千賀氏の役職にも関わっていた可能性もある。また上質の肉や、入札で得られた金子の一部が藩に上納されていた記録が残ることから、尾張藩の認可を得ていたと考えられる。

捕鯨については当時から人々の関心が高かったのであろう。捕鯨の記録や見聞録は地誌や紀行文などに数多く残されているが、主なものとして「張州雑志」（一七七〇〜一七七八頃）、「尾張名所図会」（前編　一八四四）、および「千賀家文書」、「川合家文書」などをあげる事ができる。

中でも尾張藩九代藩主徳川宗睦の命で編纂された「張州雑志」は、百巻にも及ぶ大著であり、師崎の捕鯨についても、それが盛んであった時期に著されたものであるだけに写実的である。また「川合家文書」は半ば私文書ながら、千賀家の長期にわたる捕鯨の記録を、さまざまな分野にわたって記した文書であり、資料的価値は高い。本稿では「張州雑志」と「川合家文書」の二著から師崎における捕鯨の概要をみていく。

〈「張洲雑志」について〉

「張州雑志」では、何といってもカラーの捕鯨図絵が見事であり、約二三〇年前の師崎周辺の海で展開されたドラマを生き生きと描き出している。捕鯨図絵は、追・一之銛・下矢突・剱突・もっそう組付け・牽付ケ・巻上ケ・サバキの九場面に分かれそれぞれに説明が付く（第一図〜第五図）。

「追」は、発見した鯨を三艘の鯨船で追う場面。「鯨来れば先潮を吹く。漁人是を見て三船をだす。是を追という。鯨は顋《えら》なし故に頭上より息をなすとぞ。」の説明の後に、漁船が師崎を出る時、その日に鯨を突くべき祝事のようなことをすると記されている。船は八挺立てのようであるが、漕ぎ手は七人で、船の両側に三人ずつ並んで漕ぐほかに最後列の漕ぎ手は左側に一人で描かれている。舵取りの役を兼ねているのであろうか。先頭には銛を持った羽指が立ち、一艘の船に八人が描かれている。なお「川合家文書」の鯨船の項には、「ほ、ろ八丁、さを四本、もりさを長壱丈二尺八寸けんざお長六尺、はざし一人、ろ手十人」と記されているので、絵図とは多少異なる。船の水押《みよし》は長く、青と赤で塗り分けられるとともに、先端にはチャセンというラッパ状の飾りがつけられている。この図では明確ではないが他の拡大図では水押の中央に千賀家の家紋である「折骨扇」が描かれていることが分かる。

「一之銛」は、鯨に一の銛を打ち込んだ場面。「一の銛を突くあれば、先旗を立てもり縄の末にしらせという木を付けて投入、次の船は其しらせと檜縄の濡みたるを見て進み行くなり。(中略)」の説明がある。また「遠方にて鯨を突きたる時は煙を揚げて合図をなす。師崎よりも千里鏡にて様子をうかがひ、しるしの船を出す。千賀氏一二のもりの羽指へ酒一樽づつを送る。(後略)」の説明もおもしろい。

「下矢突」は、鯨に近づき多くの銛を打つ場面。「二三の銛を突き、羽指もり縄をたぐりて鯨にちかづき数もりをつく。数もりは矢縄ばかりにて檜縄なし管を巻てうきとす。数もりは一船に三四柄なり、是をのこらず突ときは鯨の働き自由ならじして遠く行くもあたわざる。ゆえに船を近づけて殿中もりをつくとぞ。」の説明がある。

「剱突」は、鯨を挟むように船を並べ、羽指も漕ぎ手もまじり、剱銛で息をもつかず突く場面で

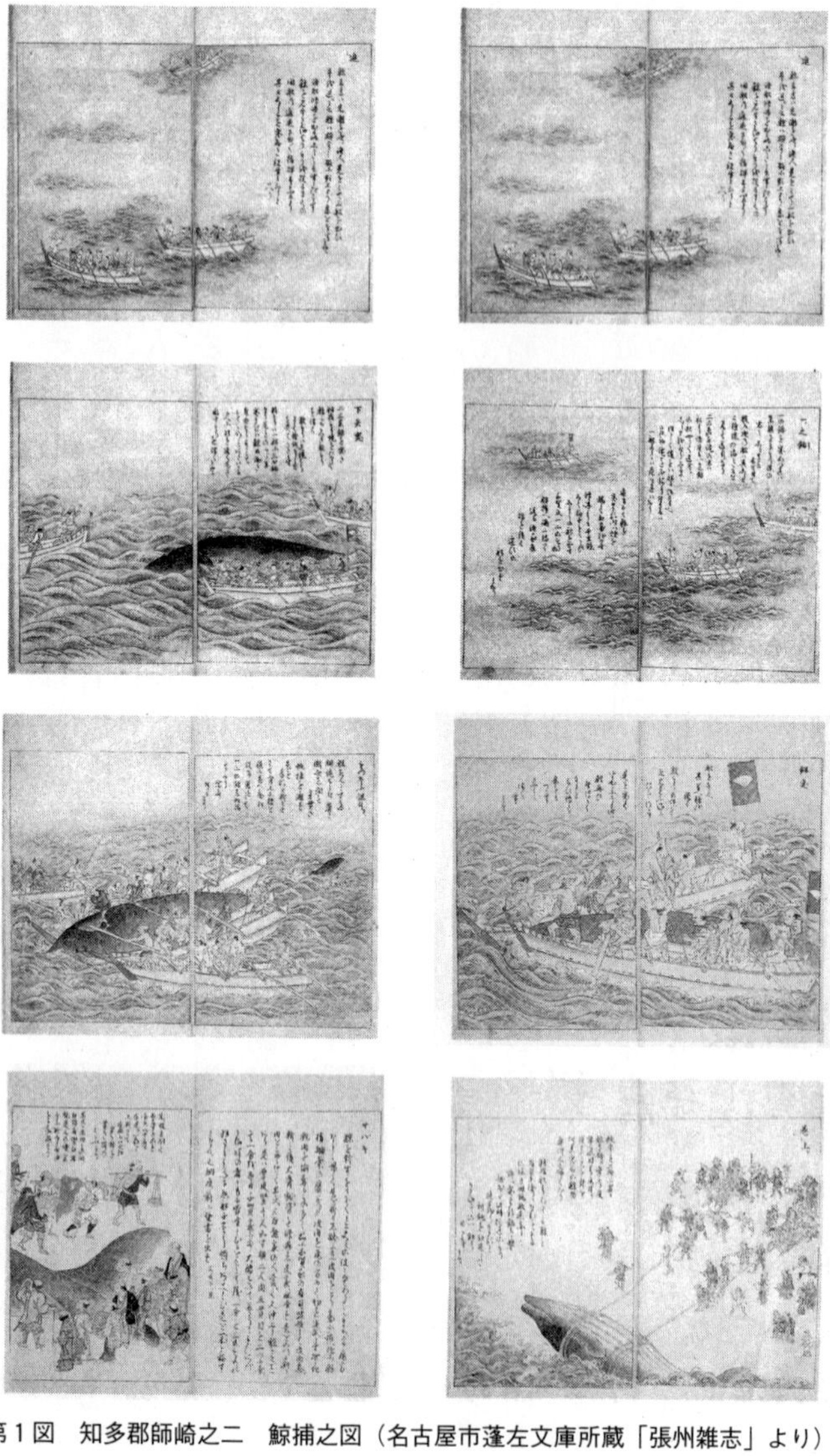

第１図　知多郡師崎之二　鯨捕之図（名古屋市蓬左文庫所蔵「張州雑志」より）

第２図　牽付ケ（名古屋市蓬左文庫所蔵「張州雑志」より）

第３図　巻上ケ（名古屋市蓬左文庫所蔵「張州雑志」より）

第４図　サバキ（名古屋市蓬左文庫所蔵「張州雑志」より）

第５図　サバキ（名古屋市蓬左文庫所蔵「張州雑志」より）

ある。

「もつそう組付け」は、仕留めた鯨を、二艘の鯨舟で挟み、浜まで運搬するための準備をする場面。「鯨死んとする時、胴縄をかけ、鼻と潮吹きの間を穿貫き、帆柱を通す。是を手形を斬という。背上に櫓を横に並べ床を設け薦（莚カ）をして二二の銛の羽指その上に乗りて帰るなり。」の説明がある。鼻を切って穴を開け棒を通す例は他地域にも見受けられるが、特に運搬用の持双船を使わず鯨船を使い、櫓を並べて胴縄を結わえたり床を設けるのは知らなかった。絵図には、この作業を行う近くに千賀家からのしるしの船が酒樽とけんざおを持って到着している様子も描かれている。

「牽付ケ」は、師崎の礒へ鯨を牽く場面。全体の船足は目立って遅くなったであろうが、これを牽く者や伴走する者はみな喜びにあふれているようである。羽指は酒などくみかわし、おのおの歌ったり舞ったりしている。その唱え歌の一部を見ると、

やうと目出たの此浦や此浦や
お伊勢まいりにまたせび突いたの
これもおいせの御利生かや
やうと目出たの此浦や
又も突いたは師崎組よ
親もとるとる子も添えて

最後に「世美ハ鯨ノ名也鯨六種ノ中最大ナル者ナリト云」の説明がある。唱え歌にも出てくる「せび」はセミクジラのことである。上質の肉と多くの油が取れるセミクジラは、各地の鯨取りの一番の獲物でよく歌に歌われる。しかし「張洲雑志」の鯨之図では小鯨と座頭鯨が描かれるのみで、背美鯨は無い。

「巻上ケ」は、絞車を二つ使って鯨を磯に牽き上げる場面。鯨を揚げた浜は、千賀屋敷に近い的場の浜であったと思われる。すでに村人の老若男女が見物に集まっている。ここに描かれている鯨は、やはり座頭鯨のようである。

「サバキ」は、鯨解体作業の図である。説明がやや長いが、書き出してみると、「鯨を斬事をさばくと云。それぞれの役わりありて、かまち方尾方などと唱えて是を斬る。先献上の皮肉をとり、臺（？）に居へ次に羽指船乗の褒美の皮肉を尾の方にて切るを定式とす。このとき鯨肉を偸奪る（ぬすみとる）ことの多し故に千賀家の有司監検して皮肉悉く斬りて後、大骨アバラ骨を師崎の民家に配分す。是を五川に割り肉をわけて里民三百餘家の人食す。又沖上り鯨と云をあり、是は厚皮竪壱尺五寸、横二尺、肉五貫目を二つに分ちその一分を即日千賀家にて大鍋をもって羹とし、あづかるほどの者どもに皆食わしむると云うとなり。残り一部を三のもりの羽さしより以下総船子輩に領ち与えしむ。是を菜と称すとなん。又納屋の前に壁書を出す。文言下に見。（以下略）」

この説明は実に興味深い。まず藩主や千賀家当主に献上する上等の皮肉をとることは頷けるが、次に羽指乗組の褒美の皮肉を、やはり上等の尾の方からとっている。文脈から一の銛、二の銛の羽指が特別扱いをされていたごとくである。当時の身分制度からみて、羽指の序列も生まれながらに決まっていたのであろう。サバキの最中に何かと理由をつけては作業場に近づき、肉切れを持ち出す者があったことは、他の捕鯨地域でも見られたようである。しかし肉を大きく切り取った後の骨を師崎の五字に分け与えて、そこから削ぎ落とした肉を里民三百餘家の人が食べたというのは、現場を担当した川合氏の温情であろうが、いかにもほほえましい。私の祖先は江戸時代から師崎の紺屋であったから、こうした鯨肉を食べる機会にも恵まれたことであろう。

記録にはないが、最後の鯨骨は、師崎の西端にある「どんど」という場所にまとめて捨てられたという。江戸時代末期に著された「尾張名所図会前編」では、師崎の捕鯨の盛期を過ぎていたためであろうか、「播豆崎」の項に僅かに記される捕鯨の記述も具体性に欠ける。ただ鯨骨を捨てた場所については、「今も鯨の白骨、大木の朽ちたるごときもの、此磯辺に数多あり。見馴れぬ人は、朽木と思ひ過ぎぬべし。」とある。この「どんど」は、私が少年時代から潮干狩り等で親しんでいる磯に接した所にある。今は護岸で固められているが、昔はそこで鯨骨が露呈していたことを知ることができる。

〈「川合家文書」について〉

千賀家および師崎にあって、漁業の指導管理の任に当たった川合家には、漁法・漁獲物や漁民への報酬・漁民からの願書、海鼠腸《このわた》や鯨・鯛などの注文控え、贈り物に対する諸侯の礼状などがあり、近世漁業の実態を知ることのできる好資料となっている。とりわけ鯨漁に関する記録には、内容が豊富で、他では知る事のできない事柄や、指導管理に当たった者だけの問題点など、公文書には見られない資料的価値をもつ。鯨についての記述には、次の内容がある。

○鯨の種類、鯨の部分名称、形態、大きさ、習性、鯨捕り用具、用途を記したもの
○鯨捕りの年月日、羽刺、価格、漁場などを知ることができるもの
○サバキの監視人数の確保や褒美、鯨初漁の際の配付先
○鯨肉などの注文書
○鯨漁に関して千賀家とやりとりした書状
○鯨売立金銭請の明細書
○寄り鯨に関する記録と発見者への褒美
○伊勢湾・三河湾での鯨発見の記録

本稿ではその一部を紹介し、師崎の鯨捕りの概要をつかむにとどめる。（なお川合家文書と鯨漁に関しては、南知多町誌本文編と資料編4、および南知多町の郷土研究誌「みなみ」第43・44・45号に山下清氏の論考が掲載されているので、詳細はそちらを参照されたい。）

鯨の種類には、まつ甲、せび、ながす、ざとう、小鯨、いわしの六種があげられ、大きさ形状な

どの簡単な特徴が記されている。今日の知見からすれば種類がいかにも少ないが、湾内捕鯨ではこれで十分であったのかも知れない。張州雑志には二種の鯨のみが図示されていることは前記した。なお野口家には鯨の絵図（二十種の鯨を描く）があったという。そのかわり鯨の部分名称、形態、大きさ、習性、鯨捕り用具、用法などの説明は詳しく、指導管理者として漁師やサバキ衆などと同等の知識をもっていたことが分かる。

鯨を突いた文書では、全部で四七頭の記録が残る。年月日で元号のあるのは元和・正保・寛文・正徳・享保・延享・明和・天保などであるが、元号の無いものも多い。月では二月がもっとも多く一月がこれに次ぐ。他では三月が一例あるにすぎない。価格はほとんどの例に記されており、記録が残るものの一頭の平均価格は十八両弱となる。羽指では、師崎の野口新八・佐治宇兵衛・山岡増兵衛、篠島の政右衛門・弥左衛門・長七・七次・中村八右衛門などの名前が記録されている。鯨船は横須賀・大野沖から伊勢国八木戸・大湊、三河湾では亀崎・嘉地崎辺まで鯨を追っていったが、鯨が最も多くいたのは篠島周辺であった。

千賀家では、最初の鯨を藩主へ献上するのが恒例となっていた。藩主への献上のあとは、注文の多い初鯨の肉や皮・わた（腸）などは各方面へ配布された。藩の賄方より、川合氏へ

「鯨突申候ハ、早速殿様へ御指上被遊候様ニと、（中略）左様御心得可被成候、恐惶慎言」

と書かれた通知書や、鯨の肉・皮・腸の注文書や送り状等が多く残る。しかし贈り物としては上品さに欠け、塩漬け以外には保存の方法がなかったので、諸侯への献進の例は少ない。地元の人々の

需要については「正徳六年四尋之小鯨、八左衛門突候帳」に記されているが、師崎の神主・医師・鍛冶屋・水主・別の羽指などのほか、須佐や島など千賀氏の知行地の人々からの多くの小口の注文があったことを知ることができる。

また文書には鯨一頭突き留めるごとに、価格支払い残金などの記録がある。一例をあげると、

○　享保九年辰年正月廿日　野口新八突候鯨之覚

一、惣金　三拾七両弐分百八拾六文　立会小帳相改取立金也

此内　金四両四百八拾三文

名古屋誂鯨代　直ニ御台所へ金納

同五両壱分百五拾七文

師崎買物　鯨船入用日用三艘分

同弐拾五両

なごやへ上ル但浪巴ニ誂指上

残

右者定右衛門　預

このように、多額の金子が名古屋へ届けられており、藩や千賀家に納められたが、その詳細な記録は少ない。

他に寄り鯨（浅瀬に上がって動けなくなった鯨）も千賀家の管理下にあり必ず報告してその指示を待つことが義務付けられていた。寄り鯨の記録も数例あるが、本稿では詳述を省く。更に鯨漁に関して他地域との紛争となった事件の記録もあるが、これも長大な記録であるため省略したい。

三　八百富神社の絵馬について

図示した捕鯨の絵馬は、蒲郡市八百富神社に奉納されていたものである。八百富神社は、蒲郡市府相町の海岸から四〇〇m沖合の竹島にある。竹島全島が八百富神社の神域となっており、島と海岸を結ぶコンクリート橋はよく知られている。また暖地特有の常緑樹林が残る社叢は国指定天然記念物に指定されていることでも知られる。

八百富神社にあった多くの絵馬は、保全のために現在では蒲郡市博物館に移されているが、捕鯨関係のものはこれが唯一で、全体の中ではやや異質な印象を持つ。絵馬には獲物である鯨と、それを三方から囲んだ鯨船が描かれ、それぞれの船には銛をかざした羽指と漕ぎ手が生き生きと表現されている。完遂（?）、御宝前、享保九年卯天、正月十八日の文字が読めるが、左下にある二文字は判読できない。首尾よく鯨を仕留めることが出来た鯨組の漁師たちが、感謝を表すと同時に、今後も豊漁が続くことと安全を祈願して奉納したものであろう。

第６図　八百富神社所蔵の絵馬

私は初めてこの絵馬を目にした時から、これは神社のある三河地域からではなく、師崎の千賀氏配下にある鯨組が奉納したものではないかと考えている。

その理由として、絵馬に描かれた船は舳先が長く、独特に着色された専門の鯨船であるが、江戸時代にこのような船団を使い、伊勢や三河の領海にまで鯨を追って漁ができたのは千賀氏配下の鯨組のみであったと考えてよいことと、享保九年は、とりわけ多くの鯨が捕れた年で、一月、二月の漁期だけで六頭の鯨が師崎に水揚げされている記録が残るからである。

あらためて川合家文書を調べると、享保九年の一月二十日に師崎の野口新八が鯨を突留め、その価格が三七両二分百八十六文であったという記録がある。この時代の鯨の価格で三七両を超えるものは大物の部類に入るが、その感謝を表すために野口新八の鯨組が絵馬を奉納した可能性が高い。絵馬に記された一月一八日は完遂の文字からみて鯨を突留めた日であり、文書にある一月二十日は師崎の港に運び込まれてサバキが行われた日であると考えれば矛盾は無い。しかし、たとえこれが師崎の鯨組による絵馬であったにしても、彼らがなぜ竹島の八百富神社に奉納したのかという疑問は残る。鯨を突留めた場所が三河湾の竹島に近い海であったと考えるのがもっとも自然であるが、捕鯨の絵馬がこの地方では他に全く見られないことや、師崎の鯨漁師たちと八百富神社との結びつきなど、なお解明すべき問題もある。

なお、八百富神社の絵馬の中には、「アシカ」が大きく描かれたものもある。ただし天保一一年（一八三九）の年号や奉納者などからみて捕鯨の絵馬との関わりはないようである。

四　おわりに

最後に、南知多町の鯨に関わる逸話をいくつか紹介して稿を終えたい。

まず昭和五九年、師崎に近い南知多町小佐の海岸で古代鯨の化石が発見された。南知多町域には、第三紀中新統（約千八百万年～千五百万年前）に属する地層が分布し、化石の産地としても知られるが、鯨の化石は初めての発見であった。

当初はイルカの化石と想定されたが、調査団が発掘を進めるうちに全長約五ｍと予想外に大きかったため、知多クジラと命名された。

南知多町では海の町を象徴する化石として小冊子を作成し、教育委員会社会教育課が置かれている総合体育館のロビーに知多クジラの常設展示コーナーを設置している。

また平成一一年には、知多中央道から県道半田南知多公園線が師崎まで開通し、新しい住宅地も整備された。記念の小公園（新町公園）は、地区の住民や小学生からもアイデアを募集して作られたが、遊具には師崎にふさわしい動物として鯨が選ばれ、鯨をかたどったすべり台が設置されている。知多中央道と半田南知多公園線は名古屋から南知多まで全て丘陵地を走る。やっと前面に海が迫る師崎の町に入ると、可愛い鯨が出迎えてくれるわけである。道路は最後に丘陵の切り通しを抜けて海に出るが、その海辺が江戸時代に鯨の骨を捨てた「どんど」である。そして切り通された丘陵の頂上近くには、尾張藩御船奉行であった千賀氏の遠見番所が置かれていた。かつて異国船を見張ったというこの場所からは、あるいは伊勢湾を遊弋する鯨が吹く潮も、見張られたことであろう。

いま一つの逸話は、私が師崎小学校に勤めていたある日、三年生の男子児童が「校長先生、西浦の海岸にスナメリが打ち上がっています。」と知らせに来てくれた。スナメリは、現在も伊勢湾・三河湾に生息する小型の歯鯨である。当時、南知多ビーチランドではスナメリの研究も行っており、この地域の住民にその情報を寄せてくれるよう呼びかけていた。とりあえずビーチランドに電話を入れると、丁寧な感謝の言葉と共に、研究員が現場に急行するとのことであった。

西浦の海岸は、師崎小学校が年間行事「磯の体験学習」を行っている岩場の近くで、学校からも車で数分の場所にある。授業中でもあったので、教頭と養護教諭にしばらくの留守を頼み、事務員と用務員を誘って現場に行ってみた。

砂浜に打ち上げられた小型鯨はすぐに見つかった。私たちは当初、それがすでに死んで茶色に変色していることと、二m近くもある大きさから、イルカではないかと話し合った。

ビーチランドの研究員が到着した。私達が、どうもイルカのようでしたと話しかけると、それを一目見た研究員は、いや確かにスナメリですと明言した。理由は背びれが無いことと、きれいに並んだ小型の歯の形がその特徴であるという。指摘されたとおりスナメリの歯は小型で、先端がやや広がった独特の形は、「えのきだけ」頭部にも似ていた。スナメリは少し傷んでいたので、計測や写真撮影などの簡単な調査の後にこの砂浜に埋め、後に骨格標本を掘り出すことに決まった。

学校に帰った私は、発見者の児童を呼び、君はなぜあれがスナメリだと思ったのかと聞いてみた。彼は、「第一に背びれが無かったことと、歯の形からスナメリだと分かりました。」とよどみなく答えた。鯨にゆかりをもつ師崎の町には、このような子供博士も存在するのである。

【付記】

文中には、浜で「さばき」が行われたあとの鯨骨を、師崎の五字に分け与え、そこから削ぎ落とした肉を里民三百余家の人が食べたという事柄を記した。これに関連するが、あくまで私の推測による内容であるため、文中では省き、付記として述べておきたいと思う。

師崎の里民は、肉を削ぎ落とした骨をそのまま捨てるというもったいないことをせず、それを砕き、煮出して油を採ったのではないかと考えている。鯨油は当時から貴重品であった。もちろん骨を煮出して採った油は上質なものではない。しかしこの手の油も大いに利用価値があったごとくである。

まず農業用には、これに酢を加え、水田の殺虫剤として用いたという。稲田に薄く広がった油膜は、稲の害虫であるニカメイチュウの幼虫（毛虫）やイネアオムシの皮膚を傷つけて駆除するとともに、バクテリアによって簡単に分解され、肥料にもなったようである。

江戸時代の後期以降、近代まで、この地方では肥料としての干鰯が大量に消費され、需要に応えて関東地方から搬入された記録が残る。干鰯も肥料としてだけではなく同様な殺虫効果があったのではないかと考えているが、農業には全くの素人であるため、どなたかご教示頂ければ幸いである。

また、漁業用にも用いられている。図示した絵は、江戸時代の海鼠を捕える図で、「第15回春日井シンポジウム２００７」の巻末資料にも掲載されている。説明には、「海底の石に着きたるを取るには、即ち熬海鼠の汁または鯨の油を以って水面に點滴すれば塵埃を開きて水中透明、底を見ること鏡に向かうごとし。然して攩網をもってこれをすくう。」とある。

今日の知多半島における海鼠取りには船上から箱メガネが用いられるが、かつては同様な作業に鯨油が用いられていたことを知ることができる。図は讃岐地方のものであるが、当然ながらこの地方でも鯨油が用いられたと考えてよい。

余談ながら、私の祖父は、明治十七年生まれで、若い頃にはよく師崎の磯にタコを突きに行ったという。

私も磯のタコ突きは好きでよく出かけたが、水中メガネは必需品であり、寒い時期には箱メガネも用いた。

ところが祖父の時代にはそのようなものはなく、やはり油を用いたそうである。岩場の穴に潜むタコのありかは、水面に垂らした一～二滴の油が作る面で見通すことができたという。

師崎にある私の実家の物置には、祖父がタコ突きに携帯したという小型尖底の赤焼の油壺があったと思うが、その物置も今はない。また用いた油が鯨油であったかどうかも聞きそびれてしまった。

第７図　讃州にて海鼠を捕える図（『日本山海名産図会』名著刊行会　1979年より）

朝日文左衛門の伊勢参り

―『鸚鵡籠中記』から―

大下　武

はじめに（朝日文左衛門の紹介）

元禄の末年は江戸開府からほぼ一〇〇年にあたる。このころ尾張藩士に朝日文左衛門（一六七四～一七一八）という男がいて、元禄・宝永《ほうえい》・正徳《しょうとく》と二七年間欠かさず日記を書き続け、享保《きょうほう》に入って間もなく、力尽きたかのように筆を擱《お》き、享保三年、数えの四五歳で生涯を閉じた。力尽きたのは日記のせいではなく、酒の飲み過ぎである。黄疸《おうだん》の症状を記しており、最後は肝硬変になったものと想像されるが、死の前年まで欠かさず日記を付けるというのは、並大抵のことではない。父の代から三の丸に近い白壁町《しらかべ》と撞木町《しゅもく》の間の主税筋《ちからすじ》に住み、家格は一〇〇石取りの御城代組《ごじょうだい》。名古屋城御本丸《ごほんまる》や御深井丸《おふけまる》の警備に就いていたが、元禄一三年（一七〇〇）御畳奉行となり、御役料《おやくりょう》四〇俵を支給された。細かな人物紹介はすでに昨年の「朝日文左衛門の食卓」で済ませているから、ここでは経歴紹介として、宝永六年（一七〇九）五月二日の記事にある「勤めの覚え書き」を記しておく。これはご城代組の組頭が替わったため、提出したものである。

一、私こと、延宝九年（一六八一）二月、瑞竜院様（二代藩主光友《みつとも》）に〈初御目見《はつおめみえ》〉しました。……［八歳］

一、初御目見から一四年目の元禄七年（一六九四）十二月、父の隠居願いと知行・家屋敷の跡目相続が聞き届けられ、……［廿一歳］ご城代組に仰せ付けられました。以後当年（宝永六年）まで一六年間、勤務してまいりました。……［三六歳］

内、ご本丸番三年、お深井丸番二年、両番所の助番三年、お畳奉行十年、懈怠《けたい》なく相勤めてまいりました。

内、ご褒美として銀子《ぎんす》二枚ずつ二度拝領いたしました。京・大坂へ二度出張しました。

右、初御目見（延宝九年二月）以来、当年（宝永六年）までの二九年間、年頭のお礼の挨拶も欠かさず勤めてまいりました。以上。

この覚え書きを提出して間もなく、娘おこん（先妻〈おけい〉の子）と水野権平《ごんぺい》の倅《せがれ》久治郎との縁談がまとまり、一二月に婚礼が行われた。思えばこれが文左衛門にとって最高の時期、五年後には父重村《しげむら》が八一歳で没し、さらに翌年母が亡くなる。そしてその三年後には、自ら四五歳という短過ぎる生涯を終えたのである。

一　最初の伊勢参り

『鸚鵡籠中記《おうむろうちゅうき》』に出てくる最初のお伊勢参りは、元禄六年（一六九三）文左衛門重章《しげあき》が廿歳（数え）のときである。出発は三月一〇日だが、四月廿一日には朝倉忠兵衛の娘けいとの婚礼、同廿五日には二代藩主光友が隠居し綱誠《つななり》が就封、七月には父重村が隠居願いを出すという慌ただしいときであった。間近に結婚を控えたことと、伊勢参りの関係はよく分からない。最後の独身を謳歌する旅にしては、連れに母方の伯父渡辺弾七や叔父武兵衛など年長者がいる。もっとも弾七・武兵衛は文左衛門のよき理解者で、少々のことは大目に見てくれる。ほかの同行者海野庄太郎・稲生自入・鮎川八郎右衛門も、父重村や母の実家渡辺家との関わりが深そうだ。以下概略を記す。

文左衛門の家は主税筋に面し、一本南の撞木筋に鮎川安右衛門の家がある。『士林泝洄《しりんそかい》』には鮎川安之右衛門とあり、元禄六年に瑞公（二代光友）付きになり、元禄十一年に御供番で二五〇石を貰っている。系図に八郎右衛門の名がないが、同一人物の可能性はある。海野庄太夫は『士林泝洄』に庄太夫貴林とあり、付家老成瀬に属し三〇〇石取り、伯母が鮎川一族の小右衛門に嫁いでいる。稲生自入（号か）は、元禄一四年致仕の半右衛門俊政を指すのであれば、義行（光友三男、高須家初代）付きの家老で七〇〇石を領した人物、妹が海野庄太夫に嫁していて、その関係の付き合いだろうか。三者とも朝日家と親しく、日記にしばしば名前が出てくる。今回の「三月十日亥の時、余勢州に詣でる」からはじまった旅は、「余、今朝より左眼不快」とあるように、眼病に悩まされつづけ、旅を楽しむ余裕などなかったようだ。

◎「喜微《きび》に佐屋へ着く。連れ、渡辺弾七・同武兵衛・海野庄太夫・稲生自入・鮎川八郎右衛門……直ちに船に乗り辰の半刻桑名に着く」

出発の三月一〇日は新暦四月一五日、亥の時（夜一〇時過ぎ）に名古屋を出て、喜微に佐屋に着き、佐屋から〈三里の渡《わたし》〉で辰の半刻（朝八時頃）に桑名に着いた。喜微は〈暮れかかって日が微かなこと〉（『元禄ことば事典』中日出版）とあるが、夜遅く名古屋を発って、夕暮れに佐屋に着いたのでは話にならない。喜微が仮に〈明けの薄明り〉にも使う言葉なら、日の出（新暦四月半ばの名古屋では五時二〇分頃）の三、四〇分前に佐屋に着き、直ちに桑名行きの船に乗って八時前後に桑名着、これなら筋が通る。佐屋から桑名までの三里の渡は、〈距離の割には時間がかかって三時間ほど要する〉（小野眞孝『江戸川柳尾張・三河歩き』）からである。桑名以降の記述は、眼病のためほとんど経由地の列挙にとどまる。

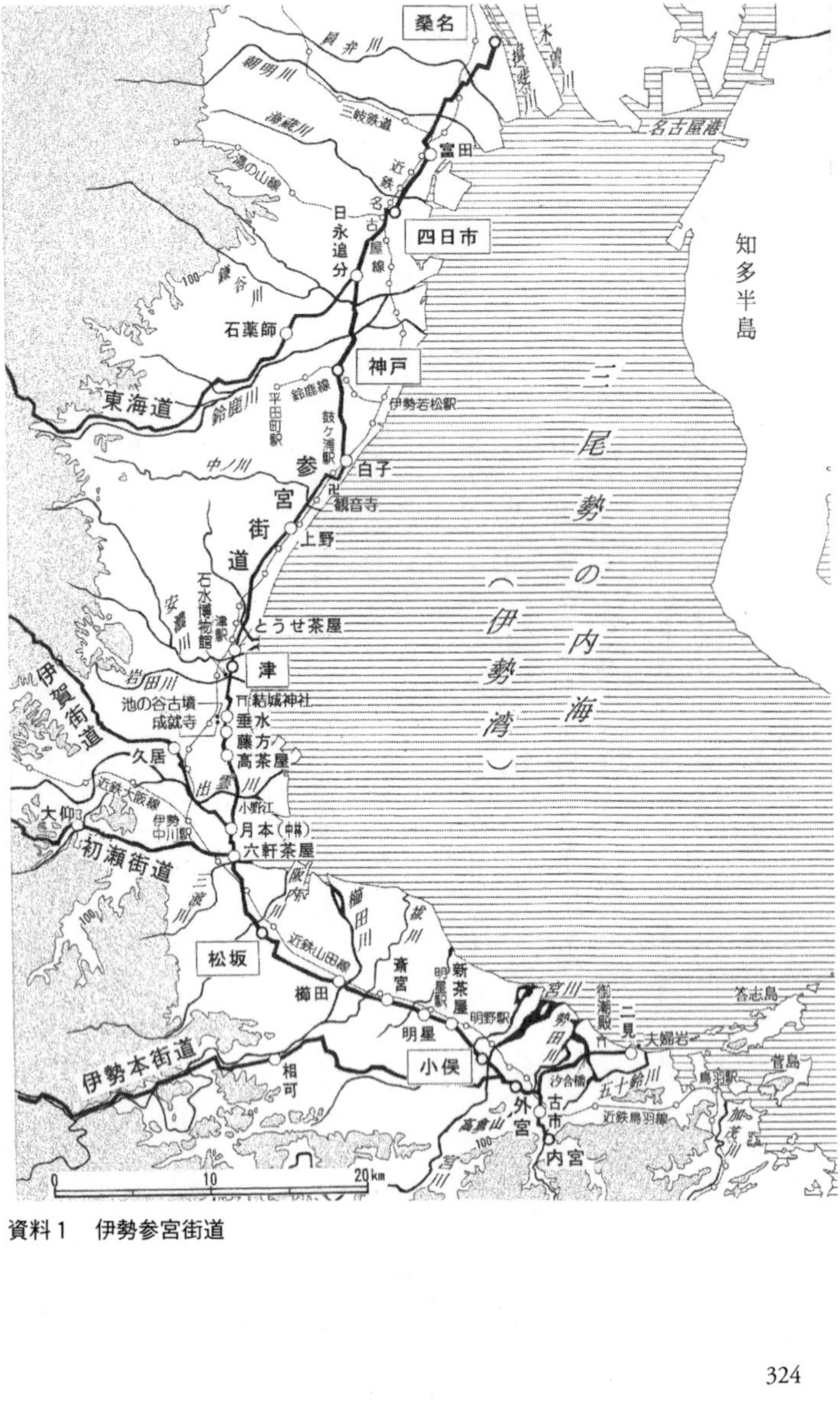
桑名
富田
四日市
日永追分
石薬師
神戸
東海道
白子
参宮街道
上野
とうせ茶屋
津
伊賀街道
垂水
藤方
高茶屋
久居
大仰
月本
六軒茶屋
初瀬街道
松坂
櫛田
斎宮
新茶屋
明星
小俣
伊勢本街道
相可
外宮
古市
内宮
二見
大湊
答志島
菅島
鳥羽駅
知多半島
三尾勢の内海（伊勢湾）
名古屋港
近鉄名古屋線
近鉄山田線
近鉄大阪線
近鉄鳥羽線
鈴鹿川
雲出川
宮川
五十鈴川
0
10
20km

資料1　伊勢参宮街道

◎「(十一日)桑名…(篭)…四ヶ市…(歩)…神部《ママ》(泊)/(十二日)暁、神戸《かんべ》…(篭)…白子《しろこ》・上野・とうすの茶屋(昼休)、岩田橋・たるみ・ふしかた・小森・上野・高茶屋・小森・町屋・池・田嶋の・木津川・雲津・つきもと・六軒茶屋・仁王堂・松坂《まつさか》(泊)/(十三日)巳の刻(午前九時半)、外宮《げくう》へ参詣。眼疾のため内宮《ないくう》・岩戸へ参ること能わず。外宮より直に妙見町(宿)/(十四日)雨。昼前晴れ。津(泊)/(十五日)四ヶ市(泊)/(十六日)雨。巳の上刻(朝八時過ぎ)桑名より乗船、申刻(午後四時過ぎ)熱田着。歩み帰り、黄昏すぎ家に着く」　[以上、五泊七日]

海が荒れたせいか、桑名~熱田の〈七里の渡〉に八時間もかかっている。所要時間に関しては、「熱田から桑名までの七里を船で渡るには約四時間かかるといわれ…」(『新編　名古屋市史』)、「宮から桑名まではそれこそ風次第で、順風で波が静かなら二時間ほどで着いたようだが、その倍近くかかることも稀ではなかったようである」(『江戸川柳尾張・三河名所歩き』)、「所要時間は約四時間、風をたよりに沿岸を走ったものである。船賃は乗合で三五文、高い時は四五文のこともあったという」(『熱田区の歴史』)などが参考になる。ふつうは四時間といったところであろうが、今回はかなりかかっている。

二　二度目の伊勢参り

二度目の伊勢参りは、元禄八年（一六九五）の四月半ば過ぎ、文左衛門廿二歳のときである。前年暮に文左衛門の家督相続が聞き届けられ、正式に朝日家の当主となった。正月には御本丸御番の初出勤を済ませ、三月には妻のけいが無事女児（おこん）を出産、九月には両親が隠居部屋に移った。

資料2　桑名渡し口（『伊勢参宮名所図会』巻3）

◎「（一八日）寅刻、親、予、猶右の三人勢州へ発足す。月色、昼のごとし」

元禄八年の四月一八日は新暦の五月三〇日、寅刻は午前二時半。午前零時をまわって一九日に入っているのだが、日記は一八日の項に記している。明け六ツが一日のはじまりという意識だろうか。この旅、家督相続を終え節目の意味もあるようだ。父子二人では何かと気詰まりで、同僚の親友小菅猶右衛門（御深井丸御番）に同行を頼んだ。おそらく年も近いのだろう。ほかに召使が一人。

前回の旅は佐屋まで歩き、そこから桑名へ渡ったが、今回は熱田へ出て桑名までの〈七里の渡〉を利用している。自宅から熱田湊まで二里余（八・五㎞）あり、朝五時過ぎの乗船なら三時前に家を出なければならない。この日の名古屋の日の出は四時四〇分、その三〇分前が明け六ツの鐘、さらにそれより一時間半早い。歌にある「お江戸日本橋七ツ発ち……」である。とにかく江戸時代の人は朝に強い。

資料3　現在の桑名〈七里渡〉跡

◎「（一九日）天眼快霽《かいせい》、卯の半点、熱田より船に乗り、亭午《ていご》桑名に着く。神戸に宿す。河原屋庄兵衛と云う主なり」

卯（明け六ツ）の半点は午前五時過ぎ。熱田から船に乗り、正午（亭午）に桑名へ着いているから、やはり七時間近い。桑名から富田・四日市を通り日永追分《ひながおいわけ》へ、ここで東海道と分かれ伊勢参宮道を神戸へ向かう。

旅程は、桑名～（三里八町）～四日市～（五〇町）～日永追分～（一里半）～神戸宿までおよそ六里余（二五㎞）、筆者は一里を一時間と計算するが、健脚なら四五分前後、休憩を入れて五時間半ほどか。三里の渡・七里の渡のどちらのルートにせよ、正午頃桑名に着けば神戸宿まで五時間半として、ちょうど宿をとるのによい。

＊一里＝三六町、一里＝四㎞、一町＝一一〇ｍとして計算

◎「（廿日）未明に宿を出て行く、津より松坂まで駕籠《かご》を借り、予、二里余乗る。夜、新茶屋に宿す」

神戸を未明に出発とあるから、明け六ツ（四時すぎ）頃に出たのだろう。白子・上野・津・高茶屋・雲津・月本・六軒茶屋・松阪・櫛田を経て小俣《おばた》の手前の新茶屋に宿をとった。この日の旅程は神戸～（一里半）～白子～（一里半）～上野～（二里半）～津～（一里）～雲出～（二里）～松阪～（一里半）～櫛田～（一里半）～新茶屋で、計一一里半（四六㎞）である。前回は松坂泊だから八里半の旅程、今回の一一里半は気の遠くなる距離である。名古屋から東海道線の上り方面なら岡崎経由で幸田まで、中央本線なら名古屋から土岐・瑞浪の中間までの距離にあたる。いったい江戸時代の旅は、一日平均どのくらい歩いたのだろうか。

金森敦子氏の『伊勢詣と江戸の旅』（文春新書）によると「成人男子の一日の平均歩行距離は一〇里と言われていて……江戸から京都まで一二六里六丁を一二泊一三日で行くのが基準とされていた。武士ならもっと早足で、一日一一里か一二里は歩く」と書かれている。われわれの足がいかに退化したかということだが、しかし中には凄い人もいて、四二・一九五㎞（約十里半）を二時間十分前

後で走り通してしまう。マラソンの中継画面についつい引き込まれるのは、すでに失った能力を思い出させてくれるからだろうか。

◎「（廿一日）夜明けて宿を出、外宮・岩戸・内宮を参拝……拝参（ママ）後、未刻猶右と予と村山平十郎芝居の狂言を見る。役者数十人枚挙すべからず……未刻より曇り、申刻より雨降るといえども、芝居の屋根密なるゆえ、濡れず。酒を置き盞を傾ける。猶右と共に楽しみて餘りあり。親は先に行き、小畑に宿を借りはべる。予は日暮れて彼に至る」

資料4　斎宮駅前の参宮街道（北方面）

夜明けてから（五時頃か）宿を出、まず外宮に向かった。まだ距離は結構あり、「新茶屋〜（一里）〜小俣〜（一里半）〜山田（外宮）」とされるから二里半（一〇km）ほど歩く。外宮参拝は八時頃か。午前中に天の岩戸・内宮の参拝を終え食事のあと、未刻（二時過ぎ）から芝居見物。これが文左衛門の密かな目的だったかも知れない。引用文では省略したが、十二、三歳の何とか太夫の芸は神域に達し後世おそるべしとか、座長の芸は抜群で他の役者など太陽の前の蛍みたいなものだとか、とにかく馬鹿馬鹿しいほどのめり込んでいる。親はさっさと小俣に宿をとり、彼等は七時半頃宿にたどり着いた。

◎「(廿二日) 夜明けて宿を出る。松坂まで駕籠を借り、猶右と半分宛乗る。親は馬に乗る。猶右と予、斎宮《さいくう》にて菅笠《すげがさ》(すがさとも、斎宮名産・斎宮笠) を買い、その間に親先に行く。予は知らず。松坂に至りあまねく尋ねれど、知らず。其処かなたこなたへ徘徊し、甚だ不安。若しや召仕の酔狂または落馬の変を案じ、小畑へ帰らんと欲すといえども、若しも先へ行きしを知らず……急ぎ先へ行く。雲津まで早追いの如し。猶右汗頂きより踵へ流れ、襦袢袷を融かし、ほとんど水に入るが如きなり。津迄の内往来の旅人にこれを問うといえども、知る者なし。心魂頻に迷惑し、接語互いに楽しまず。津の茶屋にて喫したく立ち入りしところ、女云う、一昨日のお連衆、先にここに帰り、須臾《しゅゆ》待ちたまうといえども、見ずにより、神戸まで行き給うという。予、聞きて大いに悦ぶ。上野を過ぎて尓慶《じけい》(所の名) に至り、五躰疲れ気倦《う》みて又一歩を進むこと難し。猶右とともに駕籠を借り乗り (百十五文ずつ)、日暮れの路遠くして親の心安せざるを思う。道すがら百千の蛍火乱れ飛び、水面輝き渡り青苗散銀沙面。七刻ばかりに神戸河原屋庄兵衛ところへ行き、親と対面す」

少し長いが、今回の旅のヤマ場なのでほぼ全文を引いた。五時過ぎに小俣の宿を出て松坂まで駕籠を借り、小菅猶右衛門と半分ずつ乗った。父重村は馬を借りている。途中、斎宮で菅笠を買ったのが事件の発端、その間に父の馬は先に進み、姿を見ないまま松坂に着いた。松坂のどこか目に付くところで待っていると思ったのが間違いで、何処を探しても姿が見えない。だんだん悪い想像が頭を過《よぎ》る。付き添いの召使が何かしでかしたのでは……、ひょっとすると落馬して何処かへ担ぎこまれたのではないか……、追い越したかも知れない、小俣へ戻ろうか、いやもっと先へ行ったのかも知れない……、とにかく先を急ごうと、次の雲出《くもづ》までは駆け足だった。猶右衛門はと見れば、顔中から汗が流れ出て、肌襦袢にいたるまでびっしょり濡らしている。雲出の先の津へ向かいながら、行き交う人ごとに「年配の……を見かけませんでしたか」と尋ねるが、皆、首を振るばかり。猶右衛門と交わす言葉も上の空、とうとう津に着き、喉が乾くので茶店に入ると、店の女が「やっとお着きですか、お連れのご隠居さま、暫くここでお待ちでしたが、神戸まで先に行くと、お発ちになりました」という。往きに寄った茶店なので覚えていたのだ。ホッとすると同時に喜びに体が震え、すぐに神戸へ向けて発った。上野を過ぎ寺家《じけ》（尓慶）まで来ると、緊張の糸が切れたのか、一歩も進めなくなって駕籠を雇った。

大なり小なりこれと似た経験は、皆もっている。夕方五時に神戸に着き、河原屋庄兵衛の宿で無事父親と対面した。お前たち若いのに遅いなぁとでも、言われたのだろう。

◎「(廿三日) 快晴。夜明けに宿を出る。予、四日市迄駕籠に乗る。未刻桑名へ着く。予妻のため玳瑁《たいまい》（鼈甲《べっこう》）の櫛を買う（七匁五分）。熱田の返り船に乗り、薄暮に熱田へ着く（船頭に銭二百文遣わす）。酉五刻帰宅」

朝五時過ぎ神戸を発ち、四日市までの三里を駕籠に乗り、昼食を挟んで残り三里余（一三㎞）は歩き、桑名に着いたのが未刻（午後二時）、桑名で乗船前に妻たちへ土産を買い、薄暮（午後七時過ぎ）に熱田へ着いた。熱田から歩いて酉五刻（夜九時頃）に帰宅した。めでたしめでたしである。

三、三度目の伊勢参り

三度目の伊勢参りは、宝永六年（一七〇九）四月廿日であった。四年前の宝永二年、京都の宇治に端を発してお蔭参りが起きた。四月上旬から一日二、三千人が松坂を通るようになり、やがて一日一〇万人を超え、最盛期には二二、三万に達した。およそ一〇〇年後、この事実を本居宣長（一七三〇～一八〇一）は『玉勝間《たまかつま》』に書き残している。

この年の正月、犬公方と渾名された将軍綱吉が没した。それが合図であるかのように、三、四月の連日、春日井から小牧にかけオオカミが暴れ回り、村人を食い殺している。四月四日には犬山の南端の楽田《がくでん》で、水野村御案内（藩主の狩りの先導、のち御林方奉行）水野権平の手によってオオカミが仕留められ、文左衛門はその寸法を克明に記している。四月半ばの伊勢参り直後、娘こんと、水野権平の息子久治郎の縁談がまとまるから、天照大神の早速の御利益である。なお今回の参宮は、

第四七回の式年遷宮に合わせたものらしい。

◎「（二〇日）夜、薄曇り、亥前、八郎右・瀬左とともに発足し、巾下へかかり、佐屋へ行く。瀬左と予は枇杷島にて駕籠に乗る（佐屋迄に二百三十文）。半駄賃壱疋立。源右衛門代参友平、予に随い行く。召仕は八平。昼旅籠一日五十文宛の積もりに渡す」

資料5　熱田七里渡し

四月二〇日は新暦の五月二九日、亥前（夜の九時半頃）親友の二人と出発した。外堀を通り巾下門で堀川を渡り、美濃街道を枇杷島へ向かう。枇杷島橋を渡ったところで駕籠を雇い、土《ど》器《き》野《の》で美濃路に分かれて津島街道に入り、上萱津・甚目寺から青塚・勝幡《しょばた》と進み、ここから堤防道を津島へ下る。津島から佐屋までは、およそ一里である。

同行の八郎右は文左衛門の隣りに住む渡辺八郎右衛門村綱のこと、仁兵衛ともいい、渡辺半蔵の組に属して三百石の家柄。元禄一二年に家督を継いだ。瀬左は、主税筋を挟んで斜め向かいに住む石川瀬左衛門正珍のこと、『士林泝洄』には、成瀬隼人に属し一五〇石の家柄とある。どうでもよいことだが、姪を妻にしている。そのほか、伯父にして上司の渡辺源右衛門の代参として友平が、また文左衛門の召使八平がお供する。召使には昼食と泊り賃を一日五〇文宛て渡してあるというが、いまのお金でどのくらいだろう。当時の両（金貨）・匁《もんめ》（銀貨・秤量貨幣）・文《もん》（銅貨）をいまのお金に換算するのは、案外に難しい。

かつてお米の値段を基準にし、江戸時代の一両小判を円に換算することがおこなわれていたが、最近の解説書の多くは、磯田道史《いそだみちふみ》氏の『武士の家計簿』（新潮新書）を参考にしている。磯田氏は幕末から明治を生きた地方武士の家計簿を、神田の古本屋から入手された。金沢藩御算用者（経理係）猪山《いのやま》家である。その家計簿をもとに、当時の金沢藩（加賀藩）士の経済活動を描かれているのだが、その中に当時の収入を今のお金に換算するくだりがある。武士の給与は玄米で支払われるから、米の値段から換算すると玄米一石（一五〇Kg）＝五万円＝一両となり、猪山家の賞与（拝領金）を含めた実収五〇石は二五〇万円程度、かなり低所得である。そこでいろいろな職業の賃金を現在に換算する方法で計算し直し、一両＝三〇万円、銀一匁＝四〇〇〇円、銅貨一文＝五〇円弱（一両＝七五匁＝六三〇〇文として）を導かれた。教育テレビのテキスト（二〇〇七年）でもこの数値を踏襲されており、日銀の貨幣博物館ホームページもほぼ同じ基準を示しているという。

筆者は前回文左衛門を扱ったとき、一両を一五万円とした。これは小林弘忠氏が示された「一文＝二五円、一両＝一五万円（一両＝六貫文）」（『大江戸「懐」事情』）の換算が、金銭感覚的に妥当と思ったからである。氏は日常の品々を比較され、「うな重／一〇〇文…二五〇〇円」「蕎麦／一六文…四〇〇円」「居酒屋酒一合／二〇文…五〇〇円」などを示された。とくに四文屋《しもんや》（四文均一の大道商人、屋台の食べ物売りもあった）という一〇〇円ショップ感覚の店があり、しかも四文はちょうど一〇〇円、大いに気に入った。この換算に従うと、召使に一日一二五〇円を渡し、枇杷島～佐屋間の駕籠代五七五〇円を支払ったことになる。正しいかどうかより、あくまで一つの目安である。蕎麦屋や四文屋などいずれも江戸後期の話で、文左衛門の元禄期がそのまま当て嵌《は》まるかどうか分からない。

◎「（廿一日）日の出甚だ赤し。頃日、日月の色赤し。これ旱の象か。終日曇り、時々薄曇り時々日光現わる。卯半ころ佐屋へ着き、持参の弁当を給《た》ぶ。庄屋孫左衛門を頼み、桑名への船あるを借りる。巳半ころ桑名へ着く。とみだにて焼き蛤《はまぐり》を求め、酒食等給ぶ。……申半刻、神戸に宿す」

日の出は四時四〇分頃、その赤さが印象に残ったらしい。明け切った五時頃に佐屋へ着き、八平に持たせた弁当を食べた。名古屋から津島まで五里、佐屋まではプラス一里の道程である。津島街道は、新川橋を渡り美濃路と分かれてから津島までをいい、城下から新川橋（土器野）までの一里半は美濃路に重なる。城下から佐屋までの六里を七時間余かかったのは、深夜のためだろう。佐屋に着いて桑名までの船を都合して貰った。九時過ぎ桑名に着くまでの三時間余、船中で熟睡したことだろう。

桑名は桑名藩一〇万石の城下町で、東海道宿四二番目の宿である。美濃の物資はすべて木曽三川の川船で桑名湊へ運ばれ、各地へ積み出される。交通と物流の拠点でもあった。そういう重要な土地だから、家康は信頼する部将に預けた。慶長六年（一六〇一）、初代藩主に、徳川四天王のひとり本多忠勝（一五四八〜一六一〇）が就いた。肖像画（立坂神社蔵・桑名市文化財）を見ると、鹿角の前立兜《まえだてかぶと》を被った異相の将で、いかにも強そうである。ただし桑名藩はこの本多家より、久松松平家との関わりの方が深い。

本多家は二代目（忠勝―忠政）が姫路へ移り、元和三年（一六一七）、松平定勝が掛川から入封した。次男定行の代に伊予松山へ移るが、入れ替わりに大垣から入封したのも同じ久松松平家で、定勝の三男定綱である。久松氏は知多半島阿久比《あぐい》の城主だったが、家康の生母於大《おだい》（伝通院）が久松俊勝（一五二六〜八七）に再嫁し、久松氏との間に四人の子をもうけた。彼等はすべて家康の異父弟にあたり、のちに松平姓を許される。何事もなければ、久松松平は桑名城主として続いたはずだが、のちに一大疑獄事件が起き越後高田（新潟県）へ転封《てんぽう》となった（宝永七年）。そのあと陸奥白河藩（福島県）を経て、一世紀余の後ようやく桑名藩へ戻される。白河時代に寛政の改革を担当した松平定信（吉宗の孫）が久松へ養子に入り、桑名藩復帰はその子定永（一七九一〜一八三八）のときである。父の威光が効いたのかも知れない。

疑獄事件は宝永七年、文左衛門の伊勢参りの翌年であるが、筆まめで地獄耳の文左衛門は、細大漏らさず書き記している。事件については不明な点が多く、またここで詮索すべきではないので省略するが、郡代の野村増右衛門以下一族郎党の斬罪三三名に及んでいる。そのほか足軽らの暇《いとま》四〇〇名以上、追放も六〇名に及ぶ。これだけの処分を行ったのにどうも事件の全貌が見えて来ない。「この事件は当時から疑問が多く、定重の子孫が桑名藩主に復した時その罪は許され、刑死者四四名の法名を記して文政十年（一八二七）に供養塔が建てられた」（『目で見る桑名の江戸時代』）と解説されている。不思議な事件である（日記の斬罪数と解説書の刑死者の数が合わないが併記しておく）。

資料6　富田の焼蛤（『伊勢参宮名所図会』巻3）

次に「とみだにて焼き蛤を求め、酒食等給ぶ」とある。桑名～富田《とみだ》（とんだとも）は二里弱、お昼前に富田に着き、名物の焼き蛤を肴に一杯やっている。蛤ならなぜ桑名で食べないのか不審に思い、手持ちの『図会』にあたってみた。

『伊勢参宮名所図会』に「【朝明郡富田】四日市より五十町。名産焼蛤」とあり、『東海道名所図会』には「【四日市】桑名まで三里八町……名物焙蛤《やきはまぐり》　東富田《とみた》・おぶけ（小向）両所の茶店に、火鉢を軒端へ出し、松毬《まつかさ》にて蛤を焙り、旅客を饗す。桑名の焙蛤とはこれなり」とある。焼蛤は桑名名物と思い込んでいたが、桑名と四日市の間、具体的には小向や東富田の茶店で出す蛤が評判で、わざわざ〈桑名の焼蛤とはこれなり〉と断わっている。桑名宿の方は〈溜豆油《たまりしやうう》にて製す〉とあり、いまもむかしも名物は〈佃煮〉だったらしい。では〈その手はくわなの焼蛤〉は単なる語呂合わせかというと、そうでもない。今井金吾氏は「当時東下りする旅人は、東富田や小向で充分に焼蛤を味わってきており、桑名へ来て〈生きた蛤〉を向けられても〈その手はくわな…‥〉と洒落のめしたからとのこと。それほど桑名は飯盛女でも評判だった」と、エロチックな解説を加えられている（河出文庫『江戸の旅』）。なお桑名の佃煮は時雨蛤がブランド名だが、これは「（蛤）は秋より春まで漁《ぎょ》す。初冬の頃美味なるゆゑ、時雨蛤《しぐれはまぐり》の名あり」（『東海道名所図会』）ということらしい。

東富田（現近鉄富田《とみだ》駅辺）から神戸《かんべ》までは四里余り、文左衛門たちは五時半頃に宿に着いている。神戸宿と聞いても、ピンと来ない人が多いだろうが、鈴鹿市の中心地である。案内書では鈴鹿を、近鉄主要駅のある白子地区、市役所など公共機関の集中する神戸地区、大規模商業施設の広がる平田地区に分け、解説されている（山川出版『三重県の歴史散歩』）。それ以外に、鈴鹿川北岸の加佐《かさ》登《ど》地区（白鳥塚古墳・加佐登神社）や石薬師《いしやくし》・国分町《こくぶちょう》地区（国分寺《こくぶんじ》跡・考古博物館）、さらに平田町南の鈴鹿サーキットなど、見所は多い。神戸へは近鉄名古屋線の伊勢若松駅で鈴鹿線に乗換え、二つ目の鈴鹿市駅で下車する。

◎「（廿二日）寅半ころ宿を発す。数千万の蛍、或いは樹枝を耀しまたは水面を照らす。尾府より甚大なる蛍なり。発足前に須臾雨降り、発足前に止む。行く先々、雨降り、地濡れてあり。そこに至れば雨止み、少しの雨にも遭わず。奇と云いつべし。薄曇り。昼前より快晴。今日まで八専《はっせん》なり。その故にや、毎日電あり。降らんとする事もあれども、終に降らず。以後連日快晴なり」

神戸の宿を七ツ発ち、午前三時頃に出立している。直前に須臾《しゅゆ》（しばらく）雨が降ったせいか、蛍の数が凄かったとある。数千万匹は大袈裟だと思うが、尾張では見られない光景だったらしい。行く先々で地面が濡れているが、直接は降られなかった。心掛けの良さを自賛している。「八専だから毎日カミナリがある」というくだりは暦の話で、少し説明を要する。

十干（甲乙丙丁戊己庚辛壬癸）と十二支（子丑寅卯辰巳午未申酉戌亥）の組合わせ表はマス目が一二〇できる。実際には甲子の次は乙丑というように、タテ・ヨコ一つずつずらし斜めに埋めていくから、六〇で元のマスに戻る。昔は年も干支（六〇年還暦）、日も干支（年間六〇日×六巡）で表してきた。その干と支を五行（木火土金水）に当てはめると、木と木、火と火のように「気」の重なる組合わせが、たまたま六〇マスの最後の四九番の壬子（水と水）から六〇番の癸亥（水と水）の一二マスの間に集中する。重なりは全部で八つ（八専）あり、残り四つはハズレ（間日《まび》）る。水の重なる「気」からはじまり、水の重なりで終るため、いつしか八専は、天気占いの「降雨多し」と結びつけられるようになった。八専が終った二三日以降、連日快晴とある。結構当たるのである。

資料7　白子観音寺（『伊勢参宮名所図会』巻3）

○「白子山観音寺《しろこさんかんのんじ》へ寄る。不断《ふだん》桜を見る（花なし）。津とうせ茶屋にて昼飯を給《た》ぶ。（十文もり三盃）蚫《あわび》を求め煮て食す。甚だ美なり。酒を快く給ぶ。意気揚々として歩行す。垂水《たるみ》村にて垂水山成鷲寺《じょうじゅ》の（大日なり、坂を上がる事三十歩余にあり）堂守禅達（真言）に知人になり、水を喫す。甚だ清冷なり。惣じて当所水潔しと云々。山上七、八町行けば清水ありと云々。禅達が居所より滄海・雲山・帆船・民屋・遠樹・近林・水田・曠野・悉く目下に現し、景勝言うべからず。尾・濃・参等、悉く見ゆ。松坂より新茶坊まで駕籠に乗る（百六十文）。この駕籠、山田へ帰ると云々。小俣へなお乗るべしと請うゆえ、四十五文にて又小俣まで乗る。酉半、小俣に宿す。夜、月額を加右衛門に頼む。深更、少し地震。予、左脚指にマメをふみ出し、少し痛む」

白子山観音寺

神戸宿から漁業のまち白子まで一里半、同じ鈴鹿市である。白子山観音寺へは、近鉄名古屋本線の白子駅まで行き、普通に乗り換えて次の鼓ヶ浦《つづみがうら》駅で降りる。線路に併行する道を進行方向へ進み釜屋川に架かる子安《こやす》橋を渡ると、前方右手に観音寺（高野山真言宗）が見えてくる。五分とかからない。この辺りの地番は寺家《じけ》三丁目だが、寺家の名も観音寺に関係する。観音寺の通称は子安観音で、安産の霊験があるとされ、一年を通じ参詣の人が絶えない。寺伝では聖武天皇の時代、海辺に鼓の音がするので漁師が網を下ろすと鼓に乗って観音像が上がってきたという。これを本尊とし勅願寺が建てられた。近くの海を鼓ヶ浦と呼ぶのも、この伝説に由来する。引き揚げられた観音像は〈白衣《びゃくえ》を着けた小さな尊像〉であり、これを〈白子〉と呼んで、観音寺の山号になった。

資料８　白子観音寺仁王門

資料９　白子観音寺「不断桜」

仁王門は元禄一六年（一七〇三）の建立（昭和五七年解体修理）というから、文左衛門は完成して間もない仁王門を見たことになる。ここをくぐると正面に辻玄種《つじもろたね》作の銅製灯籠（県文化財）があり、左手に四季咲きの不断ザクラ（国天然記念物）が四方に枝を広げている。文左衛門は「花なし」と悔しそうに注記しているが、筆者が訪れた三月二九日は満開に近かった。里桜なので満開でもソメイヨシノほどの華やかさはない。連歌師里村紹巴《さとむらじょうは》（?～一六〇二）の『富士見道記《みちのき》』に「白子山観音寺に不断桜とて名木あり」と記され（永禄一〇年）、広く知られるようになった。

本堂右手の資料館には、正親町《おおぎまち》天皇の勅願の綸旨《りんじ》や御三家の安産祈願文などが納められているが、開館は縁日等に限られているそうで、拝観できなかった。受付所には安産の御札が置いてあり、六種がセットになっているのを買い求めた。周囲はみな若い夫婦で、変なジイさんと思われたかも知れない。開けてみると母乳がたくさん出るように加持した「乳米」や、産気づいたときに飲み込む米粒が入っていたが、差し当たっての使い道はない。ほかに不断桜の葉を包んだ紙があって、開けたときオモテなら女児、ウラなら男児と書かれてあった。筆者のはウラだった。この不断桜の葉の虫食い葉の模様が、伊勢型紙のルーツという説がある。近くに伝統産業会館があって、伊勢型紙の歴史が学べる。

『伊勢参宮名所図会』の奄藝郡《あんげごおり》・白子の項に「此郷の習俗に、妊娠のおびをせずとも難産なし」と記している。いささか唐突な記述だが、『発見！三重の歴史』（新人物往来社刊）は、寺家村（白子）観音の氏子たちは昔から妊婦着帯の習慣がなかった、と複数の文献から指摘している。子安観音を信仰する人たちは、腹帯を結ばなくとも安産できたらしい。いずれにせよ精神的なもので、強く信じていれば良かったのだろう。ところが「今はするようになった」とあり、「いつ頃から定着したか不明だが、それを調べるのも地域の歴史であり、民俗学でもある」と結ばれている。その通りだが、序でにそれを調べて教えて欲しかった。

境内に、俳句の山口誓子ゆかりの茶室がある。一時期鼓ヶ浦に在住されていて、当寺住職と親交があったらしい。元禄頃の寺蔵を改築した茶席を誓子は〈静思庵《せいしあん》〉と命名、屏風や襖に自選の句を揮毫している。〈静思庵〉入口の武家屋敷ふうの門は、名古屋の白壁町から近年移築したという。白壁町は文左衛門の住む主税町より一つ北の筋である。

資料10　塔世橋
（北へ渡った角に休業中の〈とうせ茶屋〉）

津とうせ茶屋

文左衛門の日記には、〈とうすの茶屋〉あるいは〈とうせ茶屋〉とある。津市街図に、安濃《あのう》川に架かる〈塔世《とうせ》橋〉が出ている。明治の地形図には〈塔世村〉とあり、四天王寺あたりの村名である。イメージとして四天王寺の門前に何軒かの茶店が軒を連ね、お参りを済ませた旅人が茶店で餅を頬ばる図を思い描いたが、そんな長閑《のど》かな光景ではないらしい。

『三重県の地名』には「塔世村は伊勢参宮街道に沿って発達し、とくに延宝三年（一六七五）塔世橋が架けられると、塔世茶屋とよばれる茶屋が並んだ」とあり、茶屋分の一二六間五尺は、茶屋町として津城下に準じる扱いを受けたという。おそらく四天王寺門前に二五〇mにわたる町並みが形成され、大いに賑わったのだろう。こうなると茶店どころではなく、れっきとした〈茶屋〉街である。日記にも「茶屋にて昼飯を給ぶ。十文もり三盃の蚫を求め、煮て食す。甚だ美なり。酒を快く給ぶ」とあり、一盛り二五〇円のアワビ三杯を買い求め、煮て食したが甚だ美味で酒が進んだ、というのである。それにしてもずいぶん安い。いま〈伊勢せきや〉の煮アワビは、一個五千円前後するだろう。

資料11　四天王寺三門

石水博物館

塔世橋は安濃川に架かる橋だが、一kmあまり南の岩田川に架かる岩田橋北詰に、百五銀行の入る〈津丸の内ビル〉があり、その二階に石水《せきすい》博物館がある。創立者は、大正から昭和にかけ百五銀行の頭取をつとめた川喜田家一六代当主の久太夫政令《まさのり》氏、半泥子《はんでいし》の号で知られる人物である。祖父を敬慕し、その号「石水」を館名とした。なお石水は、同時代同郷の探検家松浦武四郎の後援者であった。昭和五年、半泥子によって設立された石水会館は終戦の年の津市大空襲で焼失、四六年に津丸の内ビルが現在地に建設され、その折に川喜田家所有の千歳《ちとせ》文庫所蔵品が寄贈され、昭和五〇年に登録博物館「石水博物館」として活動を開始した。津市郊外垂水《たるみ》地区の千歳山にある千歳文庫（鉄筋コンクリート四階建て）は、いまも博物館収蔵庫として使用されている（一般開放はしていない）。収蔵品に本居宣長関係資料・谷川士清《ことすが》関係資料などがあるという。

半泥子は財界人として活躍する一方、文化人として多大な業績を残し、陶芸家としても「東の魯山人、西の半泥子」と評されるほどだったというが、半泥子のことをまるで知らなかった。百五銀行にも馴染みが薄く、はじめて博物館を訪れたとき、あまりに初歩的な質問をするから、二人の館員は半ばあきれながら応対されたと思う。話が〈とうせ茶屋〉に及ぶと、「そういえば塔世橋の北詰に〈とうせ茶屋〉の看板を見た」といわれる。すぐにネットで検索し店の概要を調べてくれた。ズバリ〈とうせ茶屋〉の店名が出てきて、珍しい〈けいらん〉を販売しているという。〈けいらん〉は、江戸時代からある餅菓子でぜひ食べて見たい。しかし館員は「そんなものは少しも珍しくない、先日も貰って食べたばかり」と、菓子箱に添えた栞を持ってきてくれた。店は多気郡多気町相可《おうか》の櫛田川畔にあり、〈まつかさ餅〉の名で売っている。「まんじゅうの上に飯粒をのせ……」とあるから、確かに〈けいらん〉ふうである。これと似たものを〈とうせ茶屋〉で売っているわけで、石水博物館の茶碗拝見もそこそこに、半泥子の紹介本を数冊買い求め、塔世橋へ急いだ。

塔世橋の北詰に、〈とうせ茶屋〉の看板を掲げる店はあった。しかしシャッターが降りていて、近

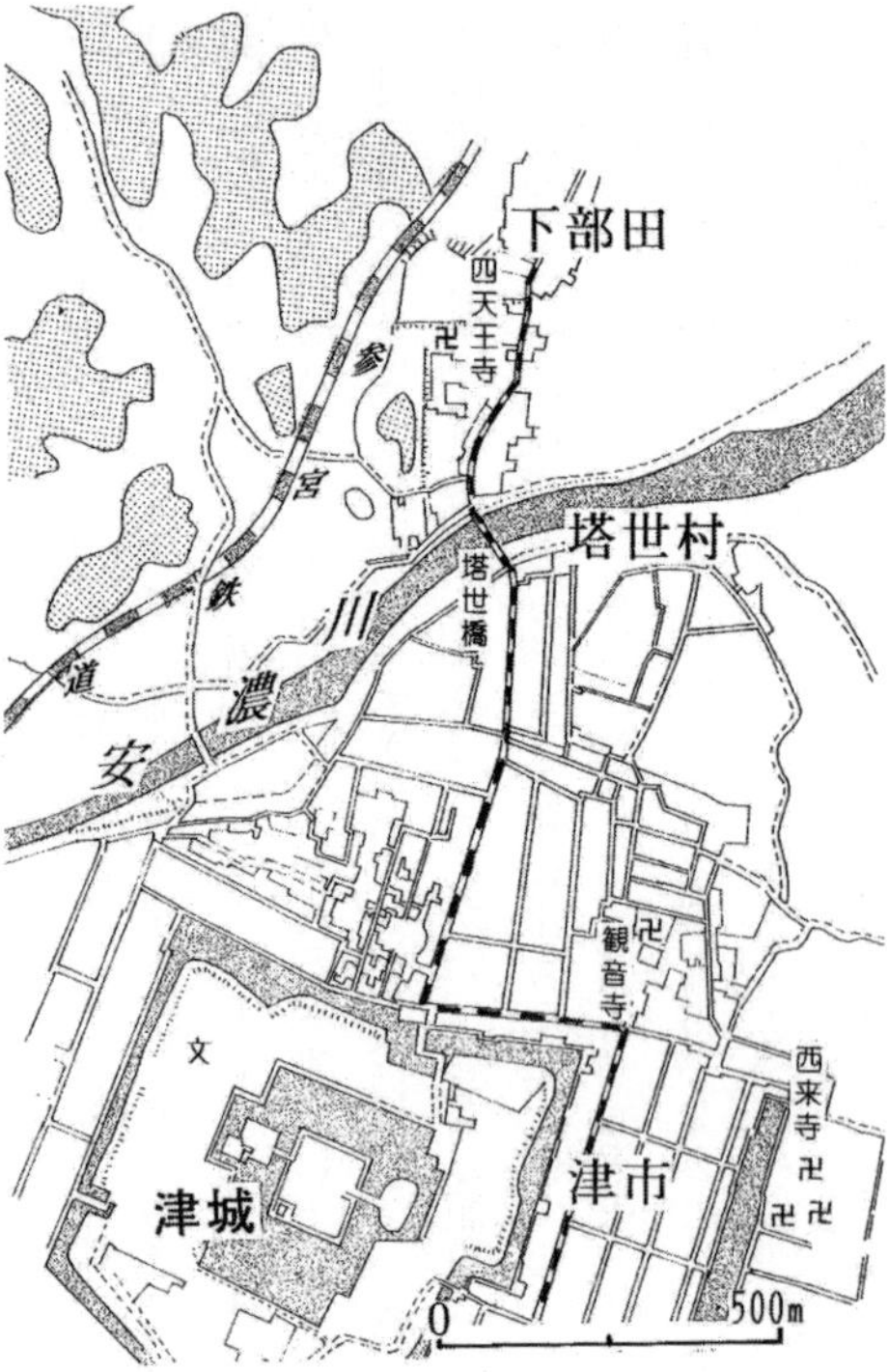

資料12　明治31年地形図に見る塔世橋周辺

くのお菓子屋さんに尋ねてみると、何でも体調を崩して休業しているとのこと、念のため〈けいらん〉について聞いてみると、うちは菓子屋だから作っていない、あれは餅屋さんが作るもので、売っているとしたら観音寺門前の大門《だいもん》商店街あたりだろう、という。このあと、めでたく筆者の口に入るまでには紆余曲折があったが、〈けいらん〉探訪記というわけでもないので、以下は端折る。

明治の地形図でみると、塔世橋の位置はいまよりわずかに上流である。江戸初期には軍事上の理由から架橋されず徒渉《かちわたり》だったが、延宝三年（一六七五）に橋が架けられた。ただし欄干のない土橋だったという。塔世橋の北詰は四天王寺境内に接するほど近く、文字通り門前に茶屋が軒を連ね、現在でも〈とうせ茶屋〉の名が記憶されるほど賑わっていたのだろう。四天王寺は、山号を塔世山と称し曹洞宗の寺院。かつて薬師堂があって、薬師如来を中心に阿弥陀如来など五像が安置され、いずれも平安末期の二mを越す大像で国宝に指定されていたが、昭和二〇年の空襲で薬師如来像のほかはすべて焼失したという。聖徳太子の建立と伝えられるが、奈良時代の古瓦が出土することや、裏山の鳥居古墳から渡金押出仏が出土していることなど、当地方における古代仏教の拠点だったことは確かなようだ（『三重県の地名』）。

資料13　恵日山観音寺（津観音）

さて、〈とうせ茶屋〉のアワビで十分に英気を養った文左衛門一行は、橋を渡って津の城下へ入る。津城は、天正八年（一五八〇）に信長の弟信包《のぶかね》が、伊勢進攻の拠点として築いたのがはじまりという。江戸時代に藤堂高虎《とうどうたかとら》が四国からここに移り（慶長一三年、今年四〇〇年祭）、大規模な城の改修と城下町の形成、さらに沿岸部を通っていた伊勢街道を城下に引き入れ、三二万石城下町に相応しい発展を遂げた。

街道は、城の堀に突き当たってから堀沿いを東へ進み、恵日《えにち》山《さん》観音寺の大門（現、大門町）にいたる。ここの観音様は、和銅年間に安濃浦《あのうら》で漁師の網にかかり引き上げられたというから、白子の白衣観音と同じ伝承である。古伝では石仏とも伝える。中世に栄えた安濃津で、早くから信仰の中心的位置を占め

資料14　池の谷古墳

ていたとされる。浅草観音や大須観音に並び称される津観音ゆえ、おそらく一行も参拝したと思うが、日記には記していない。

津の城下を抜けると、右手に緑の丘、左手に潟の地形がつづく。丘は大半が〈南が丘団地〉として大規模に開発されている。近鉄線にも同名の駅ができた。その丘陵の北側、岩田池に近い辺りが千歳山で、川喜田半泥子が文化活動の拠点としたところである。現在は私有地のため入れない。以前「森浩一のえらぶ『東海学50の遺跡』」探訪の折り、「伊勢平氏と安濃津」のテーマでこの辺りを歩いたことがある。中世には福岡県の博多津・鹿児島県の坊津《ぼうのつ》（或いは大阪府難波津）とともに日本三津《さんしん》として栄えたが、明応四年（一四九八）の地震による大津波で壊滅的な打撃を受け、以後よみがえることはなかった。丘の南端近くに池の谷古墳（全長九〇m）があり、眼下に藤方《ふじかた》を見下ろす。藤方は藤潟がモトで（『伊勢参宮名所図会』は藤潟と記す）、岩田川河口から現藤方あたりまで長い砂嘴《さし》が延び、大きな入江をつくっていたらしい。古墳は中世に砦が造られかなり変形しているが、それでも立地や墳形からは古さが読み取れる。採取した埴輪から四世紀末〜五世紀初頭の築造とされている。つまり四世紀代、潟を拠点とした交易によって、大きな勢力が生まれたことを推測させるのである。

池の谷古墳前方部の先にある東雲寺《とううんじ》駐車場から、急斜面を本堂の方へ降りていくと、九十九折《つづらお》りの小径を利用した美しい庭園が広がる。四月半ばで桜が終ったばかりだが、山ツツジがすでに満開に近かった。山門を出て道なりに丘陵を下ると垂水地区、そこに垂水山成就寺があり、文左衛門一行はここを訪れている。津の城下から垂水までの間には、枝垂《しだ》れ梅で知られる結城《ゆうき》神社と隣接して津八幡宮があるが、『名所図会』は結城神社の梅を載せていない。ただし八幡宮については「むかし安濃津の町に小さな八幡宮があったが、寛永九年（一六三二）、津城主がこの地に社を新設し、毎年八月一五日に盛大な祭礼が営まれるようになった。その八幡社の後ろにある小祠が、結城宗広の古墳で、『太平記』に彼の戦死のことが出ている」と記す。枝垂れ梅の庭園の片隅に結城宗広の墓があり、表示もされているが、

資料15　東雲寺境内の山ツツジ

資料16　結城神社の枝垂れ梅

梅が目当ての観光客は、あまり興味を示さない。いまの社殿は文政六年（一八二三）の造営で祭神は結城宗広、建武新政の功臣である。結城神社成立の経緯は知らないが、本来小さな結城氏の菩提所だった地を取り込んで大きな八幡宮が造営され、のちに結城氏を祀る社が新設されて、近年そこが梅園として有名になった、という順ではないかと思う。

垂水山成就寺

文左衛門たちが訪れた成就寺《じょうじゅじ》（日記では成鷲寺、真言宗醍醐派）は、『名所図会』に「長法寺ともいう。垂水にあり。本尊大日如来。むかしは伽藍なり。白河法皇伊勢御幸の時、三百貫文の寺領を寄付したまう。元亀（一五七〇～七三）の兵火にかかり退転せり。いまはいささかの小堂のみ」とある。『三重県の地名』は寺領寄付の理由を、当地から湧出した香水を白河法皇に献上したところ病気が治ったから、としている。戦国期に焼失した後は小堂の再建にとどまったようで、文左衛門が清冷な水をご馳走になり親しくなったのも、堂守と記している。確かに水に纏《まつ》わる話は多いようで、千歳山からつづく丘陵の東麓であれば、当然湧水地帯であり、垂水という地名も湧水から生じたのであろう。

成就寺は、参宮街道の垂水交差点を山の手へ折れ、日記の記載どおり「坂を上がる事三十歩余」のところにある。いまは堂守もいない無住の寺で、区民が管理されている。『名所図会』に面白い話が紹介され、その情景を描いた絵も載っている。

〈むかし西行法師が成就寺へ参られたとき、小童がかたわらの木にかけ上ったのを見て、「さる児《ちご》とみるより早く木に登る」と口ずさんだところ、小童が「犬のようなる法師来たれば」と下句を付けた。西行は不思議な思いにうたれた〉

よくできた話である。いまも本堂の前の桜の傍らに、〈さる稚《ち》児《ご》桜《ざくら》〉と題した説明板が立っている。いつ頃から伝わる話であろうか、日記は何も記していない。それよりも日記は「山上七、八町行けば清水ありと云々」と記す。これは清水不動院のことだろうか。成就寺の横の坂道を上り、やがて県道一一四号を横切ってすぐの左側に小祠があって、鳥居に〈清水不動明王〉の額がかかっている。そこから斜めに下る小径があって集会場のような建物を過ぎると、奥に小さな祠があった。成就寺から約六〇〇m、

資料17　成就寺の入口

資料18　成就寺本堂と「さる稚児桜」の若木

資料19　小童と西行
（『伊勢参宮名所図会』巻３）

「山上七、八町」の表現に該当するかどうかおぼつかない。

雲出川

垂水から先、藤方・小森上野・高茶屋の集落が連なり、やがて雲出《くもず》川左岸の島《しま》貫《ぬき》へいたる。この間格別の記録はない。雲出川は三重県内有数の大河で、北勢・南勢の分界点にもなっていた。近世に至っても架橋はされず、対岸の小野古江《おののふるえ》（現三雲町小野江《おのえ》）との間は渡し船で結ばれていた。小野江は明治七年に須川（現西小野江）と森村（現東小野江）が合併して小野江村となったもので、神社関係も江戸時代の八王子社が明治四一年村内六社を合祀して小野江神社となり、応永八年（一四〇一）この地に勧請された牛頭天王は、小野江神社に合祀ののち、昭和二六年に須賀神社として分離独立した。合併以前から両村には川渡しをめぐって確執があり、当時の度会県の合併指示に渋々同意したものの、呼称について旧村名を入れた〈森川〉〈森須〉で折り合わず、ついに中世以来紀行文などにしばしば登場する〈小野の古江渡し〉から〈小野江〉が採られたという

（『三雲町誌』）。

文左衛門もこの小野古江を渡っているはずだが、興味を惹くものがなかったと見え、何も記していない。須川村は枝村にあたる東側の森村と併せ〈森須川村〉と呼ばれることもある（文禄検地では一村）が、村内を伊勢参宮街道が通り、宿屋も数軒あった。いま渡しがあった付近の雲出川右岸の土手から集落を眺めると、ほぼ南に一直線の街道が走り、道に面した両側に宿場ふうな家並が見られる。その街道に面した家並のなかに松浦武四郎の生家がある。

資料20　雲出川堤防から望む須川宿

資料21　須川宿の松浦武四郎生家

松浦武四郎は文政元年（一八一八）、紀州藩の地士《じし》で代々村の庄屋を勤める家柄に生まれた。父の桂祐は小野古江釣人などの雅号をもつ文化人であった。彼が一三歳になった文政一三年（天保元年・一八三〇）、目の前の街道をお蔭参りの大

資料22　月本の追分
（左右は伊勢街道、手前は伊賀街道

群衆が通った。このとき彼もまた二度ほど伊勢参りをしている。蝦夷地への数回の探検や富士登山など、未知の世界へまず歩み出すという生き方は、若年時の体験が大きく永亨しているように思われる。明治二年蝦夷地開拓御用の判官に任じられた武四郎は、蝦夷地の呼称について意見を求められ、アイヌ世界で使われていた地元を指すことば「カイノー」をもとに〈北海道（北加伊道を変更）〉を提案、正式名称として採用された。

＊紀州藩では徳川頼宣の入封後間もなく、元和七年にもと戦国武将のもとで郷村にいた土着の有力者六〇名を召し出して〈地士〉としての身分を与えた。

この須川（現小野江）の西隣が甚目《はだめ》村であり、甚目といえば尾張の甚目氏や甚目寺《じもくじ》を連想する。事実一志郡の甚目が洪水に襲われ、流出した観音像が尾張の海岸で拾われて、甚目寺に祀られたという伝承もある。すでに二つの甚目については、八賀晋氏が前々回のシンポで詳しく論じられており、ここでは触れない。

伊勢参宮街道は、この先の月本《つきもと》（現中林《なかばやし》）の追分で大和街道と合する。そのまま進むと、三渡川《みわたり》を渡った（潮合いに応じ渡河地が三ヵ所に分かれたとされる）ところの三渡村、いわゆる六軒茶屋にいたる。月本と同様、六軒もまた大和方面への分岐点で、両者の茶店は互いに張り合ったという。松坂まではあと一里である。

松坂《まつさか》（いま松阪）

天正一二年（一五八四）、秀吉の命により蒲生《がもう》氏郷《うじさと》は、近江蒲生郡日野から三渡川河口の松ヶ島（現、松阪市松ヶ島町）へ移った。しかしすでに城は軍事的なものより城下町形成の核としての意味が求められ、ために天正一六年、〈四五百《よいほ》の森〉に新城および城下町の建設を行って、町人たち全てを新城下に引っ越させた。しかし造り終えて間もない天正一八年に、蒲生は会津に転封させられ、秀次の家臣服部一忠、古田重勝・同重治と短期間に交替があって、元和五年（一六一九）以降は和歌山藩に属し藩は城代のみを置いたので、松坂は実質商業都市として発展することになる。享保頃の記録では侍屋敷八〇戸（殿町《とのまち》）に対し町屋一三〇〇戸であったという。のちに町人たちの住む本町《ほんまち》から三井家が、魚町から本居宣長が誕生することになる。伊勢参宮街道の松坂への入口が、坂内川《さかない》（いま阪内川）に架かる松坂大橋で、

資料23　坂内川にかかる松坂大橋
（『伊勢参宮名所図会』巻３）

『名所図会』は流量の少ない阪内川（『玉勝間』に「川水少なく潮もささねば舟かよわず」とある）とそこに架かる松坂大橋、さらに対岸右手の四五百の森（松坂城）をうまいバランスで描いている。

日記は松坂までをとばし、松坂についても触れていない。正確には「松坂より新茶坊まで駕籠に乗る（百六十文）。この駕籠、山田へ帰ると云々。小俣へなお乗るべしと請うゆえ、四十五文にて又小俣まで乗る」と記すのみである。松坂で雇った駕籠が伊勢方面への帰りの空駕籠で、「旦那、安くしときます」の誘いにのって、松坂から新茶坊までの予定を、宿泊地の小俣まで乗った、ということである。はたして文左衛門たちはラッキーだったのか、検証してみよう。

松坂から櫛田川左岸の櫛田まで一里半（六km）、櫛田川右岸の漕代から新茶坊までやはり一里半、新茶坊から宿泊地小俣まで一里の距離である。新茶坊は新茶屋村（現、多気郡明和町新茶屋）のことで、参詣者相手の旅籠・茶屋が多く、明星《みょうじょう》新茶屋と呼ばれた。このあたり参宮街道に近鉄山田線が併走するが、近鉄明星駅と明野《あけの》駅のほぼ中間が新茶屋になる。当初松坂～新茶屋を一六〇文で契約、つまり一二kmで一六〇文、一kmあたり一三文である。次に新茶屋～小俣間の四kmを四五文で一kmあたり一一文、本来五二文のところを四五文で行けたわけで、今のお金で一七五円の割引になった。特記するほどのことではないと思うが、計一六kmを五〇〇〇円余りで担いで運ぶことに、むしろ凄さを感じる。
◎「（同廿三日）快晴。朝行水いたし、卯半過ぎ宿を発し、外宮の前の町屋にて上下を着し、外宮を謹んで奉拝。それより岩屋へ行き、茶屋より見おろせば、山田中は勿論、遠山・雲海・悉く見ゆ。内宮を謹んで奉拝、終わりて巳半ころ、十文字造酒進処へ行き、昼飯を給ぶ。生鰹のさしみ甚だ美にして腹に充つ。酒食快く給ぶ。昼少し過ぎに、十文字大夫添人にて芝居を見る。第一番の狂言、半ば過ぎたる時なり…（中略）…十文字より弁当来る。酒食適心、甚楽甚悦、暮に帰る。夜食出、甚尽美、一々不記之。貝焼あわびさしみ（生カツオ・サメカツオ）鯛焼物・に物・あえ物・二汁鯛、酒肴島えび等。夜、おこし米売来り求之。近所の小万物売もよび、求之。妙見町よりはかいもの甚不自由也」

資料24　小俣へ至る伊勢街道

資料25　宮川の渡しのうち「桜の渡し」

朝五時過ぎに小俣の宿を発ち宮川を渡って三〇町（三・三㎞）、外宮前に到着。御師十文字大夫の手代の案内で一室を借り、裃に改め

資料26　伊勢市駅方面から見る高倉山（麓が外宮）

資料27　高倉山山頂（『伊勢参宮名所図会』巻４）

て外宮を参拝。それから高倉山に登り、頂上の天岩戸に詣で、頂上の茶屋から山田のまち、遠く伊勢の海を眺めながら一休みした。

〈高倉山〉は『名所図会』に「岩戸の山なり。上ること八町（八八〇ｍ）、外宮の南にあり。古記に十二か所の窟ありしかども、いまに二、三か所の岩屋あるのみ」と記され、さらに〈岩戸〉について「高倉山の上にあり。傍らに茶屋あり。甚だ美景なり。或る書に、天岩戸は大石をたゝみあげて、人力のなす所にあらずといえり」と記されている。興味を引くのは他書からの引用として、〈高倉山の十二個の石室は穴居時代の石窟で、今は土に埋もれて二、三個が残る〉と記している点である。墓とは明瞭に意識されていないが、古い時代の遺跡と捉えている。ここで連想されるのは、後期古墳の横穴式石室である。山頂にはいまも六世紀中葉の高倉山古墳（径三二、高さ八

ｍ）が現存しており、石室は全長一八・五ｍと大きく、玄室面積（長九・七ｍ、幅二・六ｍ）は全国一という。高さも三・三ｍあり、昭和五〇年の調査では須恵器・土師器のほか、馬具、三輪玉・切子玉・ガラス小玉・管玉・臼玉が出土している。石室入口が何時の頃からか開口し、床上にある程度の土が積もったままになっていたのだろう。これをそのまま天岩屋に利用したかというと、いささか疑問もある。

資料28　現在の小田橋（正面の丘との間が妙見町）

金森敦子氏は或る日記史料から当時の岩屋戸を、〈洞穴は相当広く、奥へ三丁ばかり行くと玉の御簾が下がり、その向こうに天照大神が祀られている。石室の中は多くの燈明がともされ、昼間のように明るい〉と紹介されている（『伊勢詣と江戸の旅』）。入口から三丁も奥行きのある横穴式石室は、存在しない。おそらく勿体をつけ、石室羨道の先に長い通路を拵えたのであろう。それにしても三丁（三〇〇ｍ以上）は大袈裟すぎる。ひょっとすると古代税法上の布の単位、一〇尺のことか。それなら三〇尺（九ｍ）で具合がいい。

頂上の岩戸と茶屋と素晴らしい眺めに満足し、文左衛門たちは下山して内宮に向かう。外宮から内宮へは、古市《ふるいち》を経由するルートが一般的で、勢田《せた》川（御贄《おむべ》川とも）に架かる小田《おだの》橋を渡

資料29　古市の跡に建つ参宮街道資料館

り、やがて坂を上る。小田橋は、欄干の左側（内宮方向に向かって）にもう一つ幅狭の橋があり、これを仮屋《かりや》橋と呼んだ。「触穢《しょくえ》の者」つまり家族の忌、女性のお産や月水《げっすい》などの者が渡る橋とされたのである。仮屋は、伊勢で女性の月経小屋を「仮屋」と呼ぶことからついた名という。いまの小田橋はコンクリート製で、むろん普通の橋と変わらない。

橋を渡って尾部《おべ》坂（尾上《おのえ》坂とも）へさしかかる。外宮と内宮の間には標高五〇ｍほどの丘があり、ここを越えなければならない。山田側が〈尾部坂〉、内宮側が〈牛谷《うしたに》坂〉、この間の台地が〈間《あい》の山〉だが、いつしか両坂も〈間の山〉と呼ぶようになった。この〈間の山〉にあるのが有名な古市の遊廓街で、江戸の吉原、京都の島原に並び、江戸期後半には古市の人家三四〇軒のうち「妓楼七〇軒、遊女千人」と称された。

後ろの「妙見町よりは……」の文章からみて、御師《おんし》十大夫の邸宅は、小田橋から尾部坂までの妙見町にあったらしい。古市遊廓街より手前である。内宮参拝を急いで、十大夫の家も古市の街も素通りした。ようやく参拝を済ませ、ほっとして近くの十文字と契約した茶屋で、鰹の刺身を肴に美酒を汲んだ。十時頃だろう。二時間ほどゆっくりして、いよいよ午後の部、好きな芝居見物へ出か

資料30　立柱祭
（貫の小口を叩く素襖烏帽子姿の小工）
（写真提供：神宮司庁）

ける。むろんこれも御師の手配済みで、手代が案内してくれる。場所は先の間の山・古市であろうか。

日記にはこのあと芝居の演目と内容が記され、さらに役者名と役どころが詳細に記されているが、略す。そのうち十文字からの弁当が届き、中身に大いに満足する。暮れに宿に帰ってからの夜食がまた豪勢で、「一々記さず」としながら嬉しそうに特記している。夜に物売りを呼び、土産物などを買ったが、妙見町は買物に出るには不便な所だ、とこぼしている。妙見町は、明治初年に廃仏政策のあおりで尾上町と改名し、今はない。文献によると江戸時代を通じ一五〇軒ほどの人家があり、うち一三軒は御師の家だったという。外宮と内宮のちょうど中間に位置し、古市に近い。しかし日記を見る限り、文左衛門たちはまったく夜遊びをしていない。翌日は立柱《りっちゅう》祭、まだ精進落としとはいかなかったようである。

◎「（同廿四日）快晴。辰刻、内宮御正殿御柱立《おんはしらだて》。予が輩、行きて奉拝、まことに千歳の奇遇なり。同日、外宮、申刻御柱立なり。これは行き得ず。

御柱立を拝し奉り、帰りて朝飯を喫す。生鰹のさしみ・鯛の焼物・に物（あわび、氷とうふ）・鱠等、肴種々、酒甚だ闌なり。お祓いを申請、十二灯指し置く。
△兼ねての約束一人前二百文宛と云々。上下九人（上三人下六人）定めの通り二百文宛、人数のごとくあつめ、その上を三人して一両に足し、小判一両、今早朝に大夫へ遣わす。甚だ満足と云々。昨日より給仕の家来その外料理人、又は芝居へ行きたるかれこれ五人に五百文、一両の外にち遣わす（一人前百づつ）」

廿四日は、いよいよ内宮正殿の立柱祭である。早朝六時半から執り行なわれるということで、文左衛門たちもいささか改まって内宮へ出かけた。外宮の正殿の立柱祭も同じ日だが、午後六時過ぎの開始のため行けない。立柱祭を拝見したのち、御師宅へ戻り朝食をたべているが、鰹の刺身、タイの塩焼き、アワビと高野豆腐の煮物など、とても朝食とは思われない。

式年遷宮は、『大神宮諸雑事記《しょぞうじき》』の「朱雀《すざく》三年の宣」の記事（朱雀を朱鳥の異称とする）によると、持統天皇二年（六八八）に定められ、その二年後に第一回の遷宮が行われたとされる（所功『伊勢神宮』）。「廿年に一度遷御せしめ奉るべし。立てて長例と為すなり」（『大神宮諸雑事記』）というのが〈式年〉の根拠であるが、その意味は、古義では一九年目の遷宮であった。持統四年の西暦六九〇年に造営され、次の式年は七〇九年である。これが江戸時代には二一年の式年、つまり満二〇年目の遷宮になり、今も江戸の例を引き継いでいる。

古代から現代まで〈式年〉遷宮が守られて来たかというと、決してそうではない。とくに室町の戦乱期には、後花園天皇（在位一四二八～六四）の第四〇回（寛正三年・一四六二）以降一二〇年以上に亘って途絶した。外宮の場合永享六年（一四三四）の次は、正親町天皇の永禄六年（一五六三）年、実にに一三〇年ぶりの遷宮であり、内宮は天正十三年（一五八五）に一二四年ぶりの遷宮が実現した。江戸時代に入るとさすがに秩序が回復し、慶長一四年（一六〇九）の第四二回以降、嘉永二年（一八四九）の第五四回まで、見事に式年が守られている。文左衛門が参宮したのは宝永六年（一七〇九）の式年で、造営祭儀のうち本建築の開始となる〈立柱祭〉に参列できたのである。

この〈立柱祭〉の概要を『お伊勢さんの遷宮』（伊勢志摩編集室発行・平成五年）で見ると次のような内容である（第六一回・平成五年十月の造営祭儀）。開始が午前一〇時で、江戸時代よりかなり遅い。現正殿に隣接する新しい神殿敷地に小工《こだくみ》（宮大工）・神職ら百人が勢揃いし、①神職が建物の守り神である〈屋船大神《やふねおおかみ》〉に神饌《しんせん》を供え、②「大宮柱の堅固で動くことなく守りたまえ……」といった祝詞《のりと》が奏上され、③素襖《すおう》（下級武士用の裏を付けない直垂《ひたたれ》）に烏帽子《えぼし》姿の小工八人が木槌を持ち、建物の覆い屋の中に進み、十本の柱の足堅《あしがため》（床下の横木）と貫《ぬき》（床上の横木）の木口をそれぞれ三回ずつ打ち固める、というもの。要するに御正殿の宮柱を槌で打ち、固定する儀式である。

これを拝したあと、御師宅へ帰り、いよいよ出立することになるが、このとき文左衛門の一行は、合計一両を十文字大夫に納めている。給仕や料理人、芝居見物への案内人らは別に一〇〇文ずつ渡しているが、全体に安い感じがする。

当時の一般の参宮例を示すと、まず地元で〈伊勢講〉を組織し、加入者が毎月積み立てを行い、ある程度金額がまとまった時点でクジを引き、当った数人が右代表で代参し、御師の家に泊まって神楽を奉納する（奉納金）。以後、滞在中は連日の御馳走、見物には手代の案内・駕籠つき、帰りには講メンバーへ配る御札や、携帯用徳利に入ったお酒・弁当を貰って出立する。そして帰国後また次の積み立てがはじまり、代参が選ばれ、講の全員が参詣するまで繰り返される。見事な再生産システムである。

文左衛門の日記にある「お祓いを申請」が、神楽奉納を意味するのか不明であるが、神楽奉納は御師宅の大広間にしつらえた装飾豊かな神楽殿《かぐらでん》に、数十人の楽人と舞手が揃い、最初に御祈祷が行われて、次に御神楽がはじまる。そのあと願文が読み上げられ、およそ四時間の次第が終る。問題はこの神楽の奉納金で、江戸後期の例では三〇両～五〇両がザラらしい。富裕なグループとは限らず、東北の貧村の奉納例などもあるという（『伊勢詣と江戸の旅』）。ただし同書が例示するなかに正徳二年（一七一二）に「神楽・御供《ごく》料・神馬《しんめ》料の合計一両、これを一両三役という」という箇所があり、これが宝永・正徳ころの一般参詣者に共通したものであれば、とくに文左衛門たちをケチと言う必要はない。十文字大夫も満足気だったとある。お祓いは仰々しい御神楽を伴なうものではなく、前段階のみのご祈祷といったところだろう。出立時刻からみても、四時間クラスの神楽奉納は無理である。

○「巳刻発し二見へ行く。太夫より案内者一人に弁当持たせ遣わす（この案内者にも百文遣わす）。二見へ至れば絶景中々、兼ねて聞きしは万が一ならず、雲海沈々として扶揺万里眼境無塵。巨石の巉岝たる伏虎湧於貝宮、横波の光沢なる、神竜下りて銀河を敷く、浪の寄る間に千貝を拾い潮に浴し、岩上にて行厨をひらき、酒肴甚だ富み、甚だ楽しむ。塩合の渡しを越えて一軒茶屋より案内の者に別れ、直に川崎へかかり、小俣へ出る。新茶坊にて薄暮に及び、櫛田にて夜に入る。ここにて天目酒一盃給し、松坂に至り宿す。予、甚だくたびれる。友平と森蔵と駄荷は、内宮より直に松坂へ遣わし、宿を取り置かす。道中、瀬左は大方のりかけにのる故、同道大方あたわず。或いは駕籠にも時々のる。但し内宮より二見、それより小俣までは、瀬左も歩す」

資料31　夫婦岩と二見興玉神社
（当時ここはなかった）

朝食を済ませ、午前九時すぎに御師十文字大夫のもとを発って二見浦に向かった。大夫の手代が弁当を持ち、現地まで案内してくれる。とくに立石《たていし》（夫婦岩《めおと》）辺りの景観は文左衛門をいたく感動させたらしく、例によって大袈裟な漢文調の美辞麗句を連ねている。一字ずつ見ていけば意味をたどれるが、時折「巉岝」などの字に出くわして迷惑である。ザンサ

資料32　勢田川と河崎の町並み

クとでも読むのだろうか、ともに山がゴツゴツ険しい様を表す字である。立石で腹拵えをしたあと、西行して五十鈴《いすず》川河口近くの塩合《しおあい》（汐合）の渡しを渡り、二見街道（現県道一〇二号）をさらに西に進んで、勢田川沿いの二軒茶屋にいたる。日記に一軒茶屋とあるのは、書き違えであろうか。ここで御師の手代と別れ、神久《じんきゅう》から中橋を渡って河崎へ出る。河崎から問屋の町並みを南へ下り、山田奉行所の近くを通って参宮街道へ出、あとは宮川の桜の渡しを越えて小俣へ至る。往きはここで泊まったが、今回は荷駄に友平と森蔵をつけ、先に松坂で宿を予約させている。四里（一六㎞）先の松坂まで、どうしても行かねばならない。

一里先の新茶屋に着いたのが「薄暮のころ」とある。名古屋の六月十日の日の入りは七時六分だから、七時半頃に新茶屋を通り、次の櫛田では天目茶碗で冷や酒を一杯あおり、松坂到着はおそらく夜一〇時を過ぎていただろう。皆さすがに疲れていて、石川瀬左衛門などは、小俣《おばた》からほとんど駕籠に乗っている。

◎「（同廿五日）快晴。卯過ぎ宿を発す。予、足痛、くたびれけれども強いて上野まで歩す。津とうせ茶やにてあゆの焼物にて酒食等給ぶ。上野へ至れば、神倦体労れて中々一歩も進めがたし。これによって神戸まで百八十にて駕籠に乗る。神戸より歩す。足なお痛めり。半里ほど行きて天目酒一つ給ぶ。追分にて五文餅二つ給ぶ。戌ころ四日市に至る。予くたびれること甚だしく、昨夜のは中々ものならず、大方匍匐するばかりに至れり。宿にて中々一歩も甚だ大儀なり。水風呂に入りしに、余りくたびれ、悪寒あり。而後、快然たり。瀬左百文にて酒を求め、八郎右と予および下々に呑ましむ」

相変わらず出立は早く、松坂宿を五時には出ている。高茶屋を過ぎ小森上野から藤方、さらに津の城下を歩き通して〈とうせ茶屋〉まで頑張った。出発から三里余り（一三km）だろう。大したものである。茶屋ではアユの塩焼きで一杯やっている。これで切れかけていた油が補充され、白子一つ手前の上野（現、河芸《かわげ》町）まで歩いた。さすがに限界で、ここから神戸まで一八〇文で駕籠を雇った。本来なら神戸泊まりだが、もうひと踏ん張り四日市に向かう。神戸から半里で鈴鹿川にぶつかるが、夏期には下流が伏流水になるというから、この時も徒渡りができたかも知れない。ともかく岸辺の茶屋で茶碗酒一杯を補給し、一里先の日永追分の茶店で五文餅を二つ食べた。さらに一里先の四日市に着いたのが夜の九時、疲労困ぱい、這う様に部屋まで行き、水風呂に入った。石川瀬左衛門が酒を一〇〇文ほど求め、一行の者に振る舞ってくれた。

◎「（同廿六日）快晴。卯半宿を発す。昨夜より駕籠をやとい、桑名迄乗る（二百文）。桑名屋十蔵、今日の船を先日頼み置き候う処、熱田船を留め置くなり。十蔵ところに客あるゆえ、十蔵近親の処へ行き、昼飯給ぶ。瀬左また酒を求め、下々へ呑ましむ。巳半、船に乗る。船頭六人。熱田へ着して五百文取り候う処、いろいろ拝み乞うゆえ、五十文増しとらす。帆開きにて十分にあげ、船すわり、平座のごとし。未ころ熱田へ着く。茶屋にて八郎右と予と酒一升を求め、ともに給して下々へ喫せしむ」

五時過ぎに四日市を発ち、昨夜予約しておいた駕籠で桑名まで乗った。桑名屋十蔵（藩御用か？）のところへ行って腹拵えをし、巳半（十時半頃）船に乗った。船賃値上げを交渉され、五〇〇文に五〇文の色をつけた。船は順調で未ころ（午後二時半）に熱田湊へ着いた（四時間）。熱田の茶屋で酒一升を求め、召使たちにも振る舞った。「皆さんどうもご苦労さんでした」というわけである。

日記の最後に覚え書きがあり、費用の内訳が細々《こまごま》と記したうえ、「惣合一両二分と百五十文のつかい也」とある。一文二五円の換算基準で、「一五万円＋七万五千円＋三千七五〇円＝二二万八千七五〇円」ということになり、四月二〇日の夜発、二六日の帰宅、五泊七日の旅にしてはやや高すぎる感じもするが、召使たちを引き連れ、御師へのお祓い料を含めた金額だから、妥当なところだろうか。

覚えの最後に「二見へ行き候うに御塩殿《みしおでん》を拝せず、口おし」と記されていて、二年前の御塩殿行

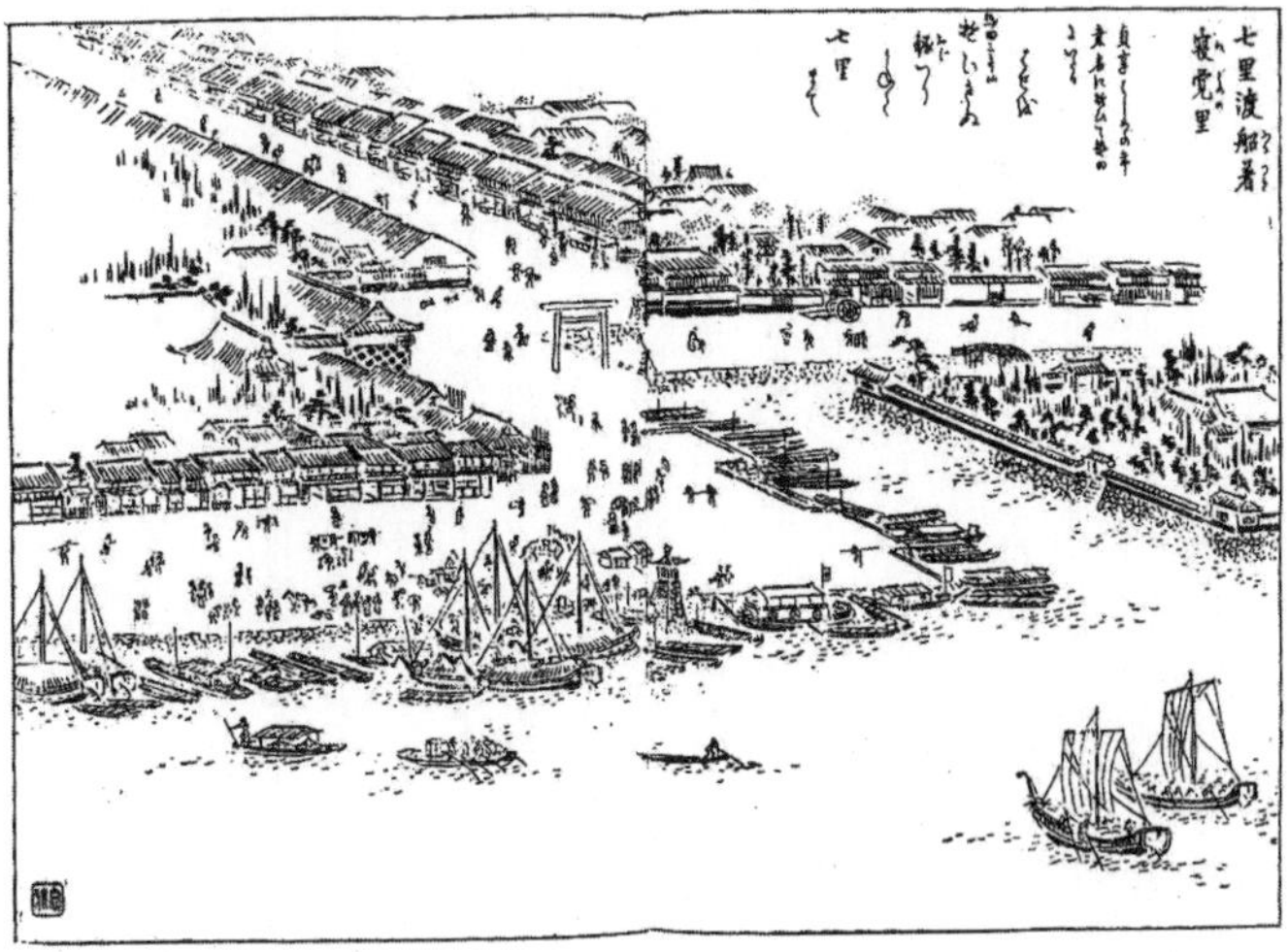

資料33　熱田の七里渡し（『伊勢参宮名所図会』巻４）

きを思い出した。筆者の場合は「御塩殿」へ行きながら、裏手松林にある天地根元造りの御塩焼所・御塩汲入所を知らずに帰って来た。夫婦岩から海岸線に沿って歩いてくれば、御塩殿の前を通るはずだが、最短の距離で汐合の渡し（現、汐合橋辺か）へ向かったためだろう。

■著者紹介（掲載順）

脇田　雅彦（わきた・まさひこ）

昭和7年、愛知県生まれ。28年、岐阜大学農学部中退。53～55年、岐阜県民俗文化財調査委員（文化庁補助事業）。53～57年、岐阜県史料調査委員（県歴史資料館）。60～62年、岐阜県徳山村民具・国指定作業従事。平成2年、名古屋市博物館資料委員。平成16年、徳山民俗資料収蔵庫・重文調査委員。

［主要論著］『萩原の四季と味　はぎわら文庫第四集』他5・7・8集（岐阜県萩原町、昭和56～61）。「サエノカミの伝承習俗について」（『信濃』33―1　信濃史学会、昭和56）。「地域と民具」一～二（『民具マンスリー』16　1・2　神奈川大学日本常民文化研究所、昭和58）。「サックリ考」一～二（『民具マンスリー』16　10・11　神奈川大学日本常民文化研究所、昭和59）。「岐阜のミツボシ」（『あしなか』185　山村民俗の会、昭和59）。『廿日市町史』（共著、広島県廿日市町、昭和63）。『春日村史』（共著、岐阜県春日村、昭和63）。「中部地方のフジ」（『民具マンスリー』21―11　神奈川大学日本常民文化研究所、平成1）「岐阜県のホクチについて」（『信濃』43―2　信濃史学会、平成3）。『館蔵民具選』一・二・三（岐阜県歴史資料館、平成7～16）。「岐阜県の地域性・その区分について」（『民具研究』112号　日本民具学会、平成9）。「セミたちの伝承・岐阜県を中心に」（『民具マンスリー』33―5　神奈川大学日本常民文化研究所、平成12）。『新修　名古屋市史』第九巻　民俗編（共著、名古屋市、平成13）。『愛知県史』別編　三河　民俗3（共著、愛知県、平成17）

早川　万年（はやかわ・まんねん）

昭和32年、三重県生まれ。55年、筑波大学第2学群比較文化学類卒業。61年、筑波大学大学院博士課程歴史人類学研究科単位取得退学。同大学研究協力部文部技官。平成1年、岐阜大学教育学部助教授。16年、岐阜大学教育学部教授。

［主要論著］「壬申の乱後の美濃と尾張」（『続日本紀研究』326、平成12）。「神宮幣帛使と中臣氏」（『大中臣祭主　藤波家の研究』続群書類従完成会、平成12）。『訳注日本史料　延喜式』上（共著、集英社、平成12）。「美濃と飛騨の国造」（『美濃・

飛驒の古墳とその社会』同成社、平成13)。「屋代木簡の人名から見た北信濃の部民制」(『信濃』53―11　信濃史学会、平成13)。『美濃国戸籍の総合的研究』(共編著、東京堂出版、平成15)。『岐阜県教育史』通史編　古代中世近世(共著、平成15)。「平安末期における伊勢神郡と斎宮」(『八賀晋先生古希記念論文集』平成16)。「郡符木簡」(『文字と古代日本』1　支配と文字、吉川弘文館、平成16)。『古代史の舞台』(共著、岩波書店、平成18)。『訳注日本史料　延喜式』中(共著、集英社、平成19)。

穂積　裕昌(ほずみ・ひろまさ)

昭和40年、三重県生まれ。平成1年、同志社大学文学部文化学科文化史学専攻卒業。三重県埋蔵文化財センター主事。平成3年、三重県埋蔵文化財センター技師。17年、三重県埋蔵文化財センター主査。20年、三重県教育委員会事務局社会教育・文化財保護室主査。

[主要論著]「伊勢の埴輪生産」(『研究紀要』第10号、三重県埋蔵文化財センター、平成13年)。「中津式土器成立期の諸相」(『立命館大学考古学論集』Ⅲ―1、平成15年)。「伊勢湾西岸域における古墳時代港津の成立」(『考古学に学ぶⅡ』同志社大学考古学シリーズⅧ、平成15年)。「首長墳の成立過程にみる古墳時代伊勢の地域動向把握の試み」(『かくかくに』八賀晋先生古稀記念論文集刊行会、平成16年)。「いわゆる導水施設の性格について―殯所としての可能性の提起―」(『古代学研究』第166号、古代学研究会、平成16年)。「古墳時代祭儀空間の成立―古墳時代の庭状遺構の評価を巡って―」(『研究紀要』第15―1号、三重県埋蔵文化財センター、平成18年)。「遊部伝承から読み解く埴輪の意義」(『王権と武器と祭祀』同成社、平成20年)、「古墳被葬者とカミ」(『信濃』第60巻第4号　信濃史学会、平成20年)

福岡　猛志(ふくおか・たけし)

昭和13年、兵庫県生まれ。35年、名古屋大学文学部史学科卒業。42年、名古屋大学大学院文学研究科博士課程単位取得。44年、日本福祉大学講師。57年、日本福祉大学教授。平成9年、日本福祉大学副学長。平成21年、同大学名誉教授。

［主要論著］「律令国家と行基」（『歴史学研究』第５００号、昭和56）。『角川日本地名大事典23　愛知県』（共編著、角川書店、平成１）。『知多の歴史』（松籟社、平成３）。「熱田社とその信仰」（『海と列島文化』第８巻、小学館、平成４）。『新修名古屋市史』第１巻（共編著、名古屋市、平成９）。「大江匡衡と尾張国」（『愛知県史研究』第10号、平成18）。「古代の尾張・三河世界と伊勢湾」（『綜合郷土研究所紀要』第53輯、平成20）。

寺沢　薫（てらさわ・かおる）

昭和25年、東京都生まれ。48年、同志社大学文学部文化学科（文化史学専攻）卒業。千葉市教育委員会文化課。51年、奈良県立橿原考古学研究所。平成７年、シルクロード学研究センター研究交流課課長補佐。９年、橿原考古学研究所調査第一課課長。14年、奈良県教育委員会文化財保存課主幹。17年、橿原考古学研究所調査研究部長。20年、橿原考古学研究所総務企画部長。平成１年より、同志社大学文学部、大阪大学文学部、富山大学人文学部、茨城大学大学院、奈良女子大学大学院などの非常勤講師、国際日本文化研究センター客員助教授などを歴任。第15回濱田青陵賞受賞。学術誌『古代学研究』編集を担当。

［主要論著］『日本の古代遺跡５　奈良中部』（共著、保育社、昭和58）。『弥生土器の様式と編年』近畿Ⅰ・Ⅱ（共編著、木耳社、平成１）。『最新邪馬台国事情』（共著、白馬社、平成10）。『王権誕生』（『日本の歴史』第２巻、講談社、平成12）。『考古資料大観』第10巻弥生・古墳時代―遺跡・遺構―（編著、小学館、平成16）。

和田　萃（わだ・あつむ）

昭和19年、中国東北部（旧満州）生まれ。42年、京都大学文学部国史学科卒業。47年、京都大学大学院博士課程修了。京都大学文学部助手。52年、京都教育大学文学部助教授。63年、京都教育大学教授。平成９年、京都大学博士（文学）。19年、京都教育大学定年退官。京都教育大学名誉教授。奈良県立橿原考古学研究所指導研究員。

［主要論著］『大系日本の歴史２　古墳の時代』（小学館、昭和63）。『大神と石上』（編著、筑摩書房、昭和63）。『熊野権現』（編著、筑摩書房、昭和63）。『日本歴史館』（共編著、小学館、平成５）。『日本古代の儀礼と祭祀』上・中・下（塙書房、平成

7)。『飛鳥学総覧』(共編著、人文書院、平成8)。『飛鳥古代復原』(共編著、人文書院、平成8)。『古代を考える　山辺の道』(編著、吉川弘文館、平成11)。『三輪山の古代史』(共著、学生社、平成13)。『三輪山の神々』(共著、学生社、平成13)。『古代王権の誕生　I東アジア編』(共著、角川書店、平成13)。『飛鳥―歴史と風土を歩く』(岩波書店、平成13)。『奈良県の歴史』(共著、山川出版社、平成13)。『観音寺遺跡I　観音寺遺跡木簡編』(共著、徳島県埋蔵文化財センター、平成14)。『史話日本の古代5　聖徳太子伝説』(編著、作品社、平成15)。『増補吉野町史』(共編、吉野町、平成16)。『日本古代史大辞典』(共編、大和書房、平成18)。

野本　寛一(のもと・かんいち)

昭和12年、静岡県生まれ。34年、國學院大学文学部卒業。63年、文学博士(筑波大学)。平成5年、近畿大学文芸学部教授。10年、近畿大学民俗学研究所所長兼任。19年、近畿大学退職。柳田國男記念伊那民俗学研究所所長。近畿大学名誉教授。

[主要論著]『焼畑民俗文化論』(雄山閣、昭和59)。『生態民俗学序説』(白水社、昭和62)。『熊野山海民俗考』(人文書院、平成2)。『稲作民俗文化論』(雄山閣、平成5)。『共生のフォークロア・民俗の環境思想』(青土社、平成6)。海岸環境民俗論』(白水社、平成7)。『近代文学とフォークロア』(白地社、平成9)。『人と自然と・四万十川民族誌』(雄山閣、平成11)。『山地母源論1』(岩田書院、平成16)。『栃と餅・食の民俗構造を探る』(岩波書店、平成17)。『神と自然の景観論』(講談社学術文庫、平成18)。『民俗誌・女の一生―母性の力』(文藝春秋新書、平成18)。『生態と民俗・人と動植物の相渉譜』(講談社学術文庫、平成20)。

森　浩一(もり・こういち)

昭和3年、大阪府生まれ。26年、同志社大学卒業。32年、同志社大学大学院修了。40年、同志社大学勤務。平成11年、同志社大学退職。同志社大学名誉教授。

［主要論著（平成以後）］『日本神話の考古学』（朝日新聞社、平成5）。『考古学と古代日本』（中央公論社、平成6）。『古代史の窓』（新潮社、平成7）。『天皇陵古墳』（編著、大巧社、平成8）。『僕は考古学に鍛えられた』（筑摩書房、平成10。のち改題『わが青春の考古学』新潮社）。『記紀の考古学』（朝日新聞社、平成12）。『関東学をひらく』（朝日新聞社、平成13）。『地域学のすすめ』（岩波書店、平成14）。『考古学の旅』（小学館、平成14）。『僕の古代史発掘』（角川選書、平成15）。『山野川海の列島史』（朝日新聞社、平成16）。『海から知る考古学入門』（角川oneテーマ21、平成16）。『僕の考古古代学』（NHK出版、平成17）。『森浩一の語る日本の古代』ビデオ・DVD全12巻（ユーキャン出版局、平成17）。『回想の食卓』（大巧社、平成18）。『古代史おさらい帖』（筑摩書房、平成19）。『京都の歴史を足元からさぐる』（学生社、平成20）。『日本文化の深層』（筑摩書房、平成21）。

八賀　晋（はちが・すすむ）
昭和9年、岐阜県生まれ。38年、名古屋大学大学院修了。奈良国立文化財研究所。51年、京都国立博物館考古室長。60年、三重大学人文学部教授。平成10年、三重大学退官。高山市郷土館名誉館長。三重大学名誉教授。
［主要論著］「〝不破道〟を塞ぐ考」（『論苑考古学』天山舎、平成5）。「古代の鉄生産について」（『學叢』21、京都国立博物館、平成12）。「飛騨国伽藍」（『飛騨美濃の古墳とその時代』、同成社、平成13）。『岐阜県史　考古資料』（岐阜県、平成15）。『史跡美濃国分寺跡』（大垣市教育委員会、平成17）。「安八磨郡と鉄生産」（『東海学セミナー　1』春日井市、平成17）。『三重県史　資料編I』（三重県、平成18）。『国府町史』（国府町史刊行委員会、平成19）。

山下　勝年（やました・かつとし）
昭和20年、愛知県生まれ。42年、愛知教育大学卒業（教育学部美術科）。52年、日本考古学協会会員。平成2年、縄文文化研究会会員。5年、知多古文化研究会代表。17年、半田市文化財専門委員。

［主要論著］『内海鈴ヶ谷古窯』（愛知県教育委員会、昭和49）。『愛知県南知多町林ノ峰貝塚試掘概要』（『古代学研究』第77号、昭和50）。『清水ノ上貝塚』（南知多町教育委員会、昭和51）。『下高田遺跡』（美浜町教育委員会、昭和52）。『先苅貝塚』（南知多町教育委員会、昭和55）。『林ノ峰貝塚Ⅰ』（南知多町教育委員会、昭和58）「愛知県先苅貝塚と縄文海進」（『第四期研究』22巻3号、昭和58）。「東海地方におけるアカホヤ火山灰降下の影響とその時期」（『知多古文化研究3』、昭和62）。『神明社貝塚』（南知多町教育委員会、平成1）。「東海地方西部地域における縄文中期末から後期初頭の様相」（『横浜市埋文センター調査研究集録』、平成2）。「篠島の歴史的位置」（『知多半島の歴史と現在3』日本福祉大学知多半島総合研究所、平成3）。「藤原京・平城宮・平城京出土の三河湾三島関係の木簡」（『知多古文化研究7』、平成5）。『南知多町の考古資料』（知多古文化研究会、平成9）。「東海地方の縄文早期土偶と耳飾り類について」（『伊勢湾考古19』、平成17）。「塩屋式土器の細分」（『古代人66』、平成18）。「様式各説、東海条痕文系土器・清水ノ上Ⅱ式・上ノ坊式土器」（『総覧縄文土器』、平成20）。

大下　武（おおした・たけし）

昭和16年、名古屋市生まれ。早稲田大学文学部国史学専修卒業。近代思想史、のち考古学専攻。愛知県立高校教諭を経て、春日井市教育委員会文化財専門委員。現在、同嘱託職員。

［主要論著］『春日井市史　考古編』（共著、春日井市）。『春日井の文化財　考古編』（共著、春日井市）。『味美二子山古墳の時代』一～四（編著、春日井市）。『春日井市遺跡発掘調査報告書　三～八集』（春日井市教育委員会）。

東海の神々をひらく　第16回春日井シンポジウム

2009年11月30日　第１刷発行　　　（定価はカバーに表示してあります）

著　者　　　森　　浩一ほか

発行者　　　稲垣 喜代志

発行所　名古屋市中区上前津2-9-14　久野ビル　振替00880-5-5616　電話052-331-0008　http://www.fubaisha.com/　風媒社

乱丁・落丁本はお取り替えいたします。　　＊印刷・製本／モリモト印刷

ISBN978-4-8331-0547-7